Spannende Experimente

zum Ausprobieren, Forschen und Staunen

von Joachim Hecker
mit Bildern von Bettina Reich

cbj ist der Kinder- und Jugendbuchverlag
in der Verlagsgruppe Random House

*Unser herzlicher Dank gilt Hilla Stadtbäumer und Joachim Lachmuth
von der Redaktion der »Sendung mit der Maus«.*

Danksagung Joachim Hecker:
*Mein herzlicher Dank gilt meinen Eltern Hilke David-Bruce und Ulrich Hecker,
die immer daran geglaubt haben, dass ich noch einmal fertig studiere,
und mir dabei Zeit zum Experimentieren gelassen haben.*

Verlagsgruppe Random House FSC-DEU-0100
Das für dieses Buch verwendete FSC®-zertifizierte Papier
Hello Fat Matt 1,1 liefert Condat, Le Lardin Saint-Lazare, Frankreich.

Gesetzt nach den Regeln der Rechtschreibreform

1. Auflage 2011
© 2011 cbj, München
© I. Schmitt-Menzel / WDR mediagroup licensing GmbH
Die Sendung mit der Maus ® WDR
Alle Rechte vorbehalten
Konzept und Lektorat: CoLibris-Lektorat Dr. Barbara Welzel
Innenillustrationen: Bettina Reich
Mausillustrationen: Ina Mertens
Umschlagkonzeption: schwecke.mueller Werbeagentur GmbH, München
AW • Herstellung: AnG
Layout und Satz: Sabine Hüttenkofer, Großdingharting
Reproduktion: Wahl Media, München
Druck und Bindung: Mohn Media, Gütersloh
ISBN: 978-3-570-13987-5
Printed in Germany

www.cbj-verlag.de

Woher weiß man, wie groß die Erde ist? Warum darf ich kein Meerwasser trinken? Wie heben Raketen ab? Warum funkt es, wenn ich meine Katze streichle? Und wie rutsche ich am schnellsten eine Wasserrutsche hinunter?

Es gibt so viele Fragen. In diesem Buch könnt ihr selbst die Antworten darauf finden. Dazu müsst ihr nur ein bisschen forschen und herumexperimentieren. All diese Experimente habe ich mit der Unterstützung von vielen Kindern selbst ausprobiert, sie sind leicht durchzuführen und extrem spannend, ein paar sind vielleicht etwas nass und manche sogar ein bisschen gefährlich! Aber das Wichtigste: Alle machen riesigen Spaß und helfen euch dabei, die Welt und ihre Gesetzmäßigkeiten ein bisschen besser zu verstehen. Das geht

mit Experimenten einfach am besten, da ihr dabei etwas anfassen könnt. Und was Menschen anfassen können, das begreifen sie besser. Und »begreifen« könnt ihr mit diesem Buch eine ganze Menge. Dabei wünsche ich euch (M)AUSgesprochen viel Spaß und guuutes Gelingen!

Sehr herzlich

Joachim Hecker ist Elektroingenieur und arbeitet als Redakteur und Reporter in der Wissenschaftsredaktion des WDR-Hörfunks. Dort ist er seit über zehn Jahren Autor der Sendereihe »Heckers Hexenküche – Experimente im Radio für Kinder«. Seine Homepage lautet www.joachim-hecker.de.

Inhalt

So funktioniert dieses Buch:

Hier steht, ob ein Experiment leicht (L), mittel (M) oder schwer (S) ist. Oder ob ihr es unbedingt zusammen mit einem Erwachsenen machen sollt (E).

Auf dieser Seite erfahrt ihr, wie ihr bei dem Experiment vorgehen müsst. Die Zeichnungen helfen dabei.

2

Wie rutsche ich am schnellsten eine Wasserrutsche hinunter?

Experiment: **Schwimmbadrutsche**

Schwierigkeitsstufe: **M**
Versuchsdauer: **10 Minuten**

Was steckt dahinter?
Schaut selbst!
Ihr braucht dazu:

- 1 Schwimmbad
- 1 Badehose oder Badeanzug
- 1 Wasserrutsche
- evtl. etwas Mut und Forschergeist
- 1 Freund oder Freundin
- 1 Stoppuhr

Ins Schwimmbad gehen macht erst richtig Spaß, wenn es im Schwimmbad eine ordentliche Rutsche gibt. Bei den ganz gefährlichen Rutschen geht es so schnell abwärts, dass ihr gar nicht wisst, wie euch passiert – so fix seid ihr unten. Doch wenn es mal nicht so schnell abwärtsgeht, kann man darüber nachdenken, wieso es auf manchen Rutschen so flutscht und auf anderen weniger. Eines jedoch ist allen gemeinsam: Ihr rutscht nicht alleine, sondern mit gaaanz viel Wasser. Bevor ihr aus der Rutsche flutscht, schwappt erst einmal ein ordentlicher Schwall Wasser vorneweg.

Aber wie kommt ihr am schnellsten auf der Rutsche voran? Ganz einfach! Am besten auf dem Rücken und mit Popo hoch, sodass ihr nur mit den Schultern und den Fersen aufliegt, und das so schnell wie möglich nach dem Start. Dabei ist es egal, wie leicht oder schwer, dick oder dünn ihr seid. Na dann: guten Rutsch!

Und so geht das Experiment:
Rutscht in mehreren Durchgängen auf verschiedene Weise die Rutsche hinunter: im Sitzen, im Liegen, im Liegen mit angezogenen Beinen, im Liegen mit Hohlkreuz. Hebt auch mal im Liegen den Hintern hoch und macht dabei den Körper steif wie ein Brett, sodass ihr nur mit Fersen und Schultern die Wasserrutschbahn berührt. Wenn ihr losrutscht, gebt ihr ein Startsignal – und ein Freund oder eine Freundin am Ende der Rutsche stoppt die Zeit, die ihr jeweils braucht, bis ihr unten ankommt. Er oder sie soll auch darauf achten, wie viel Wasser vor euch aus der Rutsche schwappt.

Was ist passiert? Und wie kommt es dazu?

Ihr merkt schnell, dass ihr um so schneller seid, je weniger ihr mit dem Körper aufliegt, also je weniger Kontakt ihr mit der Rutsche habt. Der Hit ist, wenn ihr nur mit den Fersen und den Schulterblättern auf der Rutsche aufliegt. Dann könnt ihr Spitzengeschwindigkeiten von bis zu 24 km/h erreichen, also schneller sein als mit dem Fahrrad, wenn ihr kräftig in die Pedale tretet. So schnell werdet ihr sonst nur noch, wenn ihr vom Dreimeterbrett springt!

Hinter alldem steckt die Wassermenge. Je mehr Wasser in der Rutsche ist, desto langsamer rutscht ihr. Das Wasser bremst euch nämlich! Das merkt ihr an dem Wasserberg, den ihr vor euch herdrückt, der also unter euch steckt wie ein »Bremskeil«. Das ist ganz extrem der Fall, wenn ihr im Sitzen rutscht. Dann seid ihr sogar langsamer als das Wasser, wenn es ganz normal hinunterfließt. Wenn ihr hingegen nur auf der Bahn aufliegt, bildet das Wasser nur kleine Bremskeile und ihr seid schneller als das runterfließende Wasser.

Schwimmbadrutsche

13

12

Wenn ihr mögt, könnt ihr zu jeder Frage ein Experiment machen und die Antwort selbst entdecken.
Alles, was ihr für das Experiment braucht, steht hier!

Zuerst gibt's die Antwort auf jede Frage.

DAS kommt bei dem Versuch heraus! Und warum das so ist, wird auch erklärt.

6

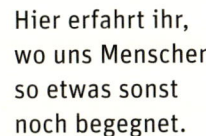

Hier erfahrt ihr, wo uns Menschen so etwas sonst noch begegnet.

Kennt ihr einen Begriff nicht? Seht hinten im Buch im Mausregister nach.

Dass Wissenschaft richtig spannend ist, lest ihr hier!

Was bedeutet das für uns Menschen?

Was im Schwimmbad Spaß macht, macht auf der Straße oft Angst. Dort kann ein Auto ganz schön ins Rutschen kommen, wenn die Fahrbahn nass ist und der Fahrer schnell unterwegs ist. Dann gerät das Auto außer Kontrolle, schlittert über den Asphalt und lässt sich nicht mehr lenken. »Aquaplaning« nennt sich das und ist bei Autofahrern gefürchtet.

Aquaplaning entsteht, wenn sich die Räder so schnell drehen, dass sich ein Wasserkeil unter die Reifen schiebt. Dann verlieren die Reifen den Kontakt zur Straße und fahren quasi auf dem Wasser. Das kann den Bremsweg bei schlechten Reifen um die Hälfte verlängern!

Ganz schön spannend!

Dass man sich mit dem Rutschen auch gaaanz viel Zeit lassen kann, zeigen uns die Gletscher. Diese gewaltigen Massen aus Schnee und Eis rutschen – wie ihr im Schwimmbad – auf einem Wasserfilm ins Tal. Durch den enormen Druck von Millionen Tonnen gefrorenen Wassers wird der Gletscher an seiner Unterseite, wo die mächtige Eismasse auf dem Gestein liegt, flüssig und kommt auf dieser Wasserschicht in Bewegung. Der Schweizer »Aletschgletscher« etwa ist der größte Gletscher der Alpen. Das Monstrum ist 23 Kilometer lang und bis zu 900 Meter dick.

Schon gewusst?

Looping? Gibt's nicht nur bei der Achterbahn! »AquaLoop« heißt eine Wasserrutsche in Köln, bei der ihr einen Salto in der Röhre macht. Bei einer anderen Rutsche, der »AquaRocket«, steigt ihr in eine Art Raketenkapsel ein. Nach einem zünftigen Countdown öffnet sich unter euch eine Falltür und ihr saust mit Schwung in die Tiefe. Das ist nichts für schwache Nerven! Es gibt auch Rutschen mit einem Einstieg, aber zwei Ausgängen! Unterwegs müsst ihr schnell reagieren und euch entscheiden, wo es langgehen soll. Wieder andere Rutschen schicken euch nach einer Steilfahrt in einen Trichter, wo ihr einige Male herumwirbelt, bevor ihr in der Mitte verschwindet und ins Schwimmbecken ausgespuckt werdet. Und bei der Rutsche »Mountainslide« geht es abwechselnd rauf und runter, sodass ihr mit eurem Schwung zwischendrin ein paarmal bergauf rutscht.

Bei **Ganz schön spannend!** und **Schon gewusst?** könnt ihr noch viele interessante Dinge zu dem Thema lesen.

Wissenschaftlern auf die Finger geguckt

Wenn Reinhard Kirberg arbeitet, hat er oft eine Badehose an. Seit 15 Jahren schon testet er für den TÜV Rheinland Wasserrutschen auf Herz und Nieren. Zuerst überprüft er die Statik, also ob die Rutschen auch stabil genug gebaut sind. Dann sind die Schrauben dran. Ein Klopfen daran genügt dem Fachmann, um zu hören, ob sie fest genug sitzen. Auch von innen schaut er sich die trockene Rutsche von oben bis unten an, bei besonders steilen Rutschanlagen hängt er dabei gesichert am Seil. Dabei schaut er, ob auch nirgendwo scharfe Kanten sind, an denen man sich später beim Drüberrutschen verletzen kann. Zum Schluss testet er die Rutsche in Betrieb. Dazu saust er in Badehose mehrmals die Rutsche runter und prüft, ob sich im wahrsten Sinne des Wortes dabei niemand »den Hintern aufreißt«.

Das macht er rund um die Welt. In Singapur etwa ist er zweieinhalb Tage lang nur gerutscht, bis er herausgefunden hat, was an einer Rutsche nicht stimmte. Wenn ihr also das nächste Mal im Schwimmbad auf der Wasserrutsche seid, kann es gut sein, dass Reinhard Kirberg, der Mensch vom TÜV, schon lange vor euch dort hinuntergerutscht ist.

Für kleine Forscher

Dass man mit Wasser gut rutschen kann, wisst ihr jetzt. Aber mit Wasser kann man auch das Gegenteil: kleben! Probiert das einmal mit einem leckeren Eis am Stiel, wenn es ganz frisch aus dem Eisfach kommt: Streckt eure Zunge raus und drückt sie an das Eis. Lasst den Eisstiel vorsichtig los. Das Eis am Stiel baumelt an der Zunge! Eure Zunge klebt am Eis fest (oder das Eis an eurer Zunge). Wie kommt das? Die warme Zunge taut das Eis zuerst an und es wird an der Zunge flüssig. Weil das Eis aber sehr kalt ist, friert die flüssige Stelle bald wieder zu. Und eure Zunge hat nicht genug Wärme, das Eis weiter zu tauen. Da hilft nur, das Eis in den Mund zu nehmen und mit den Lippen nachzuhelfen, um die kalte Zunge loszueisen.

Ganz schön ausgefuchst

In den Bergen oberhalb der Schneegrenze, wo die Gipfel schneebedeckt sind, wirkt Wasser in Form von Eis ebenfalls als Klebstoff und hält tonnenschwere Felsbrocken zusammen. Wenn das Eis dort oben aufgrund der Erderwärmung in Zukunft taut, verliert das Gestein seinen Halt und große Brocken donnern als Felslawine zu Tal.

Schwimmbadrutsche

Lust auf mehr? Wer noch weiter forschen möchte, kann das hier tun!

Und hier noch mehr Infos für besonders Wissensdurstige!

Jetzt geht's aber los! Viel Spaß beim Lesen und Experimentieren!

❚ Warum kann man mit Wasser Feuer löschen?

Experiment: Feuerfester Luftballon

Schwierig-keitsstufe:
E
Versuchsdauer:
10 Minuten

Was steckt dahinter? Schaut selbst! Ihr braucht dazu:

- 2 Luftballons
- 1 Kerze
- 1 Feuerzeug oder Streichhölzer
- 1 Spül- oder Waschbecken etwas Wasser
- 1 Erwachsenen

Wasser ist das einfachste, beste und billigste Löschmittel der Welt. Es löscht, weil es Gegenstände benetzt und dadurch die Luft fernhält. Vor allem aber löscht es, weil es kühlt und dadurch dem Feuer die Energie nimmt. Dass Wasser kühlt, merkt ihr, wenn ihr aus dem Schwimmbecken steigt: Euch ist so lange kalt, bis das Wasser auf eurer Haut verdunstet ist. Oder ihr kocht Wasser: Es dauert ewig, bis das Wasser blubbert, obwohl es auf der heißen Herdplatte steht. Wasser kann wirklich unglaublich viel Energie aufnehmen und etwa bei einem Brand dem Feuer wegnehmen.

Und so geht das Experiment:

Pustet einen Luftballon auf und knotet ihn zu. Nehmt den zweiten Ballon und pustet ihn etwa halb auf. Haltet die Tülle zu, geht zum Spül- oder Waschbecken und zieht vorsichtig die Tülle über den Wasserhahn, ohne dass dabei allzu viel Luft entweicht. Dreht den Wasserhahn etwas auf. Steht das Wasser im Ballon etwa einen Fingerbreit hoch, dreht ihr den Hahn zu und zieht die Tülle vorsichtig ab. Achtet darauf, dass ihr sie dabei zuhaltet, damit keine Luft herausströmt. Setzt den Luftballon mit dem Wasser vorsichtig auf einen Tisch und pustet ihn weiter auf, bis er ungefähr die Größe des ersten Ballons erreicht hat. Knotet ihn dann zu. Geht nun auf den Balkon, die Terrasse oder zur Badewanne. Zündet die Kerze an, stellt sie im Freien auf den Boden oder in die Wanne und haltet den Luftballon ohne Wasser über die Flamme. Was passiert? Dann haltet ihr den Ballon mit Wasser darin über die Flamme.

Was ist passiert? Und wie kommt es dazu?

Peng!!! Na, erschrocken? Den ersten Luftballon hat's erwischt. Er ist über der Kerzenflamme zerknallt. Kein Wunder, oder? Beim zweiten Luftballon bleibt es ruhig! Keine Bange, der knallt nicht. Zumindest nicht, wenn ihr ihn mit der Stelle, an der sich das Wasser befindet, über die Kerzenflamme haltet. Damit die Gummihaut des Ballons kaputtgeht, muss sie sehr heiß werden. Dann schmilzt sie. Ist aber Wasser an der Gummihaut, wandert die Hitze der Kerzenflamme sofort durch die dünne Luftballonhaut ins Wasser und wird von diesem aufgenommen. Solange Wasser über der Luftballonhaut ist, kann diese nicht heißer als 100 °C werden. Sie schmilzt aber erst bei Temperaturen über 100 °C. Und genau deshalb löscht Feuer: Es kühlt, sodass Gegenstände kein Feuer fangen können.

Was bedeutet das für uns Menschen?

Feuer braucht nicht viel zum Brennen – genau drei Dinge. Erstens Brennstoff. Also alles, was brennen kann wie Erdgas, Holz, Kohle, Öl, Papier. Das ist logisch. Das zweite ist Luft, genauer der Sauerstoff in der Luft. Denn Feuer ist eine sogenannte »Oxidation« und daran ist immer Sauerstoff beteiligt, der mit dem Brennstoff zusammen so heftig reagiert, dass dabei viel Energie in Form von Hitze frei wird. Aber: Feuer braucht drittens auch Hitze, um (weiter) zu brennen. Wird es zu kalt, geht das Feuer aus. Soll also ein Brand gelöscht werden, muss eines der drei Dinge weggenommen werden. Bei einem Waldbrand werden Schneisen geschlagen, also auf einem breiten Streifen alles Holz entfernt. Dort findet das Feuer dann

kein Holz zum Brennen und geht aus. Hat in der Küche heißes Öl in einer Pfanne Feuer gefangen, breitet man eine Feuerlöschdecke darüber oder setzt den Deckel drauf. Beides hält den Sauerstoff ab und das Feuer geht aus. Und brennt ein Haus, löscht die Feuerwehr mit Wasser. Es kühlt die Balken und das Feuer geht aus.

Ganz schön spannend!

Feuer kann eine fürchterliche Waffe sein. Legendär ist das »griechische Feuer«. Es wurde auch flüssiges Feuer genannt, weil es mit einer Düse verspritzt werden konnte. Im Jahr 673 wurde es zur Verteidigung Konstantinopels, dem heutigen Istanbul, eingesetzt. Seine genaue Zusammensetzung war ein großes Geheimnis und ist auch heute noch nicht gelüftet. Vermutlich bestand es aus Erdöl, Pech und Schwefel. Dieses Gemisch wurde in einem Kessel erhitzt und auf angreifende Schiffe gespritzt. Seine Wirkung war fürchterlich, weil es sich damals nicht löschen ließ. Auch heute noch ist das Löschen von brennendem Erdöl für die Feuerwehr eine große Herausforderung.

Wissenschaftlern auf die Finger geguckt

Wasser ist zwar das beste Feuerlöschmittel, aber es hat einen Nachteil: Es fließt schnell weg. Darum verwenden Feuerwehren oft Löschschaum, der Wasser bindet und an Sachen haften bleibt. Allerdings enthält Schaum viele Luftbläschen und Luft bzw. der Sauerstoff in ihm nährt Feuer. Deshalb haben Forscher jetzt ein Flüssigkeitsgel mit Namen »Firesorb« entwickelt, das Löschwasser in eine Art Schleim verwandelt. Möglich macht das ein Superabsorber (s. S. 169), der im Wasser aufquillt und es dabei bindet. Das entstehende Gel bleibt als dicke Schicht sogar an senkrechten Flächen haften. Weil es fast nur aus Wasser besteht, löscht es sehr gut und schützt gleichzeitig vor den Flammen. Aber auch das Gel hat einen Nachteil: Es ist ziemlich teuer.

Für kleine Forscher

Habt ihr euch schon einmal genau angeschaut, wie eine Kerze funktioniert? Tut dies einmal mit einem Erwachsenen zusammen, der euch die Kerze anzündet, und seht genau hin. Zuerst brennt der Docht. Die kleine Flamme erhitzt das Wachs im Docht, das verdampft, Feuer fängt und verbrennt. Schließlich ist die Flamme am Docht so weit nach unten geklettert, dass sie das Kerzenwachs erhitzt. Es wird flüssig und – das könnt ihr nicht sehen, aber erahnen – steigt im Docht nach oben, wo es verdampft und verbrennt. So sorgt die Flamme für ihren eigenen Nachschub. Einmal in Gang gesetzt, brennt die Kerze vollautomatisch und kontrolliert ab. Das ist genial und sieht wunderschön aus.

Ganz schön ausgefuchst

Brände im Weltall, etwa auf der internationalen Raumstation ISS, sind für Astronauten lebensgefährlich. Sie können nicht wegrennen oder die Feuerwehr rufen. Zudem werden dort oben Brände erst spät bemerkt, weil es kaum Rauch gibt: In der Schwerelosigkeit gibt es kein »oben« und »unten«, weshalb Rauch nicht – wie bei uns auf der Erde – aufsteigt. Zum Löschen versprühen spezielle Kohlendioxid-Feuerlöscher das Gas CO_2, welches die Luft verdrängt und dem Feuer die Sauerstoffzufuhr nimmt. Aber Menschen können ersticken, wenn sie zu viel Kohlendioxid einatmen. Deswegen müssen die Astronauten schnell Atemschutzmasken aufsetzen, bevor sie löschen.

Wie rutsche ich am schnellsten eine Wasserrutsche hinunter?

Experiment: Schwimmbadrutsche

Schwierig-keitsstufe:
M
Versuchsdauer:
10 Minuten

Was steckt dahinter? Schaut selbst! Ihr braucht dazu:

- 1 Schwimmbad
- 1 Badehose oder Badeanzug
- 1 Wasserrutsche
- evtl. etwas Mut und Forschergeist
- 1 Freund oder Freundin
- 1 Stoppuhr

Ins Schwimmbad gehen macht erst richtig Spaß, wenn es im Schwimmbad eine ordentliche Rutsche gibt. Bei den ganz gefährlichen Rutschen geht es so schnell abwärts, dass ihr gar nicht wisst, wie euch geschieht – so fix seid ihr unten. Doch wenn es mal nicht so schnell abwärtsgeht, kann man darüber nachdenken, wieso es auf manchen Rutschen so flutscht und auf anderen weniger. Eines jedoch ist allen gemeinsam: Ihr rutscht nicht alleine, sondern mit gaaanz viel Wasser. Bevor ihr aus der Rutsche flutscht, schwappt erst einmal ein ordentlicher Schwall Wasser vorneweg.

Aber wie kommt ihr am schnellsten auf der Rutsche voran? Ganz einfach: Am besten auf dem Rücken und mit Popo hoch, sodass ihr nur mit den Schultern und den Fersen aufliegt, und das so schnell wie möglich nach dem Start. Dabei ist es egal, wie leicht oder schwer, dick oder dünn ihr seid. Probiert es aus – guten Rutsch!

Und so geht das Experiment:

Rutscht in mehreren Durchgängen auf verschiedene Weise die Rutsche hinunter: im Sitzen, im Liegen, im Liegen mit angezogenen Beinen, im Liegen mit Hohlkreuz. Hebt auch mal im Liegen den Hintern hoch und macht dabei den Körper steif wie ein Brett, sodass ihr nur mit Fersen und Schultern die Wasserrutschbahn berührt. Wenn ihr losrutscht, gebt ihr ein Startsignal – und ein Freund oder eine Freundin am Ende der Rutsche stoppt die Zeit, die ihr jeweils braucht, bis ihr unten ankommt. Er oder sie soll auch darauf achten, wie viel Wasser vor euch aus der Rutsche schwappt.

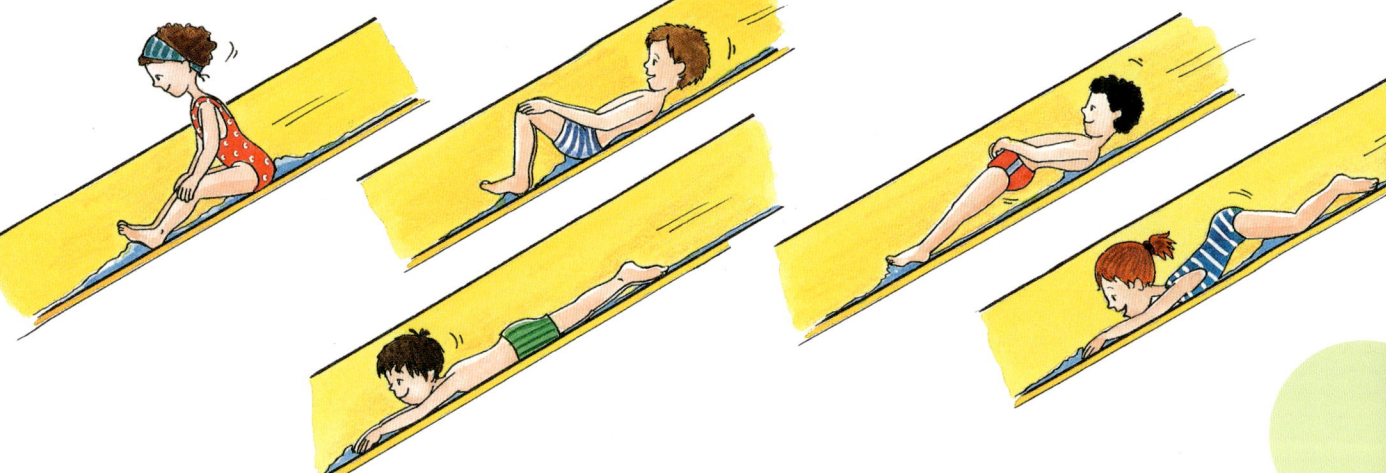

Was ist passiert? Und wie kommt es dazu?

Ihr merkt schnell, dass ihr umso schneller seid, je weniger ihr mit dem Körper aufliegt, also je weniger Kontakt ihr mit der Rutsche habt. Am besten klappt das, wenn ihr nur mit den Fersen und den Schulterblättern auf der Rutsche aufliegt. Dann könnt ihr Spitzengeschwindigkeiten von bis zu 24 km/h erreichen, also schneller sein als mit dem Fahrrad, wenn ihr kräftig in die Pedale tretet. So schnell werdet ihr sonst nur noch, wenn ihr vom Dreimeterbrett springt!

Hinter alldem steckt die Wassermenge. Je mehr Wasser in der Rutsche ist, desto langsamer rutscht ihr. Das Wasser bremst euch nämlich! Das merkt ihr an dem Wasserberg, den ihr vor euch herdrückt, der also unter euch steckt wie ein »Bremskeil«. Das ist ganz extrem der Fall, wenn ihr im Sitzen rutscht. Dann seid ihr sogar langsamer als das Wasser, wenn es ganz normal hinunterfließt. Wenn ihr aber nur wenige Berührungspunkte mit der Rutsche habt, kann euch das Waser nicht so stark abbremsen und ihr seid schneller als das Wasser.

Was bedeutet das für uns Menschen?

Was im Schwimmbad Spaß macht, macht auf der Straße oft Angst. Dort kann ein Auto ganz schön ins Rutschen kommen, wenn die Fahrbahn nass ist und der Fahrer schnell unterwegs ist. Dann gerät das Auto außer Kontrolle, schlittert über den Asphalt und lässt sich nicht mehr lenken. »Aquaplaning« nennt sich das und ist bei Autofahrern gefürchtet.

Aquaplaning entsteht, wenn sich die Räder so schnell drehen, dass sich ein Wasserkeil unter die Reifen schiebt. Dann verlieren die Reifen den Kontakt zur Straße und fahren quasi auf dem Wasser. Das kann den Bremsweg bei schlechten Reifen um die Hälfte verlängern!

Ganz schön spannend!

Dass man sich mit dem Rutschen auch gaaanz viel Zeit lassen kann, zeigen uns die Gletscher. Diese gewaltigen Massen aus Schnee und Eis rutschen – wie ihr im Schwimmbad – auf einem Wasserfilm ins Tal. Durch den enormen Druck von Millionen Tonnen gefrorenen Wassers wird der Gletscher an seiner Unterseite, wo die mächtige Eismasse auf dem Gestein liegt, flüssig und kommt auf dieser Wasserschicht in Bewegung. Der Schweizer »Aletschgletscher« etwa ist der größte Gletscher der Alpen. Das Monstrum ist 23 Kilometer lang und bis zu 900 Meter dick.

Schon gewusst?

Looping? Gibt's nicht nur bei der Achterbahn! »AquaLoop« heißt eine Wasserrutsche in Köln, bei der ihr einen Salto in der Röhre macht. Bei einer anderen Rutsche, der »AquaRocket«, steigt ihr in eine Art Raketenkapsel ein. Nach einem ordentlichen Countdown öffnet sich unter euch eine Falltür und ihr saust mit Schwung in die Tiefe. Das ist nichts für schwache Nerven!
Es gibt auch Rutschen mit einem Einstieg, aber zwei Ausgängen! Unterwegs müsst ihr schnell reagieren und euch entscheiden, wo es langgehen soll. Wieder andere Rutschen schicken euch nach einer Steilfahrt in einen Trichter, wo ihr einige Male herumwirbelt, bevor ihr in der Mitte verschwindet und ins Schwimmbecken ausgespuckt werdet. Und bei der Rutsche »Mountainslide« geht es abwechselnd rauf und runter, sodass ihr mit eurem Schwung zwischendrin ein paarmal bergauf rutscht.

Wissenschaftlern auf die Finger geguckt

Wenn Reinhard Kirberg arbeitet, hat er oft eine Badehose an. Seit 15 Jahren schon testet er für den TÜV Rheinland Wasserrutschen auf Herz und Nieren. Zuerst überprüft er die Statik, also ob die Rutschen auch stabil genug gebaut sind. Dann sind die Schrauben dran. Ein Klopfen daran genügt dem Fachmann, um zu hören, ob sie fest genug sitzen. Auch von innen schaut er sich die trockene Rutsche von oben bis unten an, bei besonders steilen Rutschanlagen hängt er dabei gesichert am Seil. Dabei schaut er, ob auch nirgendwo scharfe Kanten sind, an denen man sich später beim Drüberrutschen verletzen kann. Zum Schluss testet er die Rutsche in Betrieb. Dazu saust er in Badehose mehrmals die Rutsche runter und prüft, ob sich im wahrsten Sinne des Wortes dabei niemand »den Hintern aufreißt«.

Das macht er rund um die Welt. In Singapur etwa ist er zweieinhalb Tage lang nur gerutscht, bis er herausgefunden hat, was an einer Rutsche nicht stimmte.

Wenn ihr also das nächste Mal im Schwimmbad auf der Wasserrutsche seid, kann es gut sein, dass Reinhard Kirberg, der Mensch vom TÜV, schon lange vor euch dort hinuntergerutscht ist.

Für kleine Forscher

Dass man mit Wasser gut rutschen kann, wisst ihr jetzt. Aber mit Wasser kann man auch das Gegenteil: kleben! Probiert das einmal mit einem leckeren Eis am Stiel, wenn es ganz frisch aus dem Eisfach kommt: Streckt eure Zunge raus und drückt sie an das Eis. Lasst den Eisstiel vorsichtig los. Das Eis am Stiel baumelt an der Zunge! Eure Zunge klebt am Eis fest (oder das Eis an eurer Zunge). Wie kommt das? Die warme Zunge taut das Eis an, das an der Zunge flüssig wird. Weil das Eis aber sehr kalt ist, friert die flüssige Stelle bald wieder zu. Und eure Zunge hat nicht genug Wärme, das Eis weiter zu tauen. Da hilft nur, das Eis in den Mund zu nehmen und mit den Lippen nachzuhelfen, um die kalte Zunge loszueisen.

Ganz schön ausgefuchst

In den Bergen oberhalb der Schneegrenze, wo die Gipfel schneebedeckt sind, wirkt Wasser in Form von Eis ebenfalls wie Klebstoff und hält tonnenschwere Felsbrocken zusammen. Wenn das Eis dort oben aufgrund der Erderwärmung in Zukunft taut, verliert das Gestein seinen Halt und große Brocken donnern als Felslawine zu Tal.

3

Was genau ist eigentlich ein Stern?

Experiment: **Stern in der Mikrowelle**

Schwierig-
keitsstufe:
E
Versuchsdauer:
5 Minuten

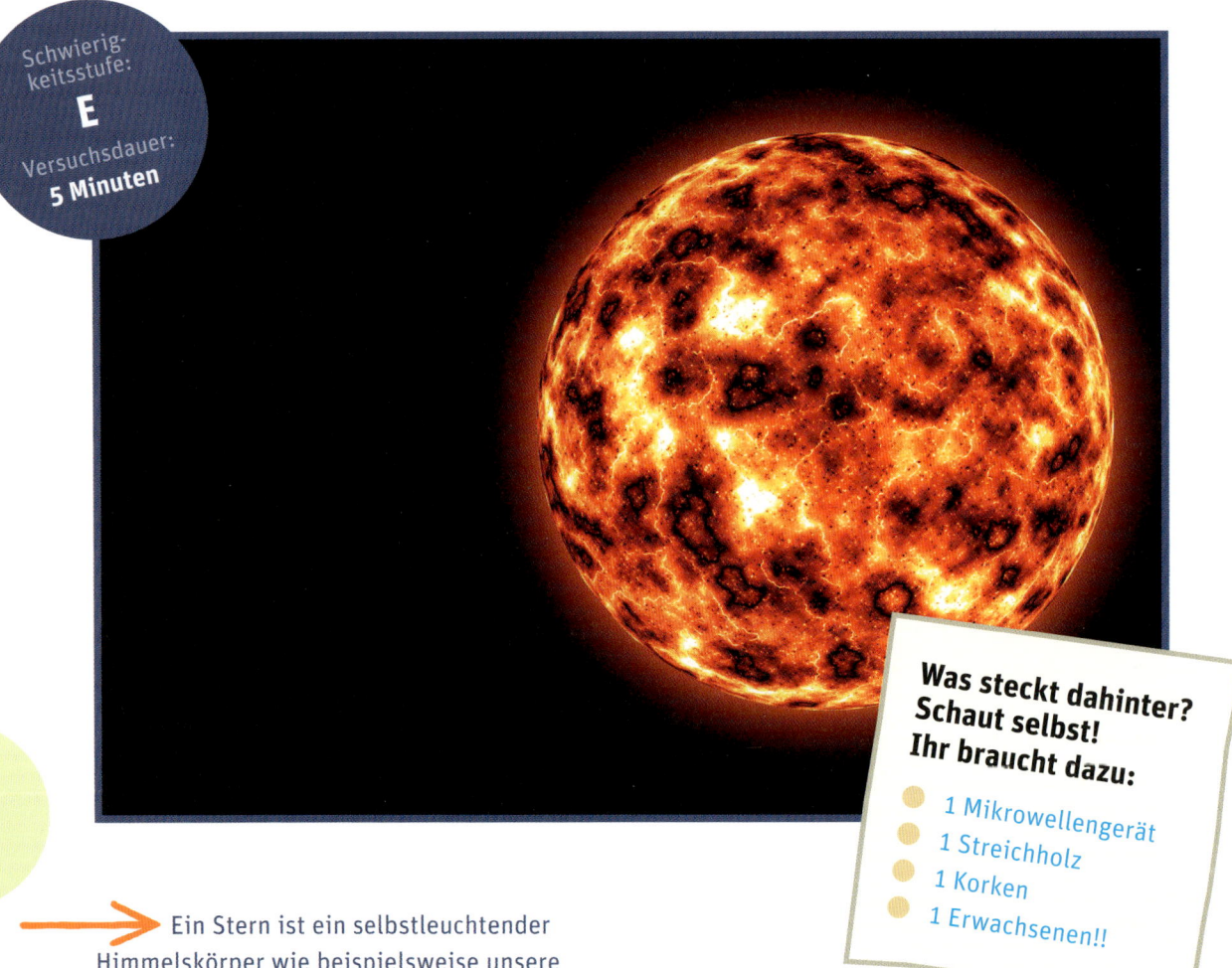

**Was steckt dahinter?
Schaut selbst!
Ihr braucht dazu:**

- 1 Mikrowellengerät
- 1 Streichholz
- 1 Korken
- 1 Erwachsenen!!

Ein Stern ist ein selbstleuchtender Himmelskörper wie beispielsweise unsere Sonne, die der Erde und allen anderen Planeten in unserem Sonnensystem Licht und Wärme spendet. Wenn ihr in den Nachthimmel schaut, seht ihr viele Sterne, die aus eigener Kraft leuchten. Die Planeten, die um diese Sterne kreisen, seht ihr nicht, weil sie dunkel sind.

Sterne leuchten, weil in ihnen Materie »verbrennt«. Dabei wird so viel Energie frei, dass sie hell glühen und deshalb extrem stark leuchten – sonst könnten wir sie gar nicht sehen, so weit entfernt sind sie.

Und so geht das Experiment:

Eins vorweg: Dieser Versuch ist gefährlich!! Auf keinen Fall dürft ihr ihn alleine machen, gerne aber mit mindestens 1 Erwachsenen!!

Lasst euch den Korken von eurem erwachsenen Helfer in der Mitte quer durchschneiden. Steckt das Streichholz fest in den Korken, mit dem Kopf nach oben. Jetzt nehmt ihr den Drehteller aus der Mikrowelle heraus und stellt den Korken mit dem Streichholz in das Gerät. Bittet nun euren Helfer, das Streichholz in der Mikrowelle anzuzünden, die Türe zu schließen und das Gerät auf höchster Stufe einzuschalten. Passt genau auf, was passiert, und gebt acht, dass ein Erwachsener die Hand am Ausschalter hat!

Was ist passiert? Und wie kommt es dazu?

Die Streichholzflamme beginnt stärker zu leuchten, wird größer, löst sich schließlich vom Streichholz und wandert als leuchtende Kugel durch die Mikrowelle. ACHTUNG: Bevor die Feuerkugel die Wände berührt, bitte unbedingt das Mikrowellengerät ausschalten, sonst kann es Schaden nehmen! Was ihr für kurze Zeit in der Mikrowelle erzeugt habt, war ein sogenanntes »Plasma«.

Dinge können ja fest, flüssig oder gasförmig sein. Diese drei »Aggregatzustände« kennt ihr. Doch es gibt einen vierten Zustand: das Plasma! Bei ganz viel Energie, also Wärme, zerfällt Materie in ihre Bausteine, die Atome und Elektronen, die somit nicht mehr brav zusammenhalten, sondern ganz wild durcheinanderwirbeln. Die Energie dafür liefert das Mikrowellengerät mit den Mikrowellen, die es in seinem Inneren erzeugt. Es heizt die Flamme des Streichholzes weiter auf, sodass daraus ein Plasma entstehen kann. Da die Plasmakugel leicht und heiß ist, schwebt sie in der Mikrowelle – bis ihr das Gerät ausschaltet. Und genau so eine Plasmakugel ist auch die Sonne – ihr habt einen Stern erzeugt! Glückwunsch!

Was bedeutet das für uns Menschen?

Ein ganz bestimmter Stern ist für uns Erdbewohner sehr wichtig: die Sonne. Auch sie ist ein Stern, eine leuchtende Gaskugel. In ihr brennt ein kosmisches Feuer und bildet ein riesiges Plasma. Einige Fakten gefällig? Die Sonne ist 109-mal so groß wie die Erde, sie hat 333 000-mal so viel Masse wie unser Planet und sie strahlt bei einer Temperatur von rund 5500 °C. Sie besteht zu fast drei Vierteln aus Wasserstoff. Das ist der Brennstoff, aus dem die Sonne Helium macht. »Kernfusion« heißt dieser Prozess, und die Energie, die dabei frei wird, speist alles Leben auf der Erde. Wie jedes Feuer wird aber auch die Sonne eines Tages erlöschen. Vor unvorstellbaren 4,6 Milliarden Jahren ist sie entstanden, und in 6,4 Milliarden Jahren wird sie erlöschen, weil sie sich verbraucht hat.

Ganz schön spannend!

Sie tauchen aus dem Nichts auf und verschwinden: Kugelblitze. Seit 2000 Jahren werden immer wieder welche beobachtet, doch wissenschaftlich erklären kann man sie noch nicht. Fest steht, dass sie bei Gewittern erscheinen, so groß wie ein Tennis- oder Fußball sein können und rötlich leuchten. Sie sind leise, leben nur einige Sekunden und verlöschen hin und wieder mit einem lauten Knall.

1697 soll das Schloss in der kleinen Ortschaft Athlone in Irland bei einem schweren Gewitter von einem Kugelblitz heimgesucht worden sein. Unglücklicherweise war das Schloss bis unters Dach mit Munition vollgestopft: Es gab dort 1000 Musketen, 220 Fässer mit Kugeln und ein riesiges Lager mit Waffen – und 260 Pulverfässer! Die zündete der Kugelblitz und jagte damit das gesamte Schloss in die Luft.

Schon gewusst?

Geht ihr auch so gern zum Zahnarzt? Das Bohren ist ja immer das Schlimmste – vor allem das Geräusch dabei. Mit einem »Plasmabohrer« könnte das künftig anders sein. Dabei strömt das Gas Helium durch eine Düse und wird mit Mikrowellen angeregt. Dadurch bildet es ein Plasma, das aber nur 30 – 40 °C warm ist. Mit ihm kann der Zahnarzt bohren, ohne dass es wehtut.

Wissenschaftlern auf die Finger geguckt

In Cadarache im Süden Frankreichs wird derzeit der »ITER« (Internationaler Thermonuklearer Experimentalreaktor) gebaut. Hier wollen China, Europa, Indien, Japan, Korea, Russland und die USA versuchen, gemeinsam das Sonnenfeuer auf der Erde zu entfachen. Denn irgendwann soll einmal mit der Kernfusion Energie in fast unbegrenzter Menge gewonnen werden. Der Brennstoff: Wasserstoff, eines der häufigsten Elemente auf der Erde. Doch das ist unglaublich schwierig und sehr aufwendig. Denn bevor der Wasserstoff zu Helium verschmilzt und dabei Energie frei wird, muss er erst einmal auf viele Millionen Grad erhitzt werden. Damit die Wände der Brennkammer nicht schmelzen, wird das heiße Gas mit starken Magnetfeldern in der Schwebe gehalten. Schon jetzt steht fest, dass das Kraftwerk viel teurer wird als geplant. Und ob es jemals Energie liefern wird, kann derzeit niemand sagen.

Für kleine Forscher

Ist der Mond ein Stern? Leuchtet er nicht auch von sich aus? Nein, das sieht nur so aus. In Wirklichkeit wird er von der Sonne beschienen, wirft also einen kleinen Teil ihres Lichtes zur Erde. Je nachdem wo der Mond steht, wird er an anderen Stellen vom Sonnenlicht beschienen. Bei Vollmond auf der Seite, die zur Erde zeigt, bei Neumond genau gegenüber, auf der erdabgewandten Seite. Ob der Mond zu- oder abnimmt, könnt ihr ganz einfach feststellen: Passt die Rundung der Mondsichel in den Bauch des kleinen »a«, nimmt der Mond »a«b. Wenn nicht, nimmt er zu. Übrigens: Der Mond ist immer mit derselben Hälfte zur Erde gewandt. Darum konnte die Rückseite des Mondes von der Erde aus noch nie beobachtet werden.

Ganz schön ausgefuchst

Eine Mikrowelle ist ganz schön praktisch, wenn ihr ein paar Dinge beachtet:

- Die Mikrowelle nicht leer anschalten, sonst kann das Magnetron kaputtgehen, das im Gerät die Mikrowellen erzeugt.
- Metall – Töpfe, Besteck, Alufolie oder Geschirr mit Goldrand – gehört auf gar keinen Fall in die Mikrowelle, es bilden sich Funken.
- Eier oder Tomaten können in der Mikrowelle explodieren.
- Öl, Alkohol oder Butter können in der Mikrowelle Feuer fangen, wenn sie zu heiß werden.
- Getränke können sehr heiß werden und beim Herausnehmen plötzlich explodieren.

Übrigens: Zum Aufbacken von Brötchen eignet sich die Mikrowelle nicht – sie werden darin erst ganz schlabberig und dann knochenhart.

4 Wie funktioniert eine Energiesparlampe?

Experiment: Wenn die Mikrowelle leuchtet

Was steckt dahinter? Schaut selbst! Ihr braucht dazu:

- 1 Mikrowellengerät
- 1 Leuchtstofflampe (auch eine, die nicht mehr geht)
- 1 Glas oder 1 Tasse
- etwas Wasser
- 1 Erwachsenen

Eine Energiesparlampe ist viel trickreicher als eine Glühbirne, denn in ihr leuchtet ein Gas. In dem weißen Glasröhrchen befindet sich etwas Quecksilberdampf, der zum Leuchten gebracht wird. Da dieses Leuchten jedoch ultraviolettes (UV-)Licht ist, könnt ihr es nicht sehen. Damit bliebe euer Zimmer also dunkel. Deshalb muss das UV-Licht in den Lichtbereich übersetzt werden, den wir Menschen sehen. Das macht die Leuchtschicht, die innen auf dem Glasröhrchen aufgebracht ist. Sie wird vom UV-Licht zu einem Leuchten angeregt, das wir tatsächlich sehen können.

Und so geht das Experiment:

Füllt so viel Wasser in das Glas oder die Tasse, dass der Metallsockel der Lampe vollständig im Wasser steht, damit er kühl bleibt und sich am Metall keine Funken bilden. Dann stellt ihr das Ganze vorsichtig in die Mikrowelle, und zwar am besten etwas an den Rand des Drehtellers. Jetzt schließt ihr die Mikrowelle und bittet einen Erwachsenen, sie auf mittlerer Stufe einzuschalten. Was nun passiert, schaut euch bitte nur kurz an und schaltet das Gerät spätestens nach fünf Sekunden aus. Wartet unbedingt noch fünf Minuten, bevor ihr die Mikrowelle wieder öffnet!!

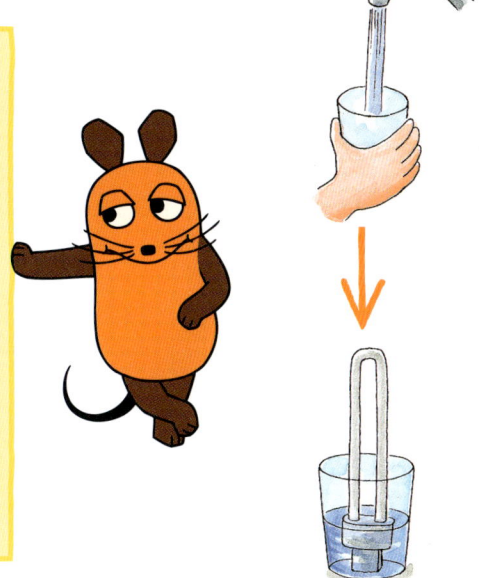

Was ist passiert? Und wie kommt es dazu?

In Energiesparlampen sitzt eine kleine Leuchtstoffröhre, die bei eurem Versuch beginnt, hell zu leuchten – viel heller als normal! Die Lampe wird bei dem Versuch sehr heiß – darum müsst ihr unbedingt abwarten, bevor ihr sie anfasst.

In dem Mikrowellengerät werden – logisch! – Mikrowellen erzeugt, die viel Energie haben. Diese Energie geben sie normalerweise an Speisen und Getränke weiter, die dadurch warm oder sogar heiß werden. Diese Energie kann aber auch Licht erzeugen, wenn zufällig eine Energiesparlampe in der Mikrowelle ist. Das muss aber die absolute Ausnahme bleiben. Versprochen?

Die Mikrowellen regen das Gas in der Leuchtstoffröhre an, indem sie es drahtlos – durch die Luft – mit elektromagnetischer Energie versorgen. Dass die Lampe flackert, solange sie sich im Mikrowellengerät dreht, liegt übrigens daran, dass die Mikrowellen im Innenraum nicht überall gleich stark sind.

Was bedeutet das für uns Menschen?

Leuchtstofflampen verbrauchen viel weniger Energie als Glühbirnen, liefern aber die gleiche Helligkeit. So leuchtet eine gute Energiesparlampe mit 20 Watt genauso hell wie eine Glühbirne mit 100 Watt und sie leuchtet auch bis zu viermal so lang, bis sie kaputtgeht. Dadurch lässt sich viel Energie sparen, was für die Umwelt gut ist, weil dann weniger Kohle und Erdöl in Kraftwerken verbrannt oder Atomkraftwerke betrieben werden müssen. Leider ist in Leuchtstofflampen etwas Quecksilber enthalten (etwa 5 tausendstel Gramm), das giftig ist. Deshalb müssen ausgediente Leuchtstofflampen immer beim Händler zurückgegeben werden. Sie gehören nicht in den Mülleimer.

Ganz schön spannend!

Was wir »Energiesparlampe« nennen, ist eine sogenannte »Kompaktleuchtstofflampe«, bei der die Glasröhre mehrfach gebogen ist, damit die Lampe klein ist. Sonst sind Leuchtstofflampen viel länger, etwa als Leuchtstoffröhren. Normalerweise leuchten Leuchtstofflampen oder -röhren nicht durch Mikrowellen, sondern durch elektrischen Strom, der über zwei Kontakte in die Lampe gelangt. Schaltet man die Lampe ein, wird die Lampe erst »gezündet«. Dafür sind über 1000 Volt Hochspannung nötig. Das Stromnetz liefert aber nur 220 Volt. Deshalb ist etwas Elektronik notwendig, um beim Einschalten von Leuchtstofflampen die nötige Hochspannung zum Zünden zu erzeugen. Bei Energiesparlampen ist diese Elektronik im Sockel untergebracht, weshalb diese Lampen immer etwas größer und klobiger sind als herkömmliche Glühbirnen. Beim Zünden flackert die Lampe zunächst, aber einmal gezündet, brennt sie konstant weiter.

Schon gewusst?

Im Gegensatz zu Leuchtstofflampen sind Glühlampen kleine Heizkörper, die leuchten. Bei einer Glühlampe mit beispielsweise 100 Watt werden 90 Watt als Wärme frei, heizen also die Umgebung auf. Nur 10 Watt werden in sichtbares Licht umgesetzt. Das ist so, weil die Glühlampe ihr Licht durch das Glühen eines Metallfadens erzeugt, der dabei 2500 °C heiß wird. Das frisst viel Strom, also Energie, und bringt im Vergleich wenig Licht. Im Winter mag uns die Wärme ja noch zugutekommen, im Sommer ist sie aber völlig überflüssig.

Wissenschaftlern auf die Finger geguckt

Energiesparlampen sind im Prinzip auch schon wieder veraltet, denn das Licht der Zukunft stammt von LEDs, auch »Leuchtdioden« genannt. Das sind kleine elektronische Bauteile, die ihr Licht ganz ähnlich wie Glühwürmchen – eine kleine Käferart – erzeugen, nämlich mit »Lumineszenz«, also kaltem Leuchten. Bei Autos könnt ihr sie schon sehen: als leuchtende Punkte vorne am Scheinwerfer oder im Rücklicht. Auch in den meisten Ampeln leuchten mittlerweile Leuchtdioden rot, gelb oder grün.

Auf der ganzen Welt arbeiten Forscher daran, die Effizienz der LEDs zu steigern, also aus ihnen mit weniger Strom mehr Licht herauszuholen. Auch die Lichtfarbe ist dabei wichtig, denn oft geben LEDs ein helles weißes Licht ab, welches viele Menschen als kalt und ungemütlich empfinden. Als Taschenlampen hingegen sind LEDs inzwischen unschlagbar, weil sie wenig Strom fressen und mit den Batterien sehr lange auskommen.

Für kleine Forscher

Seht euch zu Hause einmal um. Wo stecken überall Glühbirnen in den Lampen? Und wo sonst noch, wie etwa im Kühlschranklicht oder in der Backofenlampe? Zählt einmal die Wattzahlen zusammen. Die stehen vorne auf dem Glaskolben der Glühbirne oder auf der metallenen Fassung. Na, wie viel Watt liefern euch noch Glühlampen? Teilt diese Zahl durch fünf und zeigt sie euren Eltern. Das ist, was ihr mit Energiesparlampen verbrauchen würdet, wenn ihr die Lampen komplett austauscht.

Ganz schön ausgefuchst

Bald wird es kaum noch Glühlampen geben, denn ein europäisches Gesetz verbietet elektrische Geräte, wie etwa Leuchtmittel, die zu viel Strom verbrauchen, also nicht »effizient« sind. Wenn ihr ein neues Elektrogerät kaufen wollt, etwa eine Waschmaschine, einen Geschirrspüler, einen Backofen oder einen Kühlschrank, dann gibt das »Energielabel« am Gerät Auskunft darüber, wie gut es mit dem Strom umgeht, den es verbraucht. »A« ist gut, »G« ist unterirdisch schlecht. Die allerbesten Geräte schaffen inzwischen sogar die Kategorie »A+++«.

Warum funkt es, wenn ich meine Katze streichle?

Experiment: Elektrizität selbst gemacht

**Was steckt dahinter?
Schaut selbst!
Ihr braucht dazu:**

- 1 dunklen Raum
- 1 Pullover, wenn möglich aus Kunststoffgewebe
- trockenes Wetter

Katzen lieben Zärtlichkeiten und lassen sich sehr gerne streicheln, wenn sie zu einem Menschen Vertrauen haben. Aber wenn die Luft sehr trocken ist, ladet ihr euch dabei durch die Reibung zwischen Hand und Fell elektrisch auf. Dabei werdet ihr selbst negativ (−) und die Katze positiv (+) aufgeladen. Es können Hochspannungen von bis zu 30 000 Volt entstehen. Weil dabei aber nur ganz wenig Strom fließt, ist es für Mensch und Tier ungefährlich. Kommt ihr wieder in Kontakt mit der Katze, gleichen sich die Ladungen (+ und −) wieder aus. Dabei können richtige Funken überspringen – besonders bei den spitzen Öhrchen und der empfindlichen Schnauze. Das kann der Katze ziemlich wehtun.

Und so geht das Experiment:

Geht in einen fensterlosen Raum und zieht den Pullover an. Löscht das Licht und wartet ein paar Minuten, bis sich eure Augen an die Finsternis gewöhnt haben. Dann streift ihr den Pullover ab, indem ihr ihn über euren Kopf zieht. Lasst dabei die Augen offen!

Was ist passiert? Und wie kommt es dazu?

Es blitzt und knistert! Ihr seht weiße Funken und hört zu jedem Funken ein Knacken. Was ihr hier im Dunkeln erzeugt, ist ein echtes Mini-Gewitter mit Mini-Blitz und Mini-Donner. Wenn der Pullover über euren Körper reibt, werden ihm winzige, unsichtbare Teilchen entrissen, die Elektronen. Sie sind negativ geladen. Fehlen sie dem Pullover, ist er nicht mehr ungeladen, sondern positiv geladen (+). Euer Körper behält die Elektronen und lädt sich dadurch negativ auf (−). Dabei entsteht Elektrizität von einigen Hundert Volt, also mit mehr Spannung als aus der Steckdose. Irgendwann ist der Unterschied zwischen + und − so groß, dass es einen Kurzschluss durch die Luft gibt. Aber keine Angst, trotzdem ist es ungefährlich, weil nur ganz kurz sehr geringe Ströme fließen. Ein Funken springt über und die unterschiedlichen Ladungen gleichen sich dadurch aus. Das könnt ihr sogar riechen, denn wenn die Funken überspringen, bildet sich aus dem Sauerstoff (O_2) in der Luft das Gas Ozon (O_3), und das hat einen leicht stechenden Geruch.

Was bedeutet das für uns Menschen?

Auch in der Natur entstehen hohe Spannungen zwischen Himmel und Erde, zwischen Wolken und Erdoberfläche. Grund sind die Bewegungen der Luft, also Winde, die Reibung erzeugen und damit eine Aufladung bewirken.

 Elektrizität ist also ein Naturereignis. Bei jedem Gewitter entlädt sich elektrische Energie in gigantischen Funken vom Himmel zur Erde – diese Blitze sehen fantastisch aus, sind aber genauso Furcht einflößend. Und Blitze können gefährlich sein. Wer im Freien davon überrascht wird, etwa beim Wandern, sollte eine Hütte aufsuchen und sich in der Mitte hinkauern. Im Freien geht man am besten in die Hocke: Füße zusammen und Hände um die Knie. Und unbedingt von hohen Gegenständen wie Masten oder Bäumen fernhalten!

Ganz schön spannend!

Die Familie von Jonas machte Sommerferien an der Nordsee. Und Jonas ließ einen Drachen steigen. Weil das Wetter ungewöhnlich kalt und nass war, steckten Jonas' Füße in festen Gummistiefeln. Als sein Vater Martin ihn zum Essen holen wollte, merkte er, dass mit Jonas etwas nicht stimmte. Der Junge war nicht anzufassen. Jonas hatte sich offensichtlich elektrisch aufgeladen und verteilte elektrische Schläge, wenn man versuchte, ihn zu berühren.

Wie das? Der Drachen hoch oben in der Luft rieb sich am Wind und lud sich dabei elektrisch auf. Durch die Luftfeuchtigkeit war die Drachenleine nass und elektrisch leitend. So wurde Jonas von 100 Meter Höhe aus dem Himmel elektrisch geladen. Er selber merkte wegen der gut isolierenden Gummistiefel davon nichts, bis sein Vater kam.

Wissenschaftlern auf die Finger geguckt

Wenn euch der Lehrer in Physik oder Sachkunde Elektrizität vorführen wollte, nahm er bisher einen Plastikstab und rieb ihn an einem echten Katzenfell. Für diese Felle mussten aber Katzen ihr Leben lassen. Mittlerweile hat die Physikalisch-Technische Bundesanstalt in Braunschweig (PTB) einen Ersatz fürs Katzenfell gesucht und gefunden! Dafür wurden viele Stoffe ausprobiert. Und ein Stoff aus Schaffell hat »gewonnen«. Damit kann genauso gut Elektrizität erzeugt werden wie mit einem Katzenfell. Der Vorteil: Das Schaf muss dafür nicht getötet werden, es wird einfach geschoren.

Für kleine Forscher

Ein Gewitter klingt immer viel näher, als es in Wirklichkeit ist. Mit einem kleinen Kniff könnt ihr herausbekommen, wie weit ein Gewitter weg ist. Wenn es blitzt, stoppt ihr die Zeit bis zum Donner. Die Sekunden teilt ihr durch drei. Das Ergebnis ist die Entfernung in Kilometern. Ein Beispiel: Es blitzt, ihr drückt auf die Stoppuhr oder fangt an zu zählen (»Einundzwanzig, zweiundzwanzig, dreiundzwanzig...«) und kommt auf sechs Sekunden, bis es donnert. 6 : 3 = 2 – das Gewitter ist also 2 Kilometer entfernt. Wie das funktioniert? Blitz und Donner entstehen gleichzeitig, aber der Schall des Donners ist viel langsamer als das Licht vom Blitz. Das Licht seht ihr sofort, aber der Schall braucht rund 1 Sekunde für 330 Meter. Übrigens: Auf der Erde ist der Donner bis 30 Kilometer weit zu hören.

Ganz schön ausgefuchst

Ein Blitz ist sehr kurz – in einigen millionstel Sekunden entlädt er sich und heizt dabei die Luft um ihn herum bis zu 30 000 °C auf. In Deutschland gibt es pro Jahr bis zu 2,5 Millionen Blitze (in der Schweiz bis zu 500 000) und der Monat mit den meisten Blitzen ist der Juli! Ein eigener »Blitz-Informationsdienst« registriert die Blitze und ihr könnt euch im Internet anschauen, wo es gerade gewittert. Geht dazu auf die Seite www.blids.de. Übrigens: Weltweit toben ständig 1600 Gewitter!

6 Wie schickt der Computer Texte und Bilder an den Drucker?

Experiment: Zauberhafte Zahlenkarten

Schwierig-
keitsstufe:

M

Versuchsdauer:
1 Stunde

**Was steckt dahinter?
Schaut selbst!
Ihr braucht dazu:**

- 4 DIN-A4-Bögen festen Karton
- 1 Schreibstift
- 1 Freund oder Freundin

Computer und Computer-Drucker sind dumm. Sie können nur schnell rechnen. Und ihre Sprache ist das Zahlenalphabet. Wobei sie nur zwei Ziffern verstehen, nämlich »0« und »1«. Mit diesen beiden Ziffern stellen sie die unterschiedlichsten Ziffernketten dar und erledigen so all ihre Aufgaben. Und solche Zahlen schickt der Computer an den Drucker. Das Tolle dabei ist: Mit diesen beiden Ziffern könnt ihr die schönsten Bilder und die spannendsten Texte ausdrucken. Denn jeder Buchstabe und jeder bunte Punkt auf einem Bild lassen sich als Zahl ausdrücken. Und diese Zahl zerlegt der Computer in Nullen und Einsen.

28

Schneidet zuerst aus festem Papier oder Karton sieben Kärtchen aus. Dann geht es ans Beschriften. Schreibt exakt die Zahlenfolgen auf die Karten, wie sie auf den gezeichneten Karten unten stehen. Jetzt bittet ihr eine Freundin oder einen Freund, sich eine Zahl auszudenken, die zwischen 1 und 100 liegt, und euch alle Karten zu geben, auf denen die gedachte Zahl steht.

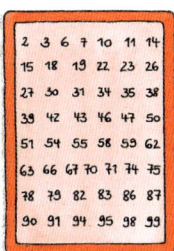

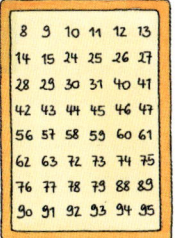

Was ist passiert? Und wie kommt es dazu?

Ihr könnt blitzschnell die gedachte Zahl nennen! Und eure Freunde werden staunen. Erst recht, wenn ihr ihnen den Trick verratet.

Alles, was ihr macht, ist, von den zurückgegebenen Karten jeweils die erste Zahl zusammenzuzählen. Ein Beispiel: Hat sich euer Mitspieler die 55 gedacht, so wird er euch die Karten mit den Anfangszahlen 1, 2, 4, 16 und 32 zurückgeben. Das ergibt genau 55.

Man könnte auch sagen:

```
  0  x 64 (denn diese Karte erhaltet ihr nicht zurück)
+ 1  x 32
+ 1  x 16
+ 0  x 8 (diese Karte erhaltet ihr auch nicht zurück)
+ 1  x 4
+ 1  x 2
+ 1  x 1
      55
```

Genauso übersetzt der Computer Zahlen in Nullen und Einsen. Die Zahl »55« ist in der Computersprache »0110111«. Das ist zwar etwas länger, dafür braucht er aber nur zwei Ziffern. Die werden in Strom übersetzt: »1« heißt »Strom an«, »0« bedeutet »Strom aus«. Dieser Zahlentrick ist verblüffend und gibt einen guten Eindruck davon, wie ein Computer arbeitet, wenn er zum Beispiel die Daten für ein Bild an den Drucker schickt.

Was bedeutet das für uns Menschen?

Alles, was wir mit dem Computer machen, übersetzt er für sich in Nullen und Einsen. Und so speichert er auch Bilder, Texte, Töne, Musik und Videos: alles als Nullen und Einsen. Die Computer-Festplatte etwa ist magnetisierbar. Jeweils viele winzige Bereiche darauf werden magnetisiert (»1«) oder nicht (»0«). So behält der Computer, was wir ihm anvertraut haben. Erst wenn wir etwas ansehen, ausdrucken oder anhören möchten, übersetzt er es uns für unsere Augen und Ohren, indem er es an den Bildschirm, Drucker oder die Lautsprecher gibt.

Ganz schön spannend!

Beim russischen Abakus, dem »Stschoty«, sind anfangs alle Perlen rechts. Die Reihen von unten nach oben entsprechen den Ziffern einer Zahl mit sieben Stellen vor und drei Stellen nach dem Komma, also von unten nach oben die Tausendstel, Hundertstel und Zehntel – dann vier Perlen für das Komma – darüber dann Einer, Zehner, Hunderter bis zur Million. Für die »30« schiebt ihr in der 6. Reihe bei den Zehnern drei Perlen nach links. Um etwa »80« dazuzuzählen, schiebt ihr weitere acht Perlen nach links. Der Kniff: Weil schon drei Perlen links stehen, sind nach der siebten zusätzlichen Perle alle Perlen links. Jetzt schiebt ihr eine Reihe darüber eine nach links, unten alle nach rechts und wieder eine, nämlich die achte, nach links. So habt ihr die Zahl »110« erhalten. Stimmt's? Ihr seht: Der Abakus ist einer der ersten und einfachsten »Computer«. Und wie viel zeigt der Stschoty auf dem Bild? Richtig – 8 040 020,240!

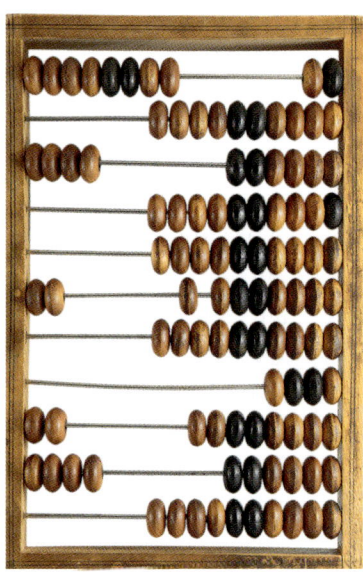

Schon gewusst?

Das Herz eines Computers ist die CPU, die »central processing unit« oder der »Zentralprozessor«. In der CPU stecken winzige elektronische Schalter, die Transistoren. Sie schalten Strom an oder aus, denn das sind ja die einzigen Signale, die ein Computer verarbeitet. Auf einem CPU-Chip sind heute über 1 Milliarde dieser winzigen Schalter integriert, Anfang der 1970er-Jahre waren es gerade einmal 2300! Je mehr Schalter eine CPU hat, desto leistungsfähiger ist die CPU und desto mehr kann sie rechnen. Je höher ihr Takt ist, desto schneller rechnet sie. Übrigens: Euer neuer Computer zu Hause bringt heute so viel Leistung wie ein Großrechenzentrum vor 15 Jahren.

Zauberhafte Zahlenkarten

Wissenschaftlern auf die Finger geguckt

Der schnellste Supercomputer Europas steht im Forschungszentrum Jülich in der Nähe von Aachen. Er belegt eine ganze Turnhalle und schafft 1 Billiarde Rechenoperationen pro Sekunde. Und auch das ist für viele Forscher noch zu wenig. Die Wissenschaftler simulieren auf solchen Superrechnern, wie das Klima in 50 oder 100 Jahren aussehen wird. Oder sie bauen im Computer chemische Stoffe zusammen, die es noch gar nicht gibt, und testen, ob sie als Wirkstoffe für neue Medikamente infrage kommen. Diese Berechnungen sind so aufwendig, dass sogar Supercomputer dafür Stunden, Tage oder Wochen benötigen.

Für kleine Forscher

Mit den Fingern rechnet man nicht, sagen die Lehrer. Dabei geht es so gut! Zumindest bei der Neuner-Reihe. Nehmt beide Hände und haltet sie mit allen zehn ausgestreckten Fingern nach oben nebeneinander vor euch hin. Wie viel ist 4 x 9? Zählt von den Fingern links nach rechts und nehmt den 4. Finger runter. Jetzt habt ihr links 3 Finger, dann eine Lücke und rechts 6 Finger. Die drei Finger links der Lücke sind eure Zehner, die Finger rechts die Einer. Was habt ihr? 36! Für 5 x 9 nehmt ihr den 5. Finger von links herunter (und erhaltet tatsächlich 45), für 6 x 9 den 6. (ergibt 54) und so weiter.
Ganz schön einfach, nicht wahr? Wie schade, dass das nur mit der Neuner-Reihe klappt.

Ganz schön ausgefuchst

Wenn Wissenschaftler große Aufgaben zu rechnen haben, aber kein Geld für einen Super-rechner besitzen, dann bitten sie weltweit Menschen um Unterstützung. Die laden sich dann ein kleines Programm herunter und installieren es auf ihrem Rechner. Wenn der gerade nichts zu tun hat, holt er sich aus dem Internet eine kleine Teilaufgabe von den Forschern, berechnet sie und schickt das Ergebnis zurück. Wenn viele Menschen ihre Rechenzeit zur Verfügung stellen, können so auch große Aufgaben bewältigt werden. Etwa die Suche nach Signalen von Außerirdischen aus dem Weltraum, unbekannten Objekten im All (UFOs) oder – ganz irdisch – neuen Medikamenten.

7

Was ist eine Illusion?

Experiment: Zahnstocher durchdringt Flasche

Schwierigkeitsstufe: E

Versuchsdauer: 10 Minuten

Was steckt dahinter? Schaut selbst! Ihr braucht dazu:

- 1 Glasflasche mit Verschluss
- 1 Zahnstocher
- Wasser
- 1 Erwachsenen
- 1 Schere

Menschen, die durchgesägt oder mit Schwertern durchstoßen werden und danach putzmunter und unverletzt aus der Kiste krabbeln. Dinge und Personen, die schweben. Elefanten, die auf offener Bühne verschwinden, und Kaninchen, die aus dem Hut gezaubert werden. Das alles gibt es und gibt es doch nicht. Es geschieht vor unseren Augen und kann doch nicht wahr sein. Magier führen uns geschickt an der Nase herum und täuschen unsere Sinne.

Und genau das sind Illusionen: Sinnestäuschungen. Wir sehen etwas und nehmen es für wahr, obwohl wir wissen, dass es nicht wahr sein kann. Das macht erstaunlicherweise immer wieder große Freude!

→ Und so geht das Experiment:

Schraubt den Verschluss auf die leere Flasche. Dann bohrt euer erwachsener Helfer vorsichtig mit der Schere ein Loch in die Kappe und vergrößert es durch Hineinstecken der Scherenspitze und behutsames Drehen. Wichtig ist dabei, dass ein Zahnstocher locker durchpasst! Zum Schluss füllt ihr die Flasche mit Wasser, schraubt sie mit dem Verschluss (mit dem Loch darin) zu und schnappt euch den Zahnstocher.

Jetzt ist alles bereit für euren großen Auftritt: Ihr zeigt allen die Flasche mit Wasser und haltet unauffällig das Loch zu. Dann dreht ihr die Flasche um und haltet dabei weiterhin das Loch zu, damit kein Wasser heraustropft. Ist die Flasche umgedreht, braucht ihr das Loch unten in der Kappe nicht mehr zuzuhalten, denn dann fließt kein Wasser heraus. Jetzt versprecht ihr, dass ihr einen Zahnstocher den Verschluss durchdringen lassen könnt. Dafür steckt ihr den Zahnstocher unten durch das Loch. Im Wasser der Flasche taucht er dann von ganz alleine nach oben. Und wenn ihr das ein paarmal vorher geübt habt, schadet das bestimmt nicht!

Was ist passiert? Und wie kommt es dazu?

Eure Zuschauer werden staunen (und ihr auch), denn es sieht tatsächlich so aus, als ob der Zahnstocher durch die verschlossene Flasche eingedrungen ist! Ihr habt eine wunderbare Illusion vollbracht. Und euch dabei handfester Wissenschaft bedient: Die Oberflächenspannung hält das Wasser trotz Loch in der Flasche, sodass der Zahnstocher eine Öffnung hat, durch die er problemlos hineingelangt. Aber das braucht ihr ja niemandem erzählen ...

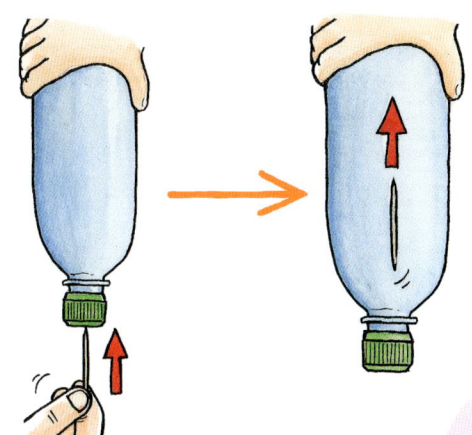

Was bedeutet das für uns Menschen?

→ Illusionen sind Sinnestäuschungen und bestimmen oft, wie wir denken. Die Erde scheint für uns Menschen flach zu sein, obwohl sie eine Kugel ist – nur ist die Kugel so groß, dass die Oberfläche für uns »kleine« Lebewesen nur ganz leicht gebogen ist. Die Sonne scheint am Tag über den Himmel zu wandern, bis es Nacht wird – dabei dreht sich die Erde im Licht der Sonne um die eigene Achse und den Ort, an dem wir sind, allmählich von der Sonne weg, sodass es bei uns dunkel wird. Und manchmal sehen wir Dinge, die es gar nicht geben kann: etwa endlos bergab fließendes Wasser.

Ganz schön spannend!

Zauberer sind in Wirklichkeit Wissenschaftler. Mit optischen Tricks lassen sie Dinge verschwinden oder zersägen Menschen, ohne dass denen wirklich etwas passiert. Ein beliebter Trick ist der »schwebende Tisch«. Dabei erzeugt der Magier die Illusion, dass der Tisch schwer und massiv ist. In Wirklichkeit ist er aus Pappe und ganz leicht. Oder der Magier lässt Wasser verschwinden: Das Spezialglas dafür ist in der Mitte durch einen Spiegel geteilt, sodass die Zuschauer die Glashälfte hinter dem Spiegel nicht sehen können. Dort ist etwas Superabsorber (s. S. 169). Der Magier gießt das Wasser zwar ins Glas, aber hinter den Spiegel zu dem Pulver. Das saugt das Wasser auf. Wenn der Magier das Glas anhebt und auf den Kopf stellt, fließt kein Wasser heraus. Die Illusion ist perfekt.

Schon gewusst?

Bei einer Illusion lassen wir uns etwas vormachen, bei einer »Halluzination« macht uns unser Kopf etwas vor, ohne dass wirklich etwas da ist. Halluzinationen werden im Gehirn hervorgerufen, oft infolge von Krankheiten. Wenn ihr schon einmal hohes Fieber hattet, habt ihr vielleicht schon eine Halluzination in Form eines Fiebertraumes gehabt. Dann habt ihr etwas gesehen, gefühlt oder gehört, obwohl nichts da war. Auch durch Medikamente oder Alkohol können Halluzinationen entstehen, ebenso durch Geisteskrankheiten.

Zahnstocher durchdringt Flasche

Wissenschaftlern auf die Finger geguckt

Eine große Illusion ist das »3-D«-Fernsehen – 3-D steht für »dreidimensional« und ist nichts anderes als räumliches Sehen. Warum ist das eine Illusion? Weil der Fernseher oder der Computermonitor, der 3-D-Bilder erzeugt, flach, also nur zweidimensional ist. Um dennoch ein 3-D-Bild zu erzeugen, werden die Bilder für das linke und rechte Auge abwechselnd auf den Bildschirm gebracht. Eine sogenannte Shutter-Brille auf eurer Nase hält euch abwechselnd ein Auge zu.

Mit dieser Technik können sich Ingenieure die neuesten Autos anschauen, die sie gerade konstruiert haben, und sie virtuell, also im Computer, verändern. Der Prototyp scheint dann dank 3-D-Technik direkt vor ihnen im Raum zu stehen. Erst wenn sie die Brille absetzen, merken sie, dass sie auf einen flachen Bildschirm gucken.

Für kleine Forscher

Nehmt eine Kunststoffflasche und lasst euch unten an der Seite ein etwa 2 Millimeter großes Loch hineinstechen. Dieses Loch haltet ihr zu, wenn ihr die Flasche mit Wasser füllt. Zum Schluss kommt der Verschluss drauf. Wenn ihr jetzt das Loch loslasst, kommt kein Wasser heraus. Nun stellt ihr die Flasche irgendwohin (aber bitte ins Freie!), wo man sie gleich sieht. Und zwar mit dem Loch nach hinten. An die Flasche klebt ihr ein Schild mit der Aufschrift »Bitte nicht öffnen!«. Natürlich wird jemand gerade durch das Schild neugierig und öffnet die Flasche. Jetzt läuft das Wasser aus dem Loch heraus. Tja, man soll eben nicht zu neugierig sein!

Wie beim Experiment sorgt hier die Oberflächenspannung dafür, dass kein Wasser aus der verschlossenen Flasche fließt. Erst durch das Öffnen gelangt oben Luft hinein und die Oberflächenspannung kann das Loch nicht mehr verschließen.

Ganz schön ausgefuchst

Eine perfekte Illusion ist das »virtuelle Fernsehstudio«. Es besteht nur aus einem blauen Hintergrund. Alles Übrige wird mit dem Computer in Echtzeit, also augenblicklich hineingerechnet. Der Computer tauscht die blaue Farbe im Hintergrund gegen eine Kulisse aus dem Rechner aus. Das Endergebnis sieht täuschend echt und sehr beeindruckend aus. Diese »Bluescreen« genannte Technik wird auch für Filmproduktionen genutzt. Für die Schauspieler ist das allerdings völlig langweilig, weil sie vor einer öden blauen Leinwand spielen und erst später in die Kulisse hineinprojiziert werden.

8

Woraus besteht Wasser?

Experiment: Wasser spalten

Was steckt dahinter? Schaut selbst! Ihr braucht dazu:

- 1 Glasflasche mit Verschluss
- 1 Batterie (9-Volt-Block)
- 1 schlankes Trinkglas
- 2 Reagenzgläser (aus der Apotheke)
- Wasser
- etwas Salz
- 1 Erwachsenen

Wasser besteht aus zwei Stoffen: Wasserstoff und Sauerstoff. Diese beiden Stoffe sind Elemente, sie lassen sich also nicht zerlegen. 2 Atome Wasserstoff (chemisches Symbol »H« für »Hydrogenium«) und 1 Atom Sauerstoff (chemisches Symbol »O« für »Oxygenium«) bilden 1 Wassermolekül (chemisches Symbol »H_2O«). Das wirklich Erstaunliche ist, dass Wasser bei Raumtemperatur flüssig ist, während die beiden Elemente, aus denen es besteht, gasförmig sind. Der zusammengesetzte Stoff Wasser hat also völlig andere Eigenschaften als die beiden Elemente, aus denen er besteht.

Und so geht das Experiment:

Füllt das Trinkglas mit Wasser und stellt die 9-Volt-Batterie hinein. Dann füllt ihr ein Reagenzglas unter dem Wasserhahn voll und haltet es mit dem Daumen zu. Nun dreht ihr das Reagenzglas (immer den Daumen drauflassen) um und taucht es ins Wasser. Wenn die Öffnung unter Wasser ist, nehmt ihr den Daumen weg und stellt das Reagenzglas mit der Öffnung nach unten auf einen Pol der Batterie. Mit dem zweiten Reagenzglas macht ihr es genauso und stellt es auf den zweiten Pol. Wichtig ist, dass keine Luft in den Reagenzgläsern ist. Zum Schluss gebt ihr eine Prise Salz ins Wasser.

Was ist passiert? Und wie kommt es dazu?

Die Batterie erzeugt Luft! An den Polen bilden sich Luftbläschen, werden größer und steigen nach oben. Die beiden Reagenzgläser füllen sich mit Gas, allerdings nicht gleichmäßig: In dem Glas über dem Minus-Pol (−) sammelt sich doppelt so viel Gas wie in dem anderen über dem Plus-Pol (+). Es sind die beiden Gase, aus denen Wasser besteht: Sauerstoff und Wasserstoff. Ihr erinnert euch an die chemische Formel für Wasser, »H_2O«? 2 Teile Wasserstoff kommen auf 1 Teil Sauerstoff. Mithilfe der Batterie macht ihr in diesem Experiment nichts anderes, als Wasser in seine Bestandteile zu spalten.

Aber Vorsicht! Der Wasserstoff bildet mit dem Sauerstoff in der Luft Knallgas, und das kann explodieren. Einen kleinen Eindruck davon bekommt ihr, wenn ihr einen Erwachsenen bittet, den Wasserstoff anzuzünden. Dafür muss er die Öffnung des Reagenzglases zuhalten, es aus dem Wasser nehmen, umdrehen, eine Feuerzeugflamme an das Reagenzglas halten und den Daumen wegnehmen. Es gibt einen kleinen Knall. Dafür reicht schon 1 Zentimeter Wasserstoff im Reagenzglas, bitte nehmt dafür auf keinen Fall mehr. Versprochen? Danke!

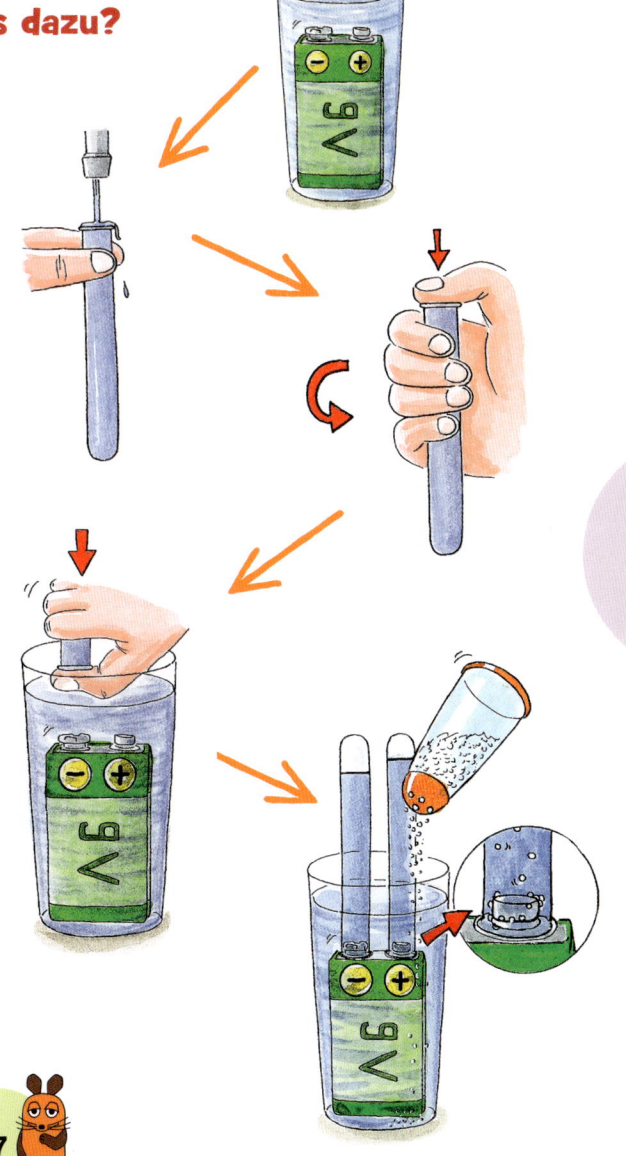

Wasser spalten

Was bedeutet das für uns Menschen?

Wenn Wasserstoff verbrannt wird, entsteht zusammen mit Luftsauerstoff ... Wasser. Dass bei dieser Verbrennungsreaktion Energie frei wird, hat der Knall bei eurem Versuch deutlich gezeigt. Diese Energie könnte zum Antrieb für Autos genutzt werden, die statt Abgasen dann nur eine Tropfen-Spur hinter sich herziehen. Weil Wasserstoff so sauber verbrennt wie nichts anderes, gilt er als Treibstoff der Zukunft. Gewonnen werden kann er überall dort, wo es Wasser und Elektrizität gibt. Mit dem Strom aus Sonnenlicht etwa wird Wasser gespalten und das Gas Wasserstoff aufgefangen, während der Sauerstoff einfach in die Luft abgegeben wird. Wasserstoffautos müssen dann an Tankstellen nur Wasserstoff (engl. »hydrogen«) tanken – den Sauerstoff, der zum Verbrennen nötig ist, bezieht das Auto dann wie ihr im Versuch aus der Luft.

Ganz schön spannend!

Wie ihr im Versuch gesehen habt, ergeben die Gase Wasserstoff und Sauerstoff eine hochexplosive Mischung: Knallgas! Diesen Namen trägt das Gasgemisch völlig zu Recht. Ein Luftballon voller Wasserstoff explodiert mit einer Stichflamme und einem ohrenbetäubenden Knall, wenn man eine Flamme daran hält und der Wasserstoff mit dem Luftsauerstoff zusammenkommt. Eine der größten Katastrophen der Luftfahrt geht auf diese Reaktion zurück. Im Mai 1937 explodierte das Luftschiff LZ 129 »Hindenburg« bei der Landung in Lakehurst im US-Bundesstaat New Jersey. Dabei kamen 36 Menschen ums Leben. Dieser größte bis dahin gebaute Zeppelin war mit dem sehr leichten Gas Wasserstoff gefüllt und konnte 60 Tonnen Nutzlast tragen. Allerdings barg die Füllung auch eine große Gefahr: Ein Funke genügte, um dieses Luftschiff und alles darin zu zerstören ...

Wissenschaftlern auf die Finger geguckt

Im Experiment habt ihr mit Strom Wasser gespalten und dadurch Sauerstoff und Wasserstoff hergestellt. Aber könnt ihr daraus auch wieder Strom erzeugen? Wissenschaftler haben lang daran herumgetüftelt – aber nun kann die »Brennstoffzelle« genau das! Wird sie mit Strom versorgt, spaltet sie Wasser – und Sauerstoff und Wasserstoff strömen aus ihr heraus. Sie kann aber auch den Rückwärtsgang einlegen – dann fließen die beiden Gase in sie hinein und werden wieder zu Wasser. Bei dieser Reaktion entsteht Strom. So lässt sich mit der Brennstoffzelle sowohl Wasser spalten als auch umgekehrt Strom gewinnen. Ganz schön pfiffig, oder?

Ganz schön ausgefuchst

In der Zukunft werdet ihr vielleicht ein eigenes Kraftwerk in eurem Keller stehen haben, ein ganz kleines, dort, wo jetzt die Heizung steht. Eine Brennstoffzelle etwa, die aus Wasserstoff oder Erdgas Wärme und Strom für euer Haus gewinnt, oder ein Motor, der einen Generator antreibt. Auch dabei entstehen Strom für eure Elektrogeräte und Wärme fürs Haus. Das nennt sich dann »Blockheizkraftwerk« und ist ein Kraftwerk für ein Haus. Viele solcher Kraftwerke lassen sich dann zu einem richtig großen Kraftwerk zusammenschalten, einem sogenannten »virtuellen Kraftwerk«. Dann schaltet der Energieversorger ferngesteuert euer Blockheizkraftwerk an, das Strom produziert, der ins Stromnetz fließt, wo ihn dann andere Menschen nutzen können, die kein Blockheizkraftwerk im Keller stehen haben.

Für kleine Forscher

Es gibt nicht nur große Wasserstoffautos, sondern auch kleine, mit denen ihr spielen könnt. Sie haben einen Wassertank, eine Solarzelle und eine Brennstoffzelle an Bord. Wenn die Sonne scheint, stellt ihr euer Wasserstoffauto ins Licht und die Solarzellen versorgen die Brennstoffzelle mit Strom. Die spaltet fleißig Wasser und die beiden Gase Sauerstoff und Wasserstoff werden in zwei getrennten Tanks aufgefangen. Sind die Gastanks voll, schaltet ihr die Brennstoffzelle um. Jetzt »frisst« sie Gas und produziert Strom, der einen kleinen Motor antreibt und ... schon rollt das Auto durchs Zimmer. Wo es diese Autos gibt? Gebt in einer Suchmaschine im Internet mal »Wasserstoffauto« und »Spielzeug« ein – da werdet ihr fündig!

9

Wie läuft ein Wasserläufer auf dem Wasser?

Experiment: Schwimmende Reißzwecke

Was steckt dahinter? Schaut selbst! Ihr braucht dazu:

- 1 Glas voll Wasser
- 1 Reißzwecke
- etwas Spülmittel

Wasserläufer sind perfekt daran ange-passt, auf dem Wasser zu laufen. Zum einen sind sie – wie viele Insekten – sehr klein und leicht. Zum anderen verteilen sie ihr Gewicht geschickt auf eine große Fläche. Wenn ihr euch Wasserläufer genau anschaut, seht ihr, dass ihre sechs Beine schräg vom Körper weg-ragen. Außerdem berühren sie das Wasser nicht mit den spitzen Enden der Beine, son-dern mit den abgeknickten Unterschenkeln – sie »knien« praktisch auf dem Wasser. Was jedoch mit bloßem Auge nicht zu sehen ist: An den Beinchen sind feine Härchen und nur diese berühren das Wasser.

Legt die Reißzwecke mit dem Dorn nach oben vorsichtig aufs Wasser. Wenn ihr mögt, könnt ihr auch in einer Schüssel mit Wasser mehrere Reißzwecken schwimmen lassen. Schaut euch genau an, wie die Reißzwecke auf dem Wasser liegt. Jetzt schnappt ihr euch das Spülmittel und gebt einige Tropfen davon ins Wasser.

Was ist passiert? Und wie kommt es dazu?

Die Reißzwecke drückt das Wasser etwas ein. Auf der Wasseroberfläche ist eine kleine Delle zu sehen. Denn dort, wo das Wasser die Luft »berührt«, passiert etwas Besonderes: Es entsteht eine Art Haut, die nicht nur Reißzwecken, sondern auch Insekten trägt. Das liegt an der sogenannten Oberflächenspannung des Wassers. Die winzigen Wassermoleküle, aus denen Wasser besteht, halten untereinander stark zusammen. Das könnt ihr testen, wenn ihr mit einem Finger sachte auf das Wasser tupft. Wenn ihr den Finger langsam anhebt, zieht ihr das Wasser etwas nach oben, bevor es abreißt.

Die Wassermoleküle hängen erstaunlich fest aneinander. Fachleute nennen das »Kohäsion«.

Sobald ihr das Spülmittel ins Wasser gebt, geht die Reißzwecke unter – habt ihr viele Reißzwecken auf das Wasser gelegt, gehen sogar alle auf einmal unter. Kaum hat das Spülmittel das Wasser berührt, tauchen sie ab. Das liegt daran, dass Spülmittel die Kohäsion und damit die Oberflächenspannung zerstört. Es verhindert, dass die einzelnen Wassermoleküle fest aneinanderhängen. Dadurch ist die Haut unter den Reißzwecken zu schwach, um diese zu tragen. Und jetzt haftet das Wasser auch nicht mehr so stark am Finger, wenn ihr auf die Wasseroberfläche tippt.

Was bedeutet das für uns Menschen?

Bei Medikamenten geben Ärzte oder Apotheker an, wie viel man täglich einnehmen soll. Bei flüssigen Arzneimitteln heißt es da oft: »Dreimal täglich 20 Tropfen.« Aber sind die Tropfen denn immer gleich groß? Ja, zumindest fast. Die Tropfengröße wird im Wesentlichen von der Oberflächenspannung der Flüssigkeit bestimmt, die den Tropfen so lange zusammenhält, bis sein Gewicht so groß geworden ist, dass er abreißt. Beim Geschirrspülen oder beim Waschen ist die Oberflächenspannung hingegen unerwünscht, hier sollen die Wassermoleküle nicht fest zusammenhalten, sondern sich locker verteilen können. Das machen Wasch- und Spülmittel mit »Tensiden«, Chemikalien, die sich zwischen die Wassermoleküle schieben und deren Zusammenhalt, also die Kohäsion, verringern. So kann das Wasser Wäsche, Geschirr oder Hände gut benetzen, in jede Ritze eindringen, unter den Schmutz gelangen, ihn lösen und mit fortnehmen.

Ganz schön spannend!

Sie gilt als Symbol der Reinheit, denn sie hat immer saubere Blätter: die »Lotusblume«. Der Staub, der sich auf ihre Blätter legt, wird beim nächsten Regen komplett abgewaschen. Ihr Trick: Die Blätter haben eine ganz fein geriffelte Oberfläche, die von Wasser nicht benetzt werden kann. Das Wasser hat auf den Blättern keinen Halt und perlt ab. Dabei schwemmt es den Staub mit fort. Nicht einmal klebriger Honig kann diese Blätter benetzen! Diese Form der Selbstreinigung nennen wir den »Lotuseffekt«. Forscher haben nach diesem Prinzip spezielle Wandfarben, Autolacke oder Beschichtungen für Waschbecken, Badewannen oder Toiletten entwickelt, an denen kein Schmutz mehr haften kann.

Schon gewusst?

Viele Tiere nutzen die Oberflächenspannung des Wassers aus. Enten etwa könnten ohne diese gar nicht schwimmen. In ihr dichtes Federkleid kann kein Wasser eindringen, die Oberflächenspannung hindert das Wasser daran, in die winzigen Zwischenräume einzusickern. Zudem fetten Enten ihre Federn sorgfältig ein, sodass sie Wasser abweisend sind. Würdet ihr aber eine Ente in eine Badewanne mit reichlich Badeschaum setzen, könnte das seifige Wasser, das ja seine Oberflächenspannung verloren hat, in das Federkleid eindringen. Dieses würde sich mit Wasser vollsaugen, die Ente würde dadurch schwer und ginge unter.

Wissenschaftlern auf die Finger geguckt

Alle Spül- und Waschmaschinen verwenden Waschmittel, um Geschirr und Wäsche zu säubern. Das machen sie unterschiedlich gut. Um das zu testen, werden Spülmaschinen mit extra verschmutztem Geschirr und Waschmaschinen mit speziell verdreckter Wäsche gefüllt. Und schmutzige Wäsche herzustellen, ist eine Wissenschaft für sich! Da gibt es Lappen aus Baumwolle, Polyester oder Seide, die Forscher extra mit Rotwein, Schokolade, Möhrensaft, Lippenstift, Eigelb, Schuhcreme oder sogar Tierblut verschmutzen, um zu testen, wie gut Waschmittel und Waschmaschinen waschen.

Für kleine Forscher

Die Oberflächenspannung des Wassers begegnet euch bei vielen Gelegenheiten. Probiert Folgendes: Lasst Wasser ins Spül- oder Waschbecken und legt ein feines Sieb mit dem »Bauch« nach unten aufs Wasser. Es schwimmt und bleibt innen trocken. Erst wenn ihr etwas drückt, kommt Wasser durch die Löcher hinein. Auch hier ist es die Oberflächenspannung des Wassers, die das Wasser erst einmal nicht ins Sieb lässt. Seine Haut bildet regelrechte Brücken über die Löcher. Wie ändert sich das, wenn ihr etwas Spülmittel ins Wasser gebt? Probiert es aus!

Ganz schön ausgefuchst

Was hat die Galle mit der Oberflächenspannung zu tun? Ganz schön viel! Die Galle ist eine Flüssigkeit und wird von unserer Leber produziert. Sie wird in der Gallenblase gespeichert. Von dort gelangt sie in den Zwölffingerdarm. Etwa 1 Liter Gallenflüssigkeit produziert die Leber pro Tag! Das ist ziemlich viel. Aber diese Menge ist für unsere Verdauung nötig, denn die Gallensäure vermindert die Oberflächenspannung des Wassers und hilft dabei, das Fett aus der Nahrung in kleinste Tröpfchen zu zerlegen, damit es besser verdaut werden kann.

 **Wie entsteht ein Regenbogen?**

Experiment: **Regenbogen selbst gemacht**

Schwierig-
keitsstufe:

L

Versuchsdauer:
10 Minuten

**Was steckt dahinter?
Schaut selbst!
Ihr braucht dazu:**

- Sonnenschein
- 1 Gartenschlauch mit Sprühaufsatz oder
  1 Sprühpistole mit Wasser

Damit man einen Regenbogen sehen kann, muss es regnen und gleichzeitig müssen zwischen den Wolken auch Sonnenstrahlen hindurchfallen. Scheint die Sonne in den Regen, wird das Sonnenlicht durch jeden einzelnen Wassertropfen wie von einem Spiegel zurückgeworfen und dabei in einzelne Farben zerlegt.

Statt eines einzigen weißen Lichtstrahls kommen nun viele bunte Lichtstrahlen aus den Wassertropfen heraus. Bei einem Regenbogen seht ihr von oben nach unten immer die Farben Rot, Orange, Gelb, Grün, Blau und Violett. Übrigens: Rund ist ein Regenbogen, weil auch die Wassertropfen rund sind.

Was ist passiert?
Und wie kommt es dazu?

> Sonnenlicht ist ein Gemisch aus vielen verschiedenen Farben, die zusammen Weiß ergeben. Dieses weiße Licht strahlt nun auf den Wassernebel und wird in den einzelnen Tröpfchen reflektiert. Die Lichtstrahlen werden beim Übergang von Luft in Wasser (also beim Eintritt in die einzelnen Tröpfchen) und von Wasser in Luft (also beim Austritt aus den Tröpfchen) jeweils etwas abgelenkt oder »geknickt«.

Die einzelnen Farben, aus denen das weiße Licht besteht, werden aber unterschiedlich stark abgelenkt, man sagt auch »gebrochen«. Violettes Licht wird stärker gebrochen als grünes Licht und gelbes Licht stärker als rotes. Das ist der Grund, warum statt eines einzigen weißen Lichtstrahls viele farbige Lichtstrahlen aus den Wassertropfen herauskommen.

Aber warum gibt es doppelte Regenbögen? In einigen Wassertropfen wird das Sonnenlicht nicht nur einmal reflektiert, sondern wie über die »Bande« beim Billardspielen zweimal. Diese Strahlen treten weniger schräg aus den Tropfen heraus als jene, die nur einmal gebrochen werden, weshalb ihr den »Nebenregenbogen« als zweiten Bogen über dem eigentlichen »Hauptregenbogen« sehen könnt. Bei ihm sind die Farben genau andersherum angeordnet als beim Hauptregenbogen.

Was bedeutet das für uns Menschen?

Was wir als »weiß« wahrnehmen, ist eigentlich eine Mischung aus vielen verschiedenen Farben. Das zeigt euch der Regenbogen. Als Erster erkannte das der englische Wissenschaftler Isaac Newton (1643–1727). Er zerlegte Licht mit einem Prisma – einem Dreieck aus Glas – in seine einzelnen Farben. Umgekehrt wurde aus diesen einzelnen Farben wieder weißes Licht, wenn er sie zusammenführte. Aber ist Licht wirklich farbig? »Farbe ist nicht im Licht, nicht im Auge, sondern im Hirn«, erkannte schon Newton.

Was ihr als »Licht« mit euren Augen sehen könnt, ist nur ein winziger Teil dessen, was Physiker »elektromagnetische Wellen« nennen. Auch die ultraviolette (UV-)Strahlung, die mit den wärmenden Sonnenstrahlen zu uns gelangt, und die Infrarotstrahlung gehören dazu.

Ganz schön spannend!

Der deutsche Astronom Friedrich Wilhelm Herschel (1738–1822) hatte 1801 eine einfache, aber geniale Idee. Er spaltete mit einem Glasprisma das Sonnenlicht und legte ein Thermometer in die verschiedenen Lichtfarben, um deren Energie zu messen. Dabei verrutschte ihm das Thermometer und landete versehentlich hinter dem Rot, wo aber kein Licht zu sehen war. Trotzdem zeigte es deutlich eine Temperatur an! Damit hatte Herschel das »Infrarot« entdeckt, also ein unsichtbares Licht jenseits von Rot. Es ist nichts anderes als Wärmestrahlung. Wenn ihr also ein frisch gekochtes Frühstücksei esst, leuchtet es unsichtbar. Es sendet infrarotes Licht aus, denn es ist heiß. Auch euer warmer Körper sendet solches Licht aus. Sogenannte Infrarot- oder Wärmebildkameras machen die Wärmestrahlung sichtbar (s. S. 138).

Schon gewusst?

Ultraviolette Strahlung ist für unsere Augen nicht sichtbar und sehr energiereich. Sie ist einerseits für uns lebenswichtig, weil sie Vitamine in unserer Haut aktiviert, aber zu viel UV-Licht schadet der Gesundheit. Den Sonnenbrand kennt ihr bestimmt, aber auch Hautkrebs kann ausgelöst werden. Deshalb solltet ihr euch eincremen, wenn ihr im Sommer im Freien unterwegs seid. Je nach Hauttyp können Menschen ohne Sonnenschutz 5–30 Minuten an der Sonne sein. Sonnenmilch verlängert diese Zeit um den (Lichtschutz-)Faktor, der auf der Packung der Sonnencreme steht. Wer also vorsichtig sein will, nimmt Lichtschutzfaktor 50 und kann dann guten Gewissens mehr als 4 Stunden draußen sein, nämlich 50 x 5 Minuten.

Wissenschaftlern auf die Finger geguckt

Elektromagnetische Wellen wie Licht sind unglaublich schnell: 300 000 Kilometer in der Sekunde! Das Licht von der ungefähr 150 Millionen Kilometer entfernten Sonne ist also innerhalb von 8 Stunden und 19 Sekunden bei uns auf der Erde. Von weiter entfernten Sternen dauert das schon länger. Das Licht der Andromedagalaxie braucht 2,5 Millionen Jahre zu uns. Das bedeutet also, dass das Licht dieser Galaxie seit seinem Ausstrahlen 2,5 Millionen Jahre unterwegs ist. Wenn wir das Licht sehen, gibt es also das Bild von der Galaxie wieder, wie sie vor 2,5 Millionen Jahren ausgesehen hat. So sehen wir weit in die Vergangenheit zurück und Wissenschaftler können dadurch erforschen, wie das Universum früher aussah.

Große Entfernungen im Weltraum misst man übrigens nicht in Kilometern, sondern Lichtjahren, also in Jahren, die das Licht braucht, um die riesengroße Strecke bis zu uns zurückzulegen.

Ganz schön ausgefuchst

Obwohl sie viel mehr Farben drucken können, haben Farbdrucker nur drei Farben im Gerät. Aus diesen drei Grundfarben Cyan (Hellblau), Magenta (Pink) und Gelb mischen sie alle anderen Farben zusammen. Wie das funktioniert, könnt ihr bei einem Plakat an der Straße beobachten: Die Farbflächen des Plakates sind aus einzelnen Farbpunkten zusammengesetzt.

Für kleine Forscher

Im Gegensatz zu uns Menschen können einige Tiere infrarotes und ultraviolettes Licht sehen. Zum Beispiel sehen Insekten ultraviolettes Licht und gelbe Blüten leuchten deshalb für sie besonders intensiv. Oder Schlangen wie die Grubenottern können mit ihren »Grubenorganen« Wärme, also Infrarotstrahlung, regelrecht sehen.

Mit einem Trick könnt auch ihr einen Teil der Infrarotstrahlung sichtbar machen. Nehmt dafür die Fernbedienung für den Fernseher in die Hand und zeigt mit ihr nicht auf den Fernseher, sondern in eine Digitalkamera, während ihr eine Taste drückt. Auf dem Kameradisplay seht ihr etwas blinken! Das ist die Leuchtdiode der Fernbedienung, die für uns nicht sichtbares infrarotes Licht zum Fernseher sendet, um ihm zu sagen, ob er das Programm wechseln, lauter oder leiser werden soll. Die Kamera sieht nämlich mehr als das menschliche Auge, so auch Infrarot.

Wie tauchen U-Boote ab?

Experiment: Flaschentaucher

Schwierig-
keitsstufe:

L

Versuchsdauer:
5 Minuten

Was steckt dahinter? Schaut selbst!
Ihr braucht dazu:

- 1 Fläschchen Backaroma
- 1 Kunststoffflasche (PET-Flasche) mit weicher Wand
- Wasser

Um abzutauchen, müssen sich U-Boote schwerer machen. Hierfür lassen sie Wasser in ihre Tauchzellen. Ideal ist es, wenn das U-Boot dabei gerade so schwer wird, dass es im Wasser schwebt, also austariert ist. Dann wird es mit den Tiefenrudern gesteuert, also nach oben oder unten bewegt, und bleibt sonst einfach in der erreichten Tiefe stehen.

Um wieder an die Wasseroberfläche aufzusteigen, wird das Wasser aus den Tanks herausgepumpt. Dann ist das U-Boot wieder leichter als das Wasser, das es verdrängt, und schwimmt an der Wasseroberfläche.

Und so geht das Experiment:

Zuerst füllt ihr die Flasche bis oben hin mit Leitungswasser. Jetzt öffnet ihr das Fläschchen Backaroma und schüttet den Inhalt so vorsichtig in den Ausguss der Flasche, dass nichts an eure Finger kommt. (Sonst riechen sie noch tagelang nach Backaroma!)

Steckt das leere Fläschchen ohne Verschluss und mit der Öffnung nach unten in die Flasche mit Wasser. Drückt die Wasserflasche vorsichtig etwas zusammen, bis das Wasser fast überläuft, und schraubt schnell den Verschluss drauf. Dabei darf keine Luft in die Flasche gelangen. Fertig ist euer »Flaschentaucher«.

Ach so, wie der taucht? Drückt die Flasche!

Was ist passiert? Und wie kommt es dazu?

Das Glasröhrchen taucht ab! Wie ferngesteuert taucht es unter, wenn ihr die Wasserflasche seitlich zusammendrückt, und wieder auf, wenn ihr loslasst. Wie ist das möglich?

Schaut genau auf das Röhrchen: Es ist voller Luft, hat also im Prinzip innen eine Luftblase. Wenn ihr die große Flasche drückt, gibt das Wasser den Druck eurer Hände weiter und presst die Luft im Glasröhrchen zusammen – Wasser gelangt in das Röhrchen. Dadurch wird das Glasröhrchen schwerer und sinkt. Lasst ihr los, entspannt sich die Luft im Röhrchen und drückt das Wasser wieder heraus. Das Röhrchen wird leichter und steigt wieder nach oben. Ganz ähnlich also wie bei einem richtigen U-Boot – nur dass niemand an Bord sein muss.

Noch etwas könnt ihr bei diesem Experiment sehen: Flüssigkeiten wie zum Beispiel Wasser lassen sich kaum zusammendrücken, Gase – wie die Luft im Röhrchen – aber schon. Deshalb darf keine Luft unter dem Verschluss sein. Sonst drückt ihr auch noch die zusammen und müsst viel stärker pressen.

Was bedeutet das für uns Menschen?

Spätestens wenn ihr für das Schwimmabzeichen nach den Ringen am Grund des Beckens tauchen müsst, merkt ihr, dass es gar nicht leicht ist, nach unten zu kommen. Taucher beschweren sich deshalb mit Gewichten, um nach unten zu sinken. An ihrem Gürtel haben sie so viele Bleigewichte hängen, dass sie mühelos absinken. Aber: Wie kommen Taucher dann wieder nach oben? Dazu haben sie die sogenannte Rettungs- und Tarierweste (RTW) an. Bei Bedarf wird sie mithilfe von Pressluft aus einer kleinen Pressluftflasche aufgeblasen. Die aufgepumpte Weste bewirkt dann einen Auftrieb, der den Taucher trotz der Bleigewichte nach oben zieht. Ganz so, als ob jemand unter Wasser ein paar Schwimmflügel aufgeblasen hätte.

Ganz schön spannend!

Einer der härtesten Berufe der Welt ist der des Klärwerks-Tauchers. In Klärwerken wird das Wasser von dem gereinigt, was in der Toilette hinuntergespült wird. Was aus dem Wasser herausgeholt wird, landet schließlich im Klärwerk in Faultürmen, wo Bakterien es zersetzen. Diese Faultürme müssen ab und zu gereinigt werden. Das übernehmen Klärwerks-Taucher. In einem Schutzanzug werden sie in die 37 °C warme Brühe hinabgelassen. Darin sehen sie nichts mehr und tasten mit den Händen. »Das muss man erst einmal mental aushalten«, weiß der österreichische Berufstaucher Anton Ulrich. Mit Hochdruckreinigern oder Pumpen entfernen sie hartnäckige Ablagerungen. Das ist harte Arbeit und nach 1 Stunde werden sie schweißnass wieder nach oben gezogen.

Wissenschaftlern auf die Finger geguckt

Menschen können 8000 Meter hohe Berge ohne größere technische Hilfsmittel erklimmen, aber in der Tiefe haben sie Schwierigkeiten. Das liegt an dem enormen Wasserdruck, der in großen Tiefen ein Überleben für Menschen unmöglich macht. Trotzdem wagen sich Menschen weit hinunter. Der Schweizer Physiker Auguste Piccard (1884 – 1962) tauchte 1953 mit seinem Tauchschiff »FNRS 2« ganze 3150 Meter tief. Er verwendete dabei einen 15 Meter langen Tauchkörper, den sogenannten »Bathyskaphen«, an dem eine 2 Meter große Stahlkugel hing, in der er mit seinem Sohn saß. Sein Sohn Jacques tauchte 1960 im Marianengraben – im Pazifik gelegen – mit seinem Tauchboot »Trieste« auf sagenhafte 10 916 Meter Tiefe ab. Dort unten drückt das Wasser mit über 1,1 Tonnen auf jeden Quadratzentimeter.

Damit ist der Wasserdruck dort 1100-mal so groß wie der Luftdruck auf der Erde.

12

Wie kann ich meinen Freunden geheime Botschaften schicken?

Experiment: **Buchstabensalat**

**Was steckt dahinter? Schaut selbst!
Ihr braucht dazu:**

- Papier und Stift

Und was haben Zitronen mit Geheimschrift zu tun? Ganz einfach: Damit lässt sich geheime Post schreiben. Schnappt euch ein Wattestäbchen und Zitronensaft (mit Milch und Essig geht es auch) und schreibt eure Botschaft auf ein Blatt Papier. Wartet, bis alles getrocknet und nichts mehr zu sehen ist, dann könnt ihr das Papier weitergeben. Aber wie soll die Botschaft wieder sichtbar werden?

Egal welche Geheimschrift ihr benutzt – der Empfänger muss den Trick kennen, mithilfe dessen er die Botschaft verstehen kann. Bei der Zitronensaftschrift muss er das Papier nur sachte über eine warme Herdplatte oder eine Kerze halten und die Botschaft wird als bräunliche Schrift sichtbar. Aber Vorsicht, nicht das Papier ankokeln. Bei anderen Schriften sind es andere Tricks oder Codes. Ohne sie geht es nicht!

Was ist passiert? Und wie kommt es dazu?

Der Code alleine hilft noch nicht – ihr müsst auch wissen, wie man ihn anwendet! Das ist hier einerseits leicht, aber auch mühsam, denn man muss ganz schön aufpassen!
Ihr schreibt unter die Botschaft ganz oft hintereinander euer Geburtsdatum:

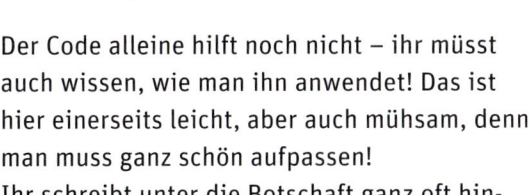

Nun tauscht ihr die Buchstaben aus. Die Ziffer unter dem Buchstaben sagt euch jeweils, wie viel Schritte ihr im Alphabet von dem Buchstaben aus zurückgehen müsst, um den neuen Buchstaben zu finden. Am besten schreibt ihr euch das Alphabet in einer langen Reihe auf (ABCDE ...), damit ihr dort besser abzählen könnt. Schreibt dann die Buchstaben, bei denen ihr gelandet seid, unter die Zahlen. Aber Achtung: Satzzeichen wie Kommas und Punkte sind nicht verschlüsselt. Die entschlüsselte Botschaft sieht dann so aus:

DJFUF KXBSDICGC RAT TP IFQNQM,
01121 998011219 980 11 219980,
DIESE BOTSCHAFT IST SO GEHEIM,
EBUT BRM NJFOBWM TETFP TXUT.
1121 998 0112199 80112 1998.
DASS SIE NIEMAND LESEN SOLL.

Wenn ihr einen Text verschlüsseln wollt, müsst ihr genau andersherum vorgehen und von den Buchstaben eures geheimen Texts immer nach vorne zählen.

Und so geht das Experiment:

»Chiffriert«, also verschlüsselt, werden meistens Texte. Und das schafft ihr auch! Zum Beispiel mit dem »Geburtstagscode«. Schreibt folgende verschlüsselte Botschaft auf:
DJFUF KXBSDICGC RAT TP IFQNQM,
EBUT BRM NJFOBWM TETFP TXUT.
Gebt eurem Freund oder eurer Freundin den Code, nämlich euer Geburtsdatum. Es kann natürlich auch eine andere Zahlenfolge sein. Wir nehmen hier mal den 01.12.1998 – also die Ziffernfolge: 01121998. Und?

So wird mit dem obigen Geburtstagscode aus

WO TREFFT IHR EUCH?
01 121998 011 2199

die codierte Botschaft:

WP UTFOOB IIS GVLQ?

Was bedeutet das für uns Menschen?

Geheime Botschaften können auf zwei Arten transportiert werden: zum einen unverschlüsselt, aber verborgen – das macht die Steganografie. Mit ihrer Hilfe werden Informationen in Texten, Bildern, Tönen oder Filmen versteckt. »Erfunden« wurde sie im antiken Griechenland, wo Sklaven geheime Botschaften auf den geschorenen Schädel tätowiert wurden. Wenn das Haar wieder nachgewachsen war, wurden sie zum Empfänger geschickt. Dort wurde der Kopf erneut rasiert und die Botschaft gelesen.

Zum anderen können Texte verschlüsselt und dann ganz offen transportiert werden, per Funk etwa. Diese Veschlüsselung nennt man Kryptografie. Noch heute gibt es den »Agentenfunk« – das sind Radiosender, bei denen chiffrierte Botschaften an Spione auf der ganzen Welt verschickt werden. Typischerweise werden dafür endlose Zahlenkolonnen vorgelesen. Die Spione hören diese Radiosender, notieren die Zahlen und entschlüsseln – dechiffrieren – sie anhand eines Codes. Auf diese Weise erhalten sie ihre Anweisungen.

Ganz schön spannend!

Er war ein Eigenbrötler und ein Genie – der britische Mathematiker Alan Turing (1912 bis 1954). Unter seiner Leitung wurde im Zweiten Weltkrieg der Code der sagenhaften »Enigma« geknackt, einer Verschlüsselungsmaschine der Deutschen, die lange Zeit als »unknackbar« galt. Mit Turings Genie und »Colossus«, einem der ersten Computer, gelang es dem britischen Militär 1940, den deutschen Code zu knacken. Anfangs dauerte es noch mehrere Tage, bis ein Funkspruch entschlüsselt war, dann Stunden und schließlich nur noch Minuten. So konnte unter anderem die Position der feindlichen deutschen U-Boote herausgefunden werden.

Schon gewusst?

Computerhacker versuchen, an fremde Daten zu gelangen, am liebsten an Kreditkartennummern oder die Geheimzahl für die Bank. Denn dann können sie ganz einfach fremdes Geld abheben. Viel einfacher aber, als fremde Codes auszuprobieren, ist es, die Opfer zu verführen. Dazu werden etwa gefälschte Internetseiten angelegt, die beispielsweise den echten von einer Bank zum Verwechseln ähnlich sehen. Mit einer harmlos aussehenden E-Mail, die angeblich von der eigenen Bank stammt, werden die Opfer auf die gefälschte Seite gelockt, wo sie ahnungslos ihre Geheimzahl für die Bank eingeben. Und schwups wird von irgendwo auf der Welt Geld abgebucht. Diese Methode nennt sich »phishing«, ein Begriff aus den englischen Wörtern für »Passwort« und »Fischen«.

Wissenschaftlern auf die Finger geguckt

Nicht nur Computerhacker versuchen verbotenerweise Codes zu knacken, auch Wissenschaftler tun dies, und zwar völlig legal. Mithilfe der Kryptoanalyse und der Steganalyse wird versucht, verschlüsselte Daten zu knacken bzw. an versteckte Daten heranzukommen. Steganalytiker wollen herausfinden, ob etwa in einem Bild Informationen versteckt sind. Haben sie das bewiesen, geht es darum, die Botschaft auszulesen. Damit wird getestet, wie gut eine steganografische Methode ist. Auch Geldscheine enthalten versteckte Informationen, damit man überprüfen kann, ob sie auch echt sind. Wenn ihr etwa einen 10-Euro-Schein gegen Licht haltet, seht ihr unter der blauen Europaflagge ein Tor mit einer »10« darunter. Das ist ein Wasserzeichen im Papier.

»Digitale Wasserzeichen« gibt es auch in Bildern, Videos und in der Musik. Diese Informationen sind unsichtbar und unhörbar. Sie stören also nicht, sind aber da. Mit speziellen Programmen können sie ausgelesen werden. So lässt sich beweisen, ob Musikstücke raubkopiert oder Fotos geklaut worden sind.

Für kleine Forscher

Mit der »Löffelsprache« könnt ihr sogar verschlüsselt sprechen.
Mit etwas Übung geht das fast wie von allein! Ersetzt dazu die Vokale durch:

»a«	»alewa«
»e«	»elewe«
»i«	»ilewi«
»o«	»olewo«
»u«	»ulewu«
»ä«	»älewä«
»ö«	»ölewö«
»ü«	»ülewü«
»au«	»aulewau«
»ei«	»eilewei«
»ie«	»ielewie«

Der Satz »Viel Spaß mit den Experimenten!« heißt dann: »Vielewiel Spalewaß milewit delewen Elewexpelewerilewimelewentelewen!«

Ganz schön ausgefuchst

Im Internet müsst ihr euch zur Sicherheit auf vielen Seiten mit einem Passwort anmelden, bevor ihr sie »betreten« könnt. Da kommen schnell viele Passwörter zusammen. Wenn ihr mal wieder ein neues braucht und euch keines einfällt, macht doch Folgendes: Nehmt den ersten Satz von eurer Lieblingsgeschichte und setzt die Anfangsbuchstaben der Wörter zu einem Passwort zusammen. Bei »Hans im Glück« ergibt sich aus »Hans hatte sieben Jahre bei seinem Herrn gedient, da sprach er zu ihm«: »HHSJBSHG-DSEZI«.
Oder ihr nehmt euer Geburtsdatum und ordnet jeder Zahl einen Buchstaben zu. Der 25.03.1998 ergibt so »BEZCAIIH«, wobei »Z« für die Null steht.

13

Woher weiß man, wie groß die Erde ist?

Experiment: Erdvermessung

Was steckt dahinter? Schaut selbst! Ihr braucht dazu:

- 1 möglichst langen Stab (z. B. Besenstiel)
- 1 Stück Kordel (etwas länger als der Stab)
- 1 kleine Knetkugel Klebeband
- 1 Zollstock oder Maßband
- 1 Taschenrechner mit »trigonometrischen Funktionen«, also mit einer »TAN«-Taste
- 1 Notizblock mit Stift die genaue Uhrzeit
- 1 Freund oder Freundin, der oder die möglichst weit nördlich oder südlich von euch entfernt wohnt
- Sonnenschein

Gegenfrage: Woher weiß man, dass die Erde eine Kugel ist? Das wussten schon die alten Griechen in der Antike vor 2500 Jahren. Und weil sie dies wussten, konnte sich der griechische Gelehrte Eratosthenes von Kyrene (284–202 vor Christi Geburt) überlegen, wie groß die Erdkugel ist. Wenn ihr einen Apfel nehmt, auf einer Seite an unterschiedlichen Stellen zwei Stecknadeln hineinsteckt und den Apfel in die Sonne haltet, seht ihr, dass die beiden Nadeln verschieden lange und schräge Schatten werfen. Aus ihnen lässt sich die Größe des Apfels bestimmen. Und mit der Erde geht es genauso. Wie? Seht selbst!

Und so geht das Experiment:

Steckt den Stab etwas schräg in die Erde. Befestigt die Knetkugel an einem Ende der Kordel, klebt die Kordel mit Klebeband so ans obere Stabende, dass die Knetkugel dicht über dem Boden schwebt. Wo die Kugel auf den Boden zeigt, ist der sogenannte »Fußpunkt«. Messt jetzt, wie weit das Stabende vom Fußpunkt entfernt ist (a), und notiert den Wert. Wartet bis etwa 12:30 Uhr im Winter bzw. 13:30 Uhr im Sommer und messt, wie weit der Schatten des Stabendes vom Fußpunkt weg ist. Notiert euch diesen Wert (b). Nun müsst ihr rechnen: Teilt (b) durch (a) und drückt anschließend auf die »TAN«-Taste. Heraus kommt der Winkel, mit dem das Sonnenlicht einfällt. Das Gleiche macht euer Partner. Bestimmt die Entfernung zwischen euch beispielsweise mit »Google Earth«. Ein Erwachsener kann euch dabei helfen! Nun müsst ihr eure Werte für den Winkel austauschen, etwa per Mail. Zieht den kleineren von dem größeren Wert ab und teilt die Zahl »360« durch euer Ergebnis. Das Resultat nehmt ihr mit der Entfernung zwischen euch beiden mal. Und?

$$\frac{b}{a} = \text{Wert}$$

$$\rightarrow \text{TAN}$$

Was ist passiert? Und wie kommt es dazu?

Ihr habt den Umfang der Erde ermittelt wie einst Eratosthenes von Kyrene vor über 2200 Jahren! Je exakter ihr arbeitet und je genauer ihr euch auf demselben Längengrad befindet, desto besser das Ergebnis. Wenn ihr auf etwa 40 000 Kilometer kommt, seid ihr echt gut!

Dieser Versuch zeigt, wie man mit viel Köpfchen und ein wenig Mathe etwas berechnen kann, was man nie abmessen könnte. Eratosthenes kam seinerzeit auf rund 40 000 Kilometer. Das war sehr nah am tatsächlichen Umfang der Erde.

Was bedeutet das für uns Menschen?

Mit rund 40 000 Kilometern Umfang ist die Erde ein riesengroßer Planet – für uns Menschen. Er ist so groß, dass uns im Alltag gar nicht auffällt, dass er rund ist. Der Boden wirkt »gerade«, obwohl er natürlich ganz leicht gekrümmt ist. Erst die Tatsache, dass man am Horizont von einem herannahenden Schiff anfangs nur den Schornstein sieht und erst allmählich das ganze Schiff, führt vor Augen, dass wir uns auf einer Kugel befinden und nicht auf einer Scheibe, wie Menschen vor uns jahrhundertelang geglaubt hatten.

Ganz schön spannend!

Eratosthenes musste Entfernungen noch mit Schritten messen. Heute ermitteln wir sie mithilfe von GPS aus dem All, also mit Satelliten. Das GPS (»Globales Positionssystem«) besteht aus 24 Satelliten, die in 20 200 Kilometern Höhe um den Globus verteilt sind. An Bord haben sie extrem genaue Atomuhren. Sie funken Signale zur Erde, die unsere GPS-Empfänger auffangen. In einem solchen Empfänger ist ein kleiner Computer, der aus den Signalen von mindestens drei Satelliten unsere Position auf der Erde berechnet. So wissen wir dank GPS, wo wir uns befinden. In dieses Gerät geben wir auch ein, wo wir hinwollen. Und mithilfe einer eingebauten Karte rechnet uns das »Navi« aus, wo wir langfahren müssen.

Schon gewusst?

Dass die Erde keine Scheibe ist, wie die Menschen früher dachten, wissen wir längst. Na klar, sie ist eine Kugel – aber ist sie das wirklich? Nicht ganz, denn die Erde ist nicht überall rund wie ein Ball, sondern etwas oval. Der Erdumfang ist am Äquator mit 40 075 Kilometern größer als an den Polen, wo er 39 941 Kilometer misst. Mit anderen Worten: Die Erde ist an den Polen etwas abgeflacht. Wie das? Wenn die Erde sich nicht drehen würde, wäre sie bestimmt runder. Aber durch die Drehung um die Achse, die von Pol zu Pol verläuft, wird ihr Bauch, der Äquator, leicht nach außen gezogen. Genauso wie ihr im Karussell nach außen gezogen werdet. Kein Wunder, denn die Erde dreht sich rasend schnell – in 24 Stunden einmal um ihre Achse. Damit bewegt sich ein Baum, der am Äquator steht, mit genau 1670 km/h um die Erdachse und ist somit viel schneller als ein Düsenjet.

Wissenschaftlern auf die Finger geguckt

Ursprünglich war das GPS der USA nur für das Militär gedacht. Für zivile Anwendungen wie die Navigation im Auto wurde das Signal aus Sicherheitsgründen zunächst sogar künstlich verschlechtert. Im Jahr 2000 hat der damalige Präsident Bill Clinton diese Sperre jedoch aufgehoben und seitdem ist es metergenau.

Um aber nicht auf andere angewiesen zu sein und um noch genauer zu werden, stellen die Europäer jetzt ihr eigenes Satelliten-Navigationssystem auf die Beine. »Galileo« heißt es und sollte eigentlich schon längst in Betrieb sein, aber wie so oft bei großen und teuren Projekten verzögert es sich.

Für kleine Forscher

So wie ihr die Erde mithilfe der Sonne vermesst, konnten Menschen sich auf der Erde lange Zeit am besten mit Anhaltspunkten orientieren, die außerhalb, also im Weltraum liegen und deren Position unveränderlich, also »fix« ist. Deshalb sind Fixsterne wie etwa der Polar- oder Nordstern so wichtig. Der Polarstern wies Seefahrern schon ganz früh den Weg Richtung Norden, weil er ziemlich genau und nahe über dem Nordpol steht. Wenn ihr den Polarstern finden wollt, müsst ihr einfach die »Hinterwand« des Großen Wagens in einer gedachten Linie fünfmal verlängern und ihr trefft auf den Polarstern.

Ganz schön ausgefuchst

Um die Entfernung des Mondes zu ermitteln, reicht es aus, dessen Position am Himmel von zwei möglichst weit auseinanderliegenden Punkten auf der Erde zu bestimmen – mithilfe einer ähnlich einfachen Rechnung wie in eurem Experiment. Und für weit entfernte Sterne greifen Astronomen zu einem Trick und nutzen die Tatsache, dass sich die Erde um die Sonne dreht. Im Winter und im Sommer steht sie an den beiden äußersten und entgegengesetzten Punkten ihrer Umlaufbahn. Die Entfernung zwischen diesen beiden Positionen der Erde ist schon seit über 200 Jahren bekannt. Also peilt man einen Stern einmal im Sommer und einmal im Winter an und kann so seine Entfernung ziemlich genau berechnen.

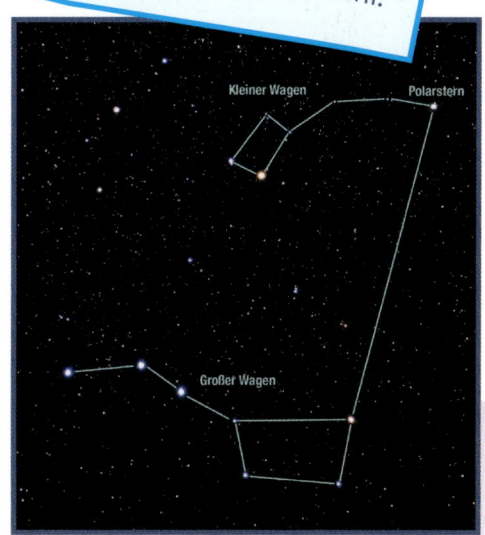

14

Wie überleben die Fische im zugefrorenen Teich den Winter?

Experiment: Tintenkringel

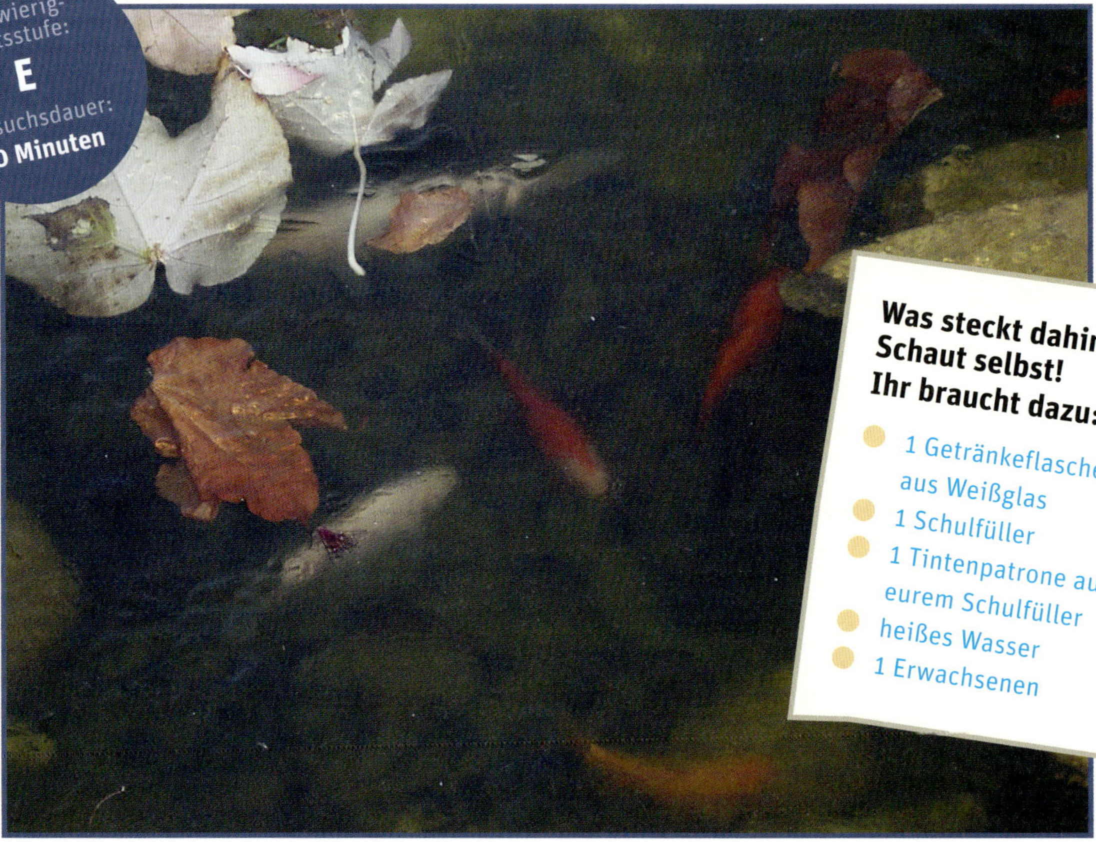

Was steckt dahinter? Schaut selbst! Ihr braucht dazu:

- 1 Getränkeflasche aus Weißglas
- 1 Schulfüller
- 1 Tintenpatrone aus eurem Schulfüller
- heißes Wasser
- 1 Erwachsenen

Ganz einfach: Sie tauchen ab! Denn unten im Teich ist das Wasser wärmer als oben. Das liegt am Wasser selbst, das bei 4 °C am dichtesten und damit am schwersten ist. Es sinkt nach unten. Diese Bewegungen im Wasser heißen Konvektion. Das kältere Wasser und das Eis sind leichter und bleiben darüber. So ist das Wasser am Grund des Teiches wärmer und vor allem flüssig. Erst bei ganz harten Wintern mit langem Frost kann es passieren, dass ein kleinerer Teich, der nicht tief genug ist, von oben bis unten komplett zufriert. Dann allerdings werden die Fische im Teich tiefgefroren und sterben.

Und so geht das Experiment:

Stellt die Glasflasche am besten auf oder in die Spüle.
Füllt sie bis oben hin vorsichtig mit heißem Wasser.
Lasst euch von einem Erwachsenen dabei helfen, damit
ihr euch nicht verbrüht.
Jetzt nehmt ihr die Tintenpatrone, setzt sie in den Füller
und schraubt zu, damit die Patrone im Füller geöffnet
wird.
Haltet nun die frisch geöffnete Patrone mit der Öffnung
dicht über den Flaschenhals und lasst einen Tropfen in
das heiße Wasser in der Flasche fallen. Das wiederholt
ihr so oft ihr wollt oder bis die Tintenpatrone leer ist.

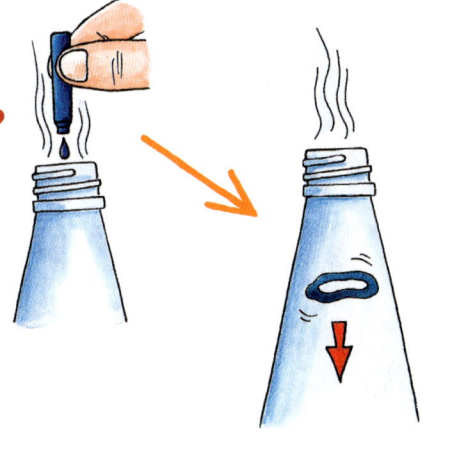

Was ist passiert? Und wie kommt es dazu?

Die Tintentropfen bilden in der Flasche Wirbel.
Wenn ihr geschickt seid, wird aus den Tintentropfen ein wunderschöner bunter Ring, der in
der Flasche absinkt und dabei immer größer
wird. Wenn er am Flaschenboden angekommen
ist, löst er sich in einem Wölkchen auf.
Tinte besteht hauptsächlich aus Wasser. Die
Tinte in der Patrone ist jedoch viel kälter als
das heiße Wasser in der Flasche. Deshalb ist
die Tinte schwerer als das heiße Wasser und
sinkt erst einmal nach unten. Das hört auf,
wenn die Tinte warm geworden ist. Deswegen
bilden sich manchmal schon relativ weit oben
in der Flasche ein paar Tintenschlieren. Der
Großteil des Tintentropfens sinkt aber als Ring
abwärts. Dieser sogenannte »Vortex-Ring« entsteht durch die Konvektion – so nennt man das
Auf- und Absteigen von Stoffen –, und zwar

hier bei zwei ähnlichen Flüssigkeiten (kaltes
und heißes Wasser), die aber unterschiedlich
dicht, also schwer sind, weil sie unterschiedliche Temperaturen haben. Wie im Goldfisch-
teich sinkt das schwerere Wasser nach unten.

 Tipp: Wenn ihr genau hinschaut,
könnt ihr sehen, dass sich der Tintenring beim
Sinken in sich selbst dreht. So vermischt sich
die Tinte kaum mit Wasser und erwärmt sich
nur langsam.

Was bedeutet das für uns Menschen?

Konvektion, also das Strömen von Gasen und Flüssigkeiten, geschieht ständig auf der Erde. Der Wind beispielsweise, der euch durchs Haar fährt, entsteht dadurch, dass irgendwo Luftmassen aufsteigen oder absinken und dadurch weitere Luft in Bewegung bringen.

Klassisch ist der Seewind tagsüber an der Küste: Weil sich das Land durch Sonneneinstrahlung schneller erwärmt als das Wasser, erwärmt sich die Luft über dem Land stärker, steigt nach oben und kühlere Seeluft strömt nach. Man sagt, es herrscht auflandiger Wind. Nachts dagegen dreht sich die Windrichtung um: Das Land kühlt schnell ab und die See hält länger die Wärme. Jetzt herrscht ablandiger Wind, weil die Luft über dem Wasser aufsteigt. Auch die Heizung wärmt das Zimmer dank Konvektion: Erwärmte Luft steigt am Heizkörper nach oben und kalte Luft strömt zur Heizung nach. So wird in kurzer Zeit automatisch das ganze Zimmer warm. Wie praktisch!

Ganz schön spannend!

Jedes Jahr im Winter geschieht im Bodensee im Dreiländereck von Deutschland, Österreich und der Schweiz Gewaltiges: Der See dreht sozusagen einmal das Wasser um. Dadurch gelangt sauerstoffreiches Wasser von oben nach ganz unten an den Grund des Bodensees. Das ist wichtig für die Lebewesen im See, wie etwa Fische, die den Sauerstoff zum Leben brauchen. Die Konvektion spielt dabei die Hauptrolle: Wenn das Wasser am flachen Rand des Sees 4 °C kalt geworden ist, ist es schwerer als das übrige, wärmere Wasser im See und sinkt nach unten. Es schiebt sich richtig unter das andere Wasser des Bodensees. Das geht den ganzen Winter über so, bis das ganze Wasser einmal umgewälzt worden ist.

Schon gewusst?

Ohne gewaltige Strömungen von Meerwasser wäre es bei uns in Europa viel kälter und am Äquator noch viel heißer. Denn in den Ozeanen findet ständig Konvektion statt: Kaltes Wasser aus den eisigen Regionen der Erde an den Polen fließt Richtung Äquator, warmes Wasser aus den heißen Gegenden strömt zu den Polen. So zirkuliert das Wasser ständig um den halben Erdball. Eine der bekanntesten Strömungen ist der Golfstrom, der warmes Meerwasser und damit viel Wärme vom Golf von Mexiko nach Europa bringt. Der Golfstrom ist etwa 150 Kilometer breit und strömt mit bis zu 10 km/h – er ist also so schnell wie ihr, wenn ihr rennt.

Wissenschaftlern auf die Finger geguckt

Auf der internationalen Raumstation ISS im Weltraum herrscht Schwerelosigkeit, es gibt kein »oben« und kein »unten«. Deswegen gibt

es auch keine Konvektion, weil die Luft nicht aufsteigen kann. Um es hier oben schön warm zu bekommen, muss die Luft künstlich bewegt, also umgewälzt werden. Nur so wird die Luft und mit ihr die Wärme in der ganzen Raumstation verteilt. Die fehlende Konvektion hat auch noch andere Auswirkungen: Eine Kerze brennt im Weltraum nur mit winziger Flamme. Logo, denn die heiße, verbrauchte Luft steigt nicht nach oben, sodass keine kalte, unverbrauchte Luft neuen Sauerstoff zur Flamme bringen kann.

Für kleine Forscher

Wenn ihr zusammen mit einem Erwachsenen einen Topf mit Wasser auf die eingeschaltete Herdplatte stellt, könnt ihr beobachten, wie sich im Wasser Schlieren bilden, weil das warme Wasser aufsteigt. Das Wasser vermischt sich vollautomatisch, sodass nachher das ganze Wasser gleich warm ist. Tipp: Gebt etwas Soßenbinder in das Wasser, das dazu etwa einen Fingerbreit hoch im Topf stehen sollte. Jetzt könnt ihr beobachten, dass das Wasser in kleinen Gebieten zirkuliert, in kleinen Kammern aufsteigt, sich abkühlt, absinkt und wieder aufsteigt. Diese Kammern nennt man Konvektionszellen. Es ist also ein richtiger Kreislauf, den der Soßenbinder sichtbar macht. Und nebenbei entsteht ein interessantes Muster im Topf.

Ganz schön ausgefuchst

Enten haben immer kalte Füße, obwohl sie eine Körpertemperatur von 42 °C haben. Und das ist gut so. Wären die Entenfüße genauso warm wie der Rest der Ente, würden die Enten im Winter viel mehr Energie verbrauchen. Und sie müssten ausgerechnet dann besonders viel fressen, wenn besonders wenig Nahrung da ist. Außerdem würden Enten das Eis antauen und könnten daran festkleben. Deswegen haben sie einen raffinierten Wärmetauscher in den Beinen, das »Wundernetz«: Das warme Blut, das vom Körper in die Füße strömt, wird von dem kalten Blut, das von den Füßen zurück in den Körper strömt, abgekühlt. Gleichzeitig wird das zurückströmende Blut erwärmt. So geht wenig Energie verloren.

15

Warum flimmert an heißen Tagen die Luft über dem Asphalt?

Experiment: Flimmernde Luft

Schwierig-
keitsstufe:
E
Versuchsdauer:
5 Minuten

Was steckt dahinter? Schaut selbst! Ihr braucht dazu:

- 1 Kerze
- 1 Feuerzeug oder Streichhölzer
- 1 Erwachsenen

Es ist Sommer. Die Sonne knallt vom Himmel und auch auf die Straßen. Deren Asphaltdecke ist meist dunkel, oft sogar fast schwarz. Je dunkler der Asphalt, desto besser wird die Sonnenwärme von ihm aufgenommen und umso mehr heizt sich der Asphalt auf und strahlt seinerseits Wärme ab. Das wiederum erhitzt die Luft über dem Asphalt. Und was macht heiße Luft? Sie versucht, nach oben zu entweichen. Nun ist Luft ja normalerweise unsichtbar, aber da sich die aufsteigende heiße Luft von der Luft drum herum unterscheidet, weil sie »dünner« ist, könnt ihr sie als Schlieren oder Flimmern sehen.

Und so geht das Experiment:

Es ist ganz einfach. Lasst euch die Kerze anzünden und schaut über die Kerze hinweg. Also nicht direkt in die Flamme, sondern in die Luft darüber. Richtet eure Augen auf irgendetwas in einiger Entfernung hinter der Kerze, etwa auf ein Bild.

Was ist passiert? Und wie kommt es dazu?

Die Luft über der Kerze flimmert, sie bildet Schlieren. Genau wie über der Straße seht ihr hier Luft in Bewegung.

Die Kerzenflamme ist über 1000 °C heiß! Davon wird die Luft um sie herum natürlich auch sehr heiß. Und Luft dehnt sich beim Erhitzen – wie alles auf der Welt – aus. Deshalb ist heiße Luft weniger dicht als kühlere Luft und damit leichter. Das ist der Grund dafür, dass sie aufsteigt. Gleichzeitig lässt sie Licht durch. Für Lichtstrahlen sind heiße und kalte Luft verschiedene Stoffe. Deswegen werden sie beim Übergang von heißer in kalte Luft – und umgekehrt – abgelenkt. Weil die heiße Luft nicht gleichmäßig aufsteigt, werden die Lichtstrahlen ständig etwas anders abgelenkt. Das seht ihr als Flimmern.

65

Was bedeutet das für uns Menschen?

Wenn die Luft etwa über einer Straße sehr stark flimmert, dann steigt viel warme Luft sehr schnell nach oben. Ist die aufsteigende Luft sehr warm, kann es noch einen weiteren interessanten Effekt geben: Die heiße Luftschicht über der Straße reflektiert das Licht und Autos und Bäume spiegeln sich darin. Erst wenn man sich den Spiegelungen nähert, hört die Spiegelei auf, denn um sie zu sehen, muss man ziemlich schräg auf die Straße blicken, und das ist nur aus größerer Entfernung möglich. Solch ein Flimmern und Spiegeln gibt es auch über hellem Boden, wenn es heiß genug ist, zum Beispiel über heißem Wüstenboden. Und auch die heißen Abgase von Flugzeugen erzeugen ein starkes Flirren.

Ganz schön spannend!

Schon seit Jahrtausenden blicken Menschen ins All, zu den Sternen am Firmament. Erst mit bloßem Auge, dann mit Fernrohren und heute mit (Riesen-)Teleskopen. Die größten Teleskope stehen auf hohen Bergen auf Inseln – etwa auf dem Mauna Kea auf der Hauptinsel von Hawaii – oder in Wüsten wie der Atacama in Chile. Diese Orte sind sehr einsam, was für die Beobachtungen gut ist. Denn Staub, Abgase und vor allem das Licht der Städte behindern die Sicht und trüben den Blick: Das menschengemachte Licht wird von Staubteilchen in der Luft reflektiert und blendet die Himmelsgucker. Aber auch bei idealer Sicht verwackelt die Luftbewegung das Bild. Das könnt ihr mit bloßem

Auge sehen: Die Sterne flimmern. Das kommt nur durch die Erdatmosphäre zustande, welche das Sternenlicht ablenkt wie im Experiment.

Schon gewusst?

Wer klare Sicht ins Weltall haben will, der muss – ins Weltall! Das amerikanisch-europäische Weltraumteleskop Hubble leistet das. Es wurde 1990 ins Weltall geschossen und kreist in 600 Kilometern Höhe um die Erde. Dort hat es eine ganze Reihe sensationeller Aufnahmen gemacht, durch die es richtig berühmt wurde.

Es ist übrigens das einzige Teleskop mit Brille! Weil der Spiegel im Inneren des Teleskops falsch geschliffen ist (jemand hatte sich verrechnet), sah es zunächst nur unscharf. Drei Jahre nach dem Start erhielt das Teleskop eine Korrekturoptik, mit der es nun fast so scharf sieht wie ursprünglich geplant. Das Hubble-Teleskop ist teurer gewesen als alle astronomischen Instrumente vor ihm zusammen …

Wissenschaftlern auf die Finger geguckt

Um auch von der Erde aus supergut ins Weltall blicken zu können, lassen sich Wissenschaftler immer raffiniertere Methoden einfallen. Mit beweglichen Spiegeln etwa lässt sich die Unruhe in der Luft und damit das Flimmern ausgleichen. Das »New Solar Telescope« (»neues Sonnenteleskop«) in Kalifornien zum Beispiel besitzt einen solchen Korrekturspiegel, der beweglich ist. 349 Motoren verstellen ihn computergesteuert so schnell und genau, dass das Bild dem eines Weltraumteleskops ziemlich nahekommt. So kann sogar am Tag, wenn die Luft am heftigsten in Bewegung ist, in den Himmel geschaut werden. Denn die Forscher dort interessieren sich nur für einen einzigen Stern: unsere Sonne.

Für kleine Forscher

Ihr könnt die Luft auch auf andere Art und Weise flimmern lassen. Dazu braucht ihr nur euren Küchenherd. Schaltet mit einem Erwachsenen eine Herdplatte auf höchster Stufe ein, ohne etwas draufzustellen. Wenn ihr jetzt von der Seite über die Herdplatte blickt, seht ihr, wie die Luft wackelt. Die Herdplatte erhitzt die Luft, die über ihr aufsteigt. Gleichzeitig strömt von den Seiten her kalte Luft nach, die dann von der Herdplatte erhitzt wird. Dann strömt die heiße Luft nicht gleichmäßig nach oben, sondern es bilden sich Wirbel, die ihr als Schlieren seht.

Ganz schön ausgefuchst

Was wäre, wenn ... man die heiße Luft über einer Kerze einfinge? Zum Beispiel in einem Ballon? Dann habt ihr eine sogenannte »Himmelslaterne«, wie sie in Südostasien sehr beliebt ist: Ein Teelicht erhitzt die Luft in einer umgedrehten Tüte aus ganz leichtem Japanpapier. Die heiße Luft steigt nach oben und hebt die Japanpapiertüte samt Kerze mit in die Höhe. Das sieht wunderschön aus, besonders nachts.

Auch Segelflieger nutzen aufströmende Luft. Wenn die Sonne kahle Flächen bescheint, erwärmt sie die Erde und die Luft darüber beginnt aufzusteigen. Die aufsteigende Luft kann Segelflieger richtig hochheben, wenn sie sich in dem warmen Luftstrom, der sogenannten »Thermik«, in kreisenden Flugbewegungen in die Höhe schrauben.

Wie viel Zucker ist in Limonade?

Experiment: **Schwimmende und tauchende Limo**

Schwierig-
keitsstufe:

L

Versuchsdauer:
5 Minuten

**Was steckt dahinter?
Schaut selbst!
Ihr braucht dazu:**

- 1 Getränkedose oder 0,5-l-Flasche Limonadengetränk
- 1 Getränkedose oder 0,5-l-Flasche Limonadengetränk light (aber beide von derselben Art, also 2 Flaschen oder 2 Dosen)

Limonadengetränke – auch Cola zählt dazu – schmecken vielen Menschen meist deshalb, weil sie so süß sind. Und das kommt nicht von ungefähr, denn in ihnen ist sehr viel Zucker enthalten. In einer 0,33-Liter-Dose Cola etwa stecken 35 Gramm Zucker – das sind knapp 12 Stück Würfelzucker. In einer 0,5-Liter-Flasche sind sogar 53 Gramm Zucker enthalten, das entspricht 18 Stück Würfelzucker. Das ist eine ganze Menge! So enthält schon 1 Dose Cola mehr Zucker, als ihr am Tag braucht. Deshalb ist es mit Cola wie mit vielen anderen Dingen auch: Ab und zu ist es in Ordnung, in großen Mengen nicht.

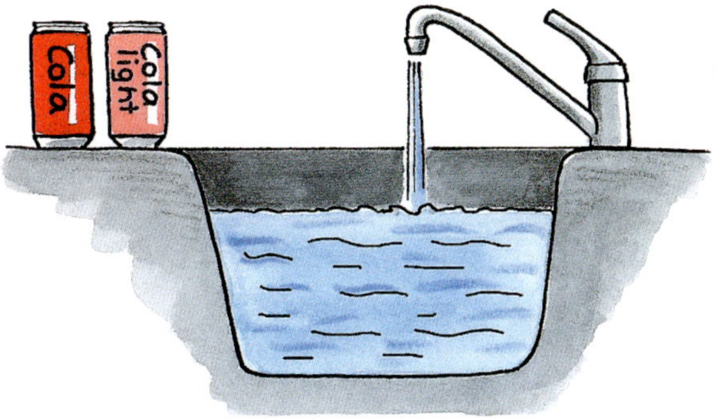

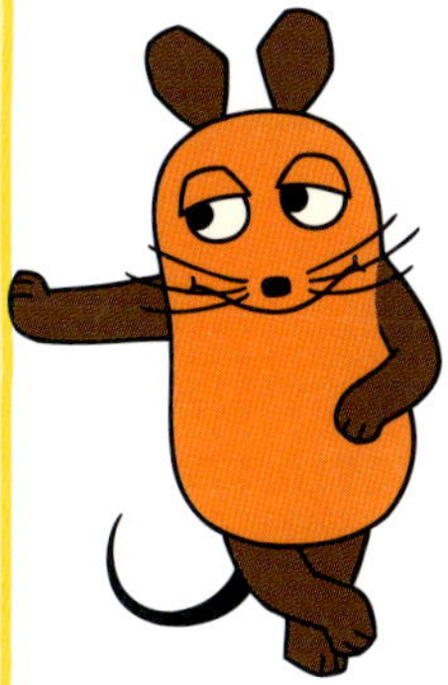

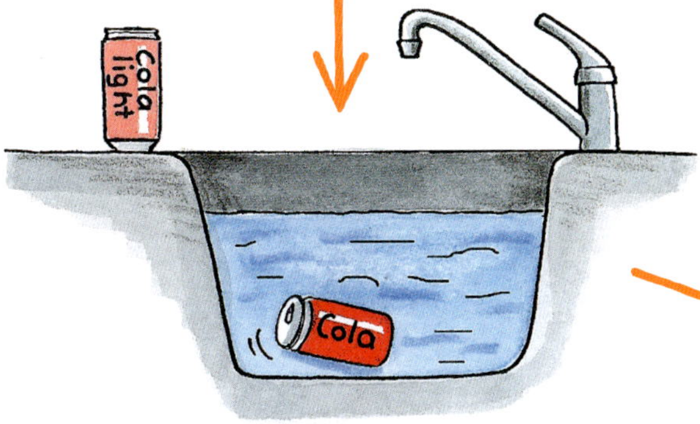

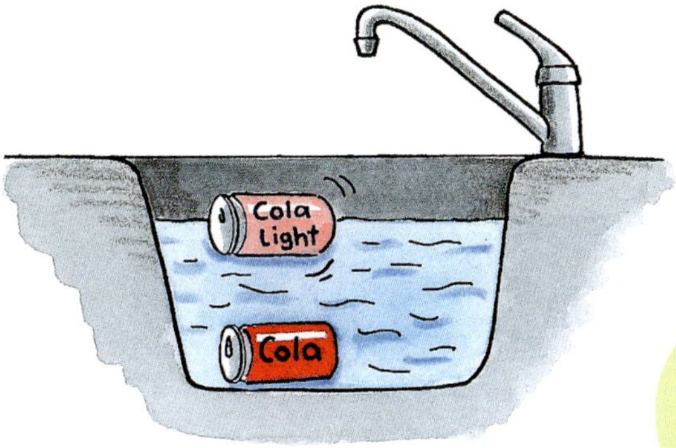

Was ist passiert? Und wie kommt es dazu?

Die Cola-Dose oder -Flasche geht unter.
Aber die Cola-light-Dose bzw. -Flasche bleibt
oben, sie schwimmt! Beide Behälter sind aus
dem gleichen Material und in beiden ist gleich
viel Flüssigkeit, aber trotzdem verhalten sie
sich unterschiedlich.

Nehmt die Küchenwaage zu Hilfe und stellt die
Behälter nacheinander darauf. Die Cola-Dose
wiegt 370 Gramm, die Cola-Flasche 580 Gramm.
Die Cola-light-Dose wiegt aber nur 360 Gramm
und die Flasche 550 Gramm. Der Grund dafür
ist, dass Cola und Cola light unterschiedlich
»dicht« sind, das heißt, 1 Liter Cola-Getränk
ist schwerer als 1 Liter Cola-light-Getränk. Cola
ist deshalb dichter, weil das Getränk viel Zucker enthält. Der Zucker ist in der Limonade
gelöst – dadurch wird die Flüssigkeit nicht
mehr, aber schwerer. Das ist etwa so, wie
wenn ihr Zuckerpackungen ins Auto stellt.
Dadurch wird das Auto nicht größer, wohl aber
schwerer.

Aber warum schwimmt Cola light, während die
gleiche Menge Cola untergeht? Beide Behälter
verdrängen Wasser. Das seht ihr daran,
dass der Wasserspiegel steigt, wenn
ihr die Getränkepackungen hinein-
legt. Aber der Behälter mit Cola ist
schwerer als die Menge Wasser,
die er verdrängt, der Behälter mit
Cola light dagegen leichter.

Was bedeutet das für uns Menschen?

Die Liebe zu Süßem liegt uns Menschen im Blut. Sie stammt noch aus der Frühzeit vor mehr als 10 000 Jahren, als Menschen umherzogen, jagten und sammelten und etwa süße Beeren eine gute Nahrung waren. Auch die Muttermilch ist süß und so mögen wir Süßes von Anfang an. Doch heute bewegen wir uns weniger, haben viel und gute Nahrung und brauchen eigentlich nichts Süßes mehr zum Überleben. Was wir zu viel essen, hebt der Körper gut auf und bildet daraus Fettreserven – wir werden dick.

Außerdem ist Süßes ideale Nahrung für die Kariesbakterien in unserem Mund. Diese scheiden Säuren aus, die den Zahnschmelz angreifen und auflösen. Die Folgen sind Karies, kaputte Zähne und ... Zahnschmerzen.

Ganz schön spannend!

Zucker gibt es in Europa erst seit rund 900 Jahren. Davor kannte man allenfalls Honig, um Speisen zu süßen. Die Menschen in Ostasien kannten jedoch schon 6000 vor Christi Geburt das Zuckerrohr. Über Persien – den heutigen Iran – gelangte das übermannshohe Grasgewächs um 1100 nach Christi Geburt nach Europa. Es war ein wertvolles Handelsgut – bis der Chemiker Andreas Sigismund Marggraf (1709 – 1782) von der Königlichen Akademie der Wissenschaften in Berlin 1747 entdeckte, dass sich aus der heimischen Runkelrübe ebenfalls sehr gut Zucker gewinnen lässt. 1801 wurde dann die erste Zuckerfabrik der Welt zur Verarbeitung von Zuckerrüben gebaut und seitdem gehört Zucker auch in Europa zum Alltag.

Schwimmende und tauchende Limo

Schon gewusst?

Das älteste Süßungsmittel der Welt ist Honig. Wir Menschen mopsen ihn uns von den fleißigen Bienen. Für 1 Kilogramm Honig müssen sie Millionen von Blüten besuchen und dort den Blütennektar mit ihrem Rüssel aufsaugen. In ihrer Honigblase transportieren sie ihn dann in den Bienenstock. Erst durch Stoffe, welche die Bienen dem Nektar zugeben, wird daraus Honig, der in den Waben im Bienenstock heranreift. Von 100 Gramm Honig sind 20 Gramm Wasser und bis zu 80 Gramm Zucker. Insgesamt sind in Honig an die 200 verschiedene Stoffe enthalten. Das macht ihn trotz des vielen Zuckers gesund.

Wissenschaftlern auf die Finger geguckt

Schon in geringsten Mengen schmecken Süßstoffe oder »Zuckeraustauschstoffe« – sie sollen den Zucker ersetzen – süß. Der älteste Süßstoff, Saccharin, wurde 1879 entdeckt und schmeckt 550-mal so süß wie Zucker. Saccharin und andere Süßstoffe schalten Geschmacksnerven auf der Zunge an und wir schmecken »süß«. In größeren Mengen wird der Süß-Geschmack aber wieder abgeschaltet und wir empfinden einen bitteren Geschmack. Die Lebensmittelindustrie nutzt beide Effekte. Richtig dosiert können Süßstoffe Zucker ersetzen, in größeren Mengen den süßen Geschmack blockieren: Gelee und Marmelade, die viel Zucker enthalten, schmecken mit der entsprechenden Menge Süßstoff weniger süß, dafür aber viel fruchtiger.

Für kleine Forscher

Cola und Limonaden, aber auch Sprudelwasser können ganz schön im Mund beißen, es kann sogar richtig wehtun. Das liegt an den Sprudelbläschen im Getränk. Wenn euch das stört und ihr weniger Sprudel haben möchtet, könnt ihr mal diesen Trick ausprobieren: Streut einige Körnchen Salz oder Zucker in das Getränk. Sofort bilden sich ganz viele Luftbläschen und es schäumt. Jetzt habt ihr etwas Sprudelgas aus dem Getränk herausgelassen und es bitzelt nicht mehr so stark wie vorher.

Ganz schön ausgefuchst

Besonders nach Süßem ist es wichtig, sich gründlich die Zähne zu putzen. Mit Zahnseide könnt ihr auch zwischen den Zähnen sauber machen, wo die Zahnbürste nicht hinkommt. Damit die Zähne gegenüber Karies besonders stabil sind, könnt ihr sie beim Zahnarzt regelmäßig versiegeln lassen. Dazu werden die Zähne mit Fluorid-Lack eingepinselt. Der Trick dabei: Fluoride machen den Zahnschmelz härter, sodass er die Zähne besser schützt. Mit Fluorid-Gel könnt ihr auch einmal pro Woche selbst eure Zähne putzen, das macht sie fester.

17 Wie heben Raketen ab?

Experiment: Flaschenrakete

Schwierig-
keitsstufe:
E

Versuchsdauer:
60 Minuten

Was steckt dahinter? Schaut selbst! Ihr braucht dazu:

- 5 leere Sprudel- oder Limoflaschen 1,5 l (»PET-Flaschen«)
- 1 Weinkorken aus Kork oder Kunststoff
- 1 Fahrradventil (Blitzventil)
- 1 Fuß-Luftpumpe für Fahrräder
- 1 kräftiges Gummiband oder Gurt
- Wasser
- 1 Erwachsenen

Wenn eine Rakete startet, entstehen mächtige Qualmwolken, bevor sie mit einem Feuerstrahl abhebt. Der »Raketenmotor« erzeugt eine lange, kontrollierte Explosion. Das liegt an den Gasen, die dabei entstehen. Sie entweichen mit großer Wucht nach unten. Dadurch geben sie der Rakete einen mächtigen, Stups und damit den Schub, der sie nach oben befördert. Je mehr Gase aus der Rakete kommen und je schneller sie strömen, desto größer ist der Schub. Um 1 Kilogramm Nutzlast – also einen Satelliten oder Teile für eine Raumstation – in das Weltall zu transportieren, braucht man fast genauso viel Treibstoff.

72

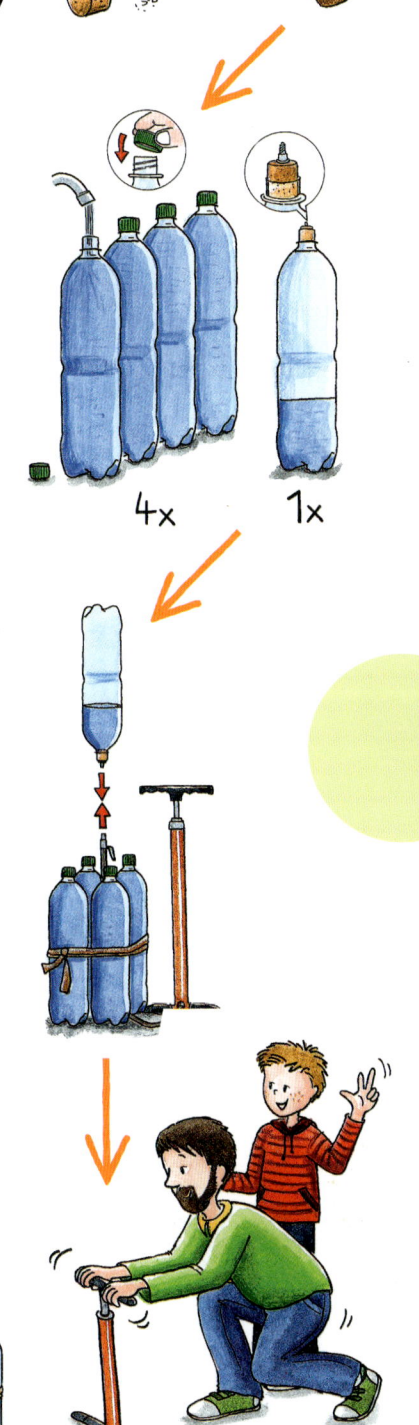

Und so geht das Experiment:

Schneidet den Korken in der Mitte durch. Bittet einen Erwachsenen, in eine Korkenhälfte ein Loch zu bohren, in das euer Fahrradventil passt. Es soll fest im Loch sitzen, eventuell klebt ihr es dort fest – aber unbedingt die Luftlöcher des Ventils offen lassen! Füllt dann die Flasche zu etwa einem Drittel mit Wasser. Die anderen vier Flaschen füllt ihr randvoll und schraubt die Verschlüsse fest drauf.

Jetzt geht es nach draußen auf eine freie Fläche – etwa eine große Wiese. Stellt die vier Flaschen mit Wasser im Viereck auf und bindet sie mit dem Gummiband oder Gurt zusammen. Das ist eure Startrampe. Den Luftschlauch von der Luftpumpe steckt ihr von unten durch die Mitte der vier Flaschen. In die Öffnung der fünften Flasche, die nur zu einem Drittel gefüllt ist, presst ihr nun den halben Korken mit dem Fahrradventil. Zu guter Letzt befestigt ihr den Luftschlauch am Ventil (aber nicht den Korken lockern!) und steckt die Flasche kopfüber in die Mitte der vier Wasserflaschen. Sie muss kerzengerade nach oben zeigen!

Ab jetzt extreme Vorsicht! Stellt die Luftpumpe so weit wie möglich von eurer Startrampe auf und geht in die Hocke. Nach einem gemeinsamen Countdown bedient euer erwachsener Helfer die Luftpumpe. Bei jedem Pumpen steigen Luftblasen in der Flasche auf ...

Was ist passiert? Und wie kommt es dazu?

Irgendwann gibt es einen lauten Knall und die Rakete saust los. Dabei zieht sie einen Schwall Wasser hinter sich her! Warum?

Wenn ihr Luft in die Flasche pumpt, presst ihr die Luft darin zusammen. Ist der Druck groß genug, wird der Korken herausgedrückt. Jetzt ist die Raketendüse offen und Wasser wird herausgepresst. Dabei entsteht ein Rückstoß, der die Rakete kräftig nach oben drückt – so lange, bis das Wasser verbraucht ist oder sich die Luft in der Flasche entspannt hat. Entscheidend ist, nicht zu viel Wasser in die Flasche zu füllen, sonst wird sie zu schwer. Und auch nicht zu wenig, sonst hat die Rakete nicht genügend Treibstoff.

Was bedeutet das für uns Menschen?

Erst mit Raketen wurde es möglich, unseren Heimatplaneten zu verlassen. Zuerst waren es unbemannte Raumsonden, die ins Weltall geschossen wurden, später gelangten auch Menschen ins All. Der erste Mensch im All war Juri Gagarin (1934–1968), der 1961 für die damalige Sowjetunion ins All startete. Es folgten weitere Erdumrundungen und schließlich bauten die Sowjetunion und die USA Raumstationen: die sowjetische »Mir« und das amerikanische »Skylab«.

Inzwischen gibt es mit der internationalen Raumstation ISS eine dauerhaft besetzte Basis im Weltall. Weil das sehr aufwendig und damit teuer ist, wird sie von Europa, Japan, Kanada, Russland und den USA gemeinsam betrieben. Hier wird unter Weltraumbedingungen geforscht. Die Erkenntnisse sollen einmal dazu beitragen, längere Flüge zu bewerkstelligen, etwa zu unserem Nachbarplaneten Mars.

Ganz schön spannend!

Schon lange, bevor die ersten Raketen ins Weltall flogen, reisten Menschen ins Weltall: in ihrer Fantasie. Der Astronom und Mathematiker Johannes Kepler (1571–1630) schrieb »Somnium – Der Traum vom Mond«. Es ist die Geschichte einer Reise zum Mond. Auch der französische Schriftsteller Jules Verne (1828 bis 1905) schrieb Zukunftsfantasien wie »Von der Erde zum Mond«. Und der Roman »Der Krieg der Welten« von 1898 des englischen Schriftstellers Herbert George Wells (1866–1946), in dem Außerirdische die Erde angreifen, führte sogar zu einer Massenpanik, als er 1938 in den USA als Hörspiel im Radio gesendet wurde.

Schon gewusst?

Die ersten Raketen waren leider Waffen. Die sogenannten »V1« und »V2« (»V« hieß »Vergeltungswaffe«) wurden im Zweiten Weltkrieg in Deutschland entwickelt und auf Ziele in Belgien, England, Frankreich und den Niederlanden abgeschossen. Eine Bekämpfung der neuartigen Angriffswaffen war praktisch nicht möglich. Um diese Waffen zu bauen, setzte Deutschland unter unmenschlichen Bedingungen Gefangene für die Arbeit ein. Nach dem Krieg machten viele der Konstrukteure, darunter Wernher von Braun (1912–1977), beim Weltraumprogramm der USA Karriere.

Wissenschaftlern auf die Finger geguckt

Am 3. Juni 2010 startete das Projekt »Mars-500«, das einen bemannten Flug zu unserem Nachbarplaneten Mars – dem roten Planeten – simulierte.

Bei dem Vorhaben der Europäischen Weltraumagentur ESA und der russischen Weltraumagentur Roskosmos wurden sechs Freiwillige für 520 Tage in einem raumschiffähnlichen Komplex eingeschlossen. Alles war exakt so wie später bei einem möglichen Flug zum Mars – nur gab es keine Schwerelosigkeit.

Nach 250 Tagen »Hinflug« stiegen die menschlichen Versuchskaninchen in einer simulierten Marslandschaft aus und »flogen« nach 30 Tagen Auf-

enthalt 240 Tage lang wieder zurück. Damit sollte vor allem erforscht werden, wie Menschen über so lange Zeit auf engstem Raum miteinander zurechtkommen.

Für kleine Forscher

Astronauten sind immer per Funk mit der Erde verbunden. Zum Mars dauert eine Funkbotschaft zwischen 3 und 22 Minuten, je nachdem wie Erde und Mars gerade zueinander stehen. Versucht doch einmal, euch marsmäßig zu unterhalten. Schreibt eine Botschaft auf einen Zettel und reicht ihn durch die Tür ins Nachbarzimmer. Nach 6 Minuten erhaltet ihr eine Antwort per Zettel – so lange braucht eure Nachricht zur Erde und die Antwort zu euch zurück. Das ist ganz schön nervig. Eine echte Unterhaltung ist so gar nicht möglich.

Ganz schön ausgefuchst

Die größte Rakete der Welt ist die »Mondrakete« Saturn V, die am 9. November 1967 zum ersten Mal ins All startete. Sie war 110 Meter lang und 2900 Tonnen schwer. Von diesem Startgewicht waren allein 2550 Tonnen Treibstoff! Nur 150 Tonnen Nutzlast gelangten in eine Erdumlaufbahn und nur 50 Tonnen erreichten den Mond. Der ganze Rest ging dafür drauf, die Erdanziehung zu überwinden und in die Schwerelosigkeit des Alls zu gelangen.

18 Wie vergrößert eine Lupe?

Experiment: Tropfenlupe

Schwierig-
keitsstufe:
L

Versuchsdauer:
10 Minuten

**Was steckt dahinter?
Schaut selbst!
Ihr braucht dazu:**

- 1 Sicherheitsnadel
  (Vorsicht, pikst,
  nicht aufmachen)
- 1 Zeitung
- etwas Wasser

Eigentlich vergrößert eine Lupe nicht wirklich. Es wirkt nur so, als ob. In Wirklichkeit verbiegt eine Lupe Lichtstrahlen so, dass es für uns aussieht, als ob wir etwas größer sehen. Das schafft sie, weil ihr Glas linsenförmig geschliffen ist. Daher werden die Lichtstrahlen, die durch das Lupenglas gehen, beim Ein- und Austritt gebrochen, zum Auge des Betrachters hin geknickt. Dadurch entsteht für uns der Eindruck der Vergrößerung, weil wir einen größeren Bereich des Objektes vors Auge geführt bekommen. Ganz ähnlich ist es beim Fernglas.

→ Und so geht das Experiment:

Schnappt euch eine Sicherheitsnadel, zum Beispiel aus dem Nähkästchen. Wenn ihr euch die Sicherheitsnadel genauer anschaut, seht ihr, dass das spitze Ende in einer Halterung eingehakt ist. Am anderen Ende macht die Nadel einen Kringel und bildet dadurch eine Öse. Fasst die geschlossene Sicherheitsnadel an der Halterung an und taucht die Öse kurz ins Wasser. Wenn ihr sie wieder vorsichtig herauszieht, ist ein Tropfen Wasser in der Öse hängen geblieben. Haltet die Sicherheitsnadel mit dem Wassertropfen nun waagerecht über etwas Gedrucktes wie einen Zeitungstext oder das Etikett einer Lebensmitteldose und blickt durch den Wassertropfen auf die Schrift. Verändert den Abstand zwischen Wassertropfen und Schrift, geht mit dem Auge auch mal ganz dicht an den Tropfen heran.

das Lupenglas gehen, beim
gebrochen, zur Mittelachse
  Dadurch entsteht für uns der Eindruck
ößerung, weil wir einen größeren Bere

Was ist passiert? Und wie kommt es dazu?

Ihr seht die Schrift durch den Wassertropfen erheblich vergrößert. Schon ein einfacher Wassertropfen wirkt also wie eine Lupe, ein tolles Mini-Mikroskop.

Leider sind Wassertropfen nicht sehr stabil. Ähnlich wie jedes Lupenglas von einem Rahmen gehalten wird, braucht auch der Tropfen einen: Hier ist es die Öse der Sicherheitsnadel. Dank der Oberflächenspannung (s. S. 41) bleibt der Wassertropfen in der Drahtschlaufe der Sicherheitsnadel hängen und nimmt automatisch eine Linsenform an. So bildet er eine natürliche Lupe. Und wie stark vergrößert eine Lupe? Eine einfache Lupe schafft eine zweifache, stärkere schaffen eine 15-fache Vergrößerung. Richtig starke Lupen vergrößern sogar 20- bis 30-fach.

Tropfenlupe

Was bedeutet das für uns Menschen?

Wie sehen Viren aus, die uns krank machen oder sogar töten können? Wie sieht eine chemische Verbindung aus? Etwa ein neues Medikament? Drohen Eisenbahnachsen zu brechen, weil schon ein feiner Riss zu sehen ist? Ist das Flugzeugtriebwerk noch in Ordnung? All das lässt sich mithilfe eines Mikroskops herausfinden. Die Glaslinsen in Mikroskopen machen Kleines ganz groß und damit sichtbar – Belebtes und Unbelebtes.

Die Linsen im Objektiv der Kamera können noch mehr: Kleines groß machen oder Großes ganz klein. Mit ihrer Hilfe passt beispielsweise ein ganzes Hochhaus in die kleine Kamera.

Ganz schön spannend!

Mit die ersten brauchbaren Mikroskope der Welt baute der niederländische Naturforscher Antoni van Leeuwenhoek (1632–1723). Seine Linsen – die einfachsten Mikroskope – baute auch er aus Tropfen, aber aus gläsernen. Er erhitzte Glas, zog es in die Länge und erhielt einen dünnen Faden, ganz ähnlich wie wenn ihr eine Tube Klebstoff von der Klebefläche wegzieht. Den Glasfaden erhitzte er an einem Ende, der schmolz und bildete einen Tropfen und damit eine perfekte Kugel. Beim genauen Blick durch diese Kugel konnte Leeuwenhoek winzige Lebewesen in einem Tropfen Wasser entdecken und sogar die roten Blutkörperchen im Blut.

Schon gewusst?

Nicht nur mit Licht oder Teilchen lässt sich tief ins Innere der Materie blicken, auch mit Schall! Das Ultraschallmikroskop ist das einzige akustische Mikroskop. Es sendet durch einen Saphirstab gebündelten Ultraschall aus und empfängt durch diesen Stab auch das Echo. Die Ultraschallmikroskopie ist wichtig für die Materialprüfung, um etwa in Eisenbahnräder und -achsen hineinblicken und Risse als Folge von Materialermüdung erkennen zu können. Aber auch in lebende Zellen kann damit geschaut werden, um ihnen bei der Arbeit zuzusehen und ihre Funktion zu erforschen.

Wissenschaftlern auf die Finger geguckt

Längst blicken Menschen nicht nur mit Licht auf kleinste Dinge. Mit Elektronenmikroskopen können Wissenschaftler mithilfe von Elektronenstrahlen sogar einzelne Atome, die Grundbausteine der Materie, beobachten. Sie sind sage und schreibe zehn Millionen Mal so klein wie ein Millimeter – sie messen 0,1 Nanometer.

Beim sogenannten Rastertunnelmikroskop tastet eine ganz feine Spitze Oberflächen ab. Am äußersten Ende dieser Spitze ist nur ein einzelnes Atom. Wie der Finger über die Buchstaben beim Lesen einer Seite wird die Spitze des Rastertunnelmikroskops über die Oberfläche gefahren – in Linien dicht nebeneinander.

Ganz schön ausgefuchst

Vor 100 Jahren noch mussten Menschen mehr und länger arbeiten als heute. Doch wie soll etwa ein Schuster nach Einbruch der Dunkelheit noch Schuhe anfertigen? Etwa bei Kerzenschein? Genau! Und vor die Kerze stellte er eine mit Wasser gefüllte Glaskugel, die sogenannte »Schusterkugel« – eine Sammellinse im Eigenbau. Die Schusterkugel bündelte das Kerzenlicht auf einen erstaunlich hellen Fleck, in dem sich auch bei Kerzenschein ziemlich gut arbeiten ließ.

Für kleine Forscher

Füllt eine Sprudelflasche mit Wasser und verschließt sie. Gebt dabei acht, dass nur Wasser in der Flasche ist und keine Luftbläschen. Legt die Flasche waagerecht vor euch auf eine Tischdecke, eine Zeitung oder ein Buch. Wenn ihr jetzt hindurchblickt, seht ihr alles, was unter der Flasche ist, vergrößert. Aber sehr merkwürdig vergrößert, denn die Flasche zieht Dinge in die Länge. Buchstaben etwa werden höher, aber nicht breiter. Dreht ihr die Flasche, sodass sie vor euch senkrecht liegt, seht ihr dagegen alles breiter. Hebt nun die Flasche etwas hoch, vergrößert also den Abstand zwischen Flasche und Schrift. Was seht ihr?

19 Wie funktioniert ein Elektromotor?

Experiment: Einfachster Elektromotor der Welt

Schwierig-
keitsstufe:
M
Versuchsdauer:
5 Minuten

Was steckt dahinter? Schaut selbst! Ihr braucht dazu:

- 1 Mignon-Batterie 1,5 V
- 1 runden Neodym-Magnet (kann man im Internet bestellen)
- 1 Schraube aus dem Baumarkt (ca. 4 cm lang, z. B. »5,0 x 40«)
- 1 Stückchen Aluminiumfolie von der Rolle (ca. 1 cm breit und 15 cm lang)

Wie ein Elektromotor funktioniert, könnt ihr selbst ausprobieren: Stellt euch mit Freunden in einem Kreis auf. In die Kreismitte setzt sich einer von euch mit ausgebreiteten Armen auf einen Drehstuhl, die Füße angehoben. Sobald ein Arm des Kindes in der Mitte auf euch zeigt, drückt ihr ihn nach links. Was passiert? Dein Freund in der Mitte dreht sich! Ihr habt einen echten »Menschenmotor« gebaut, und seine Antriebskraft seid ihr!

Bei einem Elektromotor sind außen keine Kinder, sondern Magnete. Und in der Mitte ist eine Drahtspule, durch die Strom fließt. Dadurch wird sie magnetisch und von den Magneten außen immer ein Stückchen weitergedreht. Wie bei eurem »Menschenmotor«.

→ **Und so geht das Experiment:**

Ihr baut den einfachsten Motor der Welt! Zuerst nehmt ihr die Schraube und den Magneten und heftet den Magneten an den Kopf der Schraube. Achtung: Neodym-Magneten sind ziemlich stark und ihr könntet euch die Finger quetschen.

Jetzt halten Schraube und Magnet zusammen. Nun nehmt ihr die Batterie und haltet sie senkrecht mit dem Nippel (Plus-Pol) nach unten. An den Nippel haltet ihr die Schraube, und zwar mit der Spitze. Sie bleibt zusammen mit dem Magneten an der Batterie hängen, auch wenn sie dabei etwas wackelt; das darf sie aber.

Nun haltet ihr die Batterie am besten mit Daumen und Mittelfinger einer Hand, denn den Zeigefinger dieser Hand braucht ihr, um oben ein Ende des Aluminium-streifens auf den flachen Minus-Pol der Batterie zu drücken. Das andere Ende des Alustreifens nehmt ihr vorsichtig mit den Fingern der freien Hand und haltet es sachte mit der Kante seitlich an den Magneten (nicht unten an den Magneten und auch nicht an die Schraube).

Was ist passiert? Und wie kommt es dazu?

Die Schraube mit dem Magneten daran dreht sich! Und zwar rasant. Der Motor kommt mächtig in Fahrt und beginnt zu summen. Die Schraube kann dabei ganz schön wackeln. Und die Batterie und der Alustreifen können warm oder sogar heiß werden. Außerdem kann es wegen kleiner Funken etwas scharf riechen.

Nach etwa anderthalb Minuten ist die Batterie erschöpft und braucht eine Pause. Wie bei einem »richtigen« Elektromotor habt ihr hier einen Magneten und Strom. Der Strom erzeugt seinerseits ein Gegenmagnetfeld, das den Magneten zum Drehen bringt. Es ist der einfachste Elektromotor der Welt.

Was bedeutet das für uns Menschen?

Bisher stecken in den meisten Autos, Lastwagen, Motorrädern und Dieselloks sogenannte Verbrennungsmotoren. Diese werden durch kontrollierte Explosionen von Kraftstoff angetrieben, der im Tank gelagert wird. Solche Motoren sind laut und geben Abgase an die Luft ab. Elektromotoren hingegen sind viel leiser. Ihr Kraftstoff ist Strom, den Elektroautos in Batterien an Bord haben. Elektroloks beziehen den Strom aus der Oberleitung. Aber natürlich muss auch dieser Kraftstoff hergestellt werden. Das kann in Kohlekraftwerken geschehen, die aber Abgase abgeben – oder klimafreundlich durch Sonnen- oder Wasserkraft. Der so hergestellte Strom muss dann gespeichert werden, etwa in Batterien oder Akkus, die man regelmäßig an speziellen »Tankstellen« mit Solarzellen auf dem Dach aufladen muss – also wie ein Handy.

Ganz modern sind Hybridautos – »Hybrid« heißt so viel wie »zweierlei« oder »beides«. Sie haben sowohl einen Verbrennungs- als auch einen Elektromotor an Bord. Solche Autos erkennt ihr daran, dass sie an der Ampel den Motor abschalten und plötzlich still sind und auch geräuschlos losfahren. Das Anfahren bei »Grün« übernimmt der Elektromotor. Erst wenn es schneller gehen soll, springt der Benzinmotor an.

Ganz schön spannend!

Was ist das Gegenteil des Elektromotors? Der »Generator«! Ein Elektromotor braucht Elektrizität, um sich zu drehen. Ein Generator wird gedreht und erzeugt dabei Elektrizität. Einen solchen Generator habt ihr am Fahrrad – den Dynamo. Liegt er am fahrenden Rad an, wird er gedreht und erzeugt Strom für die Vorder- und Rückleuchte. Er hat innen drin zwei magnetische Halbschalen, in denen sich eine Drahtspule dreht. Auch in jedem Kraftwerk – egal ob Gas-, Öl-, Kohle- oder Atomkraftwerk – stehen Generatoren, die die Kraftwerke mit Strom versorgen.

Übrigens: Beim Bremsen bremst in Elektroautos vor allem der Elektromotor, und zwar indem er als Generator arbeitet. Den Schwung nutzt er dabei, um Strom zu erzeugen, der die Batterien an Bord auflädt. Als Motor wird er dann wieder von dem vorher erzeugten Strom angetrieben.

82

Schon gewusst?

Motoren sind klein, billig, leise und unscheinbar. Überall, wo sich etwas bewegt, steckt ein Motor dahinter. Im CD- bzw. DVD-Spieler sind es gleich drei: Einer öffnet die Schublade, der zweite dreht die Silberscheibe und der dritte fährt den Lesekopf dorthin, wo die Scheibe gelesen werden soll.

Für kleine Forscher

Schnappt euch einen Kompass und einen Magneten. Was passiert mit der Kompass- nadel, wenn ihr mit dem Magneten näher kommt? Was geschieht, wenn ihr den Magneten umdreht, also den anderen Pol zur Nadel richtet? Gelingt es euch wohl, die Kompassnadel zum Tanzen zu brin- gen? Bringt dazu den Magneten seitlich in die Nähe der Nadel. Wenn sie sich zum Magneten dreht, zieht ihr den Magneten schnell weg. Die Nadel wird sich nun weiterdrehen, weil sie Schwung hat. Ver- sucht durch regelmäßiges Nähern und Wegziehen des Magneten die Nadel eine Zeit lang kreisen zu lassen. Dann habt ihr einen echten »Kompass-Motor«!

Wissenschaftlern auf die Finger geguckt

Ein Motor ist ein totes, technisches Gerät. Wirklich immer? Der »Bakterienmotor« ist quicklebendig. Es ist der kleinste und einzige Motor der Welt, der durch Lebewesen angetrieben wird. Winzige Mikroorganismen drehen hier Zahnräder, die ein drittel Millime- ter groß sind. Die Bakterien und die Zahnräder schwimmen in einer Nährlösung, einer Art Kraftbrühe. Wenn sie gegen das Zahnrad sto- ßen, kehren sie nicht um, sondern schwimmen weiter und drücken dagegen. Wenn Millionen Bakterien das tun, drehen sich die Zahnräder, die viel größer und schwerer sind als die Winz- lebewesen. Allerdings sind Bakterien dumm und drücken von allen Seiten gegen die Zahn- räder. So würde sich also nichts tun. Weil aber Wissenschaftler schlau sind, haben sie die Zacken der Zahnräder ungleichmäßig ange- schrägt wie das Sägeblatt einer Kreissäge. Dadurch drehen sich die Rädchen immer in eine Richtung, egal aus welcher Richtung die Bakterien drücken.

Ganz schön ausgefuchst

Wenn ihr euch am Bahnhof umschaut, werdet ihr sehen, dass es Züge mit und ohne Lokomotiven gibt. Fahren tun sie aber alle. Früher hat die Lok vor oder hinter dem Zug alle Waggons gezo- gen oder geschoben. In modernen Zügen sind die Moto- ren direkt an den Rädern unter den Waggons angebracht. Statt eines großen Motors – der Lok – bewegen viele kleine Motoren den Zug, die Waggons sind also motori- siert. Der Vorteil ist, dass sich der Zug viel besser steuern lässt und er schneller in Fahrt kommt. Außerdem können überall Passagiere sitzen, sogar direkt hinter dem Lokführer. Schaut ihm beim Fahren einmal über die Schulter!

20 Wozu braucht man Kugellager?

Experiment: Murmelkarussell

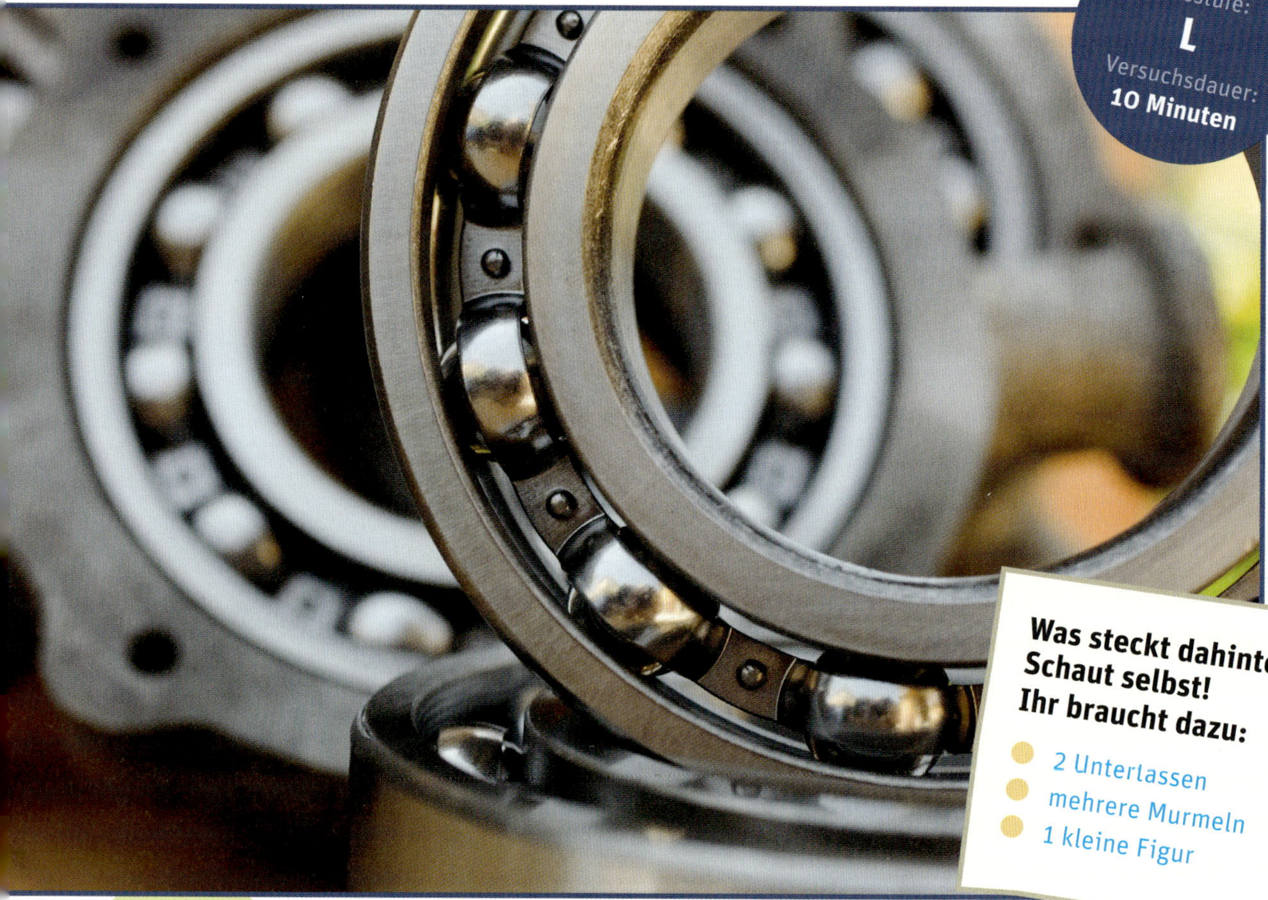

**Was steckt dahinter?
Schaut selbst!
Ihr braucht dazu:**

- 2 Unterlassen
- mehrere Murmeln
- 1 kleine Figur

Ohne Kugellager könntet ihr zum Beispiel nicht Fahrrad fahren: nicht rollen, nicht treten, nicht lenken. Damit das funktioniert, habt ihr zwölf Kugellager in eurem Fahrrad: je zwei an den Achsen von Vorder- und Hinterrad, zwei am Tretlager, je zwei in jeder Pedale – und zwei im Lenkrohr, damit sich der Lenker locker drehen lässt. Kugellager finden sich auch in Autos, Skateboards, Karussells – kurzum überall dort, wo sich etwas dreht, denn sie vermindern die Reibung und bewirken, dass sich Dinge ganz leicht und locker drehen.

Und so geht das Experiment:

Stellt eine Untertasse auf den Tisch. Versucht, sie auf dem Tisch zu drehen. Und? Legt nun die Untertasse verkehrt herum auf den Tisch, also mit der Unterseite nach oben. Die Mitte der Untertasse ist meist etwas nach oben gewölbt, sodass innen am Rand eine leichte Vertiefung ist. Hier legt ihr Murmeln hinein, bis ihr einen geschlossenen Kranz von Murmeln habt. Die zweite Untertasse legt ihr richtig herum obendrauf, als ob ihr eine Tasse daraufstellen wolltet. Jetzt liegen die beiden Untertassen mit den Ringen zueinander auf dem Tisch, dazwischen ist ein Kranz aus Murmeln. Dreht nun die obere Untertasse.

Was ist passiert? Und wie kommt es dazu?

Eine Untertasse auf dem Tisch zu drehen, geht so gut wie gar nicht. Sie schrubbt zu sehr auf dem Tisch entlang, erst recht bei einer Tischdecke. Der erste Teil des Experiments klappt also gar nicht. Dafür funktioniert der zweite Teil umso besser! Bei den beiden Untertassen mit den Murmeln dazwischen dreht sich die obere wunderbar und ganz leicht! Ihr braucht nur etwas Schwung zu geben und die Untertasse dreht sich noch einige Zeit weiter, nachdem ihr losgelassen habt.

Der Stehrand von Untertassen ist ziemlich rau, damit diese nicht so leicht vom Tisch rutschen. Die Reibung zwischen Untertasse und Tisch ist deshalb hoch. Mit den Murmeln ist das etwas anderes: Murmeln sind Kugeln und gleiten nicht über eine Oberfläche, sondern rollen darüber. Das bedeutet, dass die Kugel die Oberfläche immer nur an einem kleinen Punkt berührt. Diese sogenannte Rollreibung ist immer viel geringer als die Gleitreibung, bei der sich zwei Körper großflächig berühren.

Was bedeutet das für uns Menschen?

Die Entwicklung von Kugellagern begann erst mit der Erfindung des Fahrrades. Damals wollte man die Reibung an den Tretkurbeln gering halten. Heute stecken Kugellager in vielen Maschinen, aber sie sind nie zu sehen. In jedem Haushalt gibt es rund 160 Kugellager – in Auto, Fahrrad, Kühlschrank, Staubsauger oder Waschmaschine. Im CD- und DVD-Spieler sorgen sie dafür, dass sich die Silberscheibe gleichmäßig dreht. Gute Schubladen haben ein Kugellager in den Schienen, damit sie sich leicht herausziehen lassen und sanft schließen. Es gibt unterschiedlich große Kugellager. Ganz kleine Kugellager haben einen Durchmesser, der ungefähr dem eines Bleistifts entspricht, und stecken beispielsweise im Bohrer vom Zahnarzt. In ganz große Kugellager könnte man ein Einfamilienhaus hineinbauen. Sie sind etwa auf Schiffen zu finden, die bei der Ölförderung eingesetzt werden.

Ganz schön spannend!

Auch wir Menschen haben eine Art Kugellager eingebaut – das Schultergelenk. So können wir den Arm in fast jede Richtung drehen. Möglich macht das eine Kugel am oberen Ende des Oberarmknochens, die sich im Schultergelenk in der »Pfanne« bewegt. Schön wäre es natürlich, wenn wir unseren Arm ganz frei drehen lassen könnten. Warum geht das nicht? Weil wir mehrere Versorgungsleitungen in die Arme brauchen, wie Blutadern und Nervenleitungen, die sich um das Schultergelenk wickeln würden. Auch in der Hüfte haben wir ein Kugelgelenk mit Gelenkkugel und -pfanne, während am Knie und Ellenbogen »Scharniergelenke« sind, die wir nur beugen und strecken können, aber nicht in jede Richtung. Übrigens gibt es in der ganzen belebten Natur keine echten Kugellager.

Schon gewusst?

Auch der Begriff »Schmiergeld« hat etwas mit dem leichten Rollen zu tun. Früher hatten Kutschen noch keine Kugellager an den Achsen. Die Holzräder wurden einfach auf die Achsen aus Holz aufgesteckt. Reichlich Fett als Schmiermittel sorgte dafür, dass sie sich recht gut drehten. Wollte ein Fahrgast besonders schnell zum Ziel kommen, gab er dem Kutscher ein sogenanntes »Schmiergeld« und der schmierte die Achsen mit einer Extraportion Fett ein. So ging es dann wie geschmiert zum Ziel. Am dankbarsten müssen die Pferde gewesen sein, dass sie nun nicht mehr so schwer ziehen mussten.

Wissenschaftlern auf die Finger geguckt

Noch besser als Kugellager funktionieren Magnetlager. Sie lassen sich nur nicht überall einsetzen. Bei ihnen wird eine Drehachse durch reine Magnetkraft in der Schwebe gehalten. Weil die Achse dabei in der Luft hängt und nichts berührt, ist die Reibung extrem gering. Hier reibt das Material nur an Luftteilchen. Während Kugellager heiß laufen, wenn sie sich schnell drehen, bleibt das Magnetlager kalt. Es braucht auch kein Öl oder Fett, um »wie geschmiert« zu laufen. So sind Geschwindigkeiten von bis zu 200 000 Umdrehungen in der Minute möglich – das sind 3333 Umdrehungen pro Sekunde!

Einfache Magnetlager gibt es als Spielzeug: Sie halten beispielsweise einen Globus in der Schwebe. Und der kann sich dabei drehen.

Für kleine Forscher

Nehmt einmal ein Küchenbrett und legt es auf den Küchentisch. Versucht es zu bewegen – hin und her zu schieben oder zu drehen. Das geht ganz schön schwer, oder? Jetzt nehmt einige Malstifte und legt sie quer hintereinander auf den Tisch. Darauf kommt das Küchenbrett. Es lässt sich jetzt viel einfacher hin- und herbewegen, weil die Stifte darunter mitrollen. Aber drehen lässt es sich immer noch nicht. Darum nehmt ihr jetzt einige Murmeln und legt sie nebeneinander auf den Tisch. Zum Schluss kommt das Brett wieder darauf. Es lässt sich nun ganz einfach drehen, und das in jede Richtung.

Ganz schön ausgefuchst

Rollschuhe sind modern – und uralt. Schon 1760 wurden sie erfunden. Zunächst waren es Holzräder, die unter Schuhe genagelt wurden. 1863 wurden in den USA die Rollschuhe so weiterentwickelt, wie wir sie heute kennen. Die ersten Rollschuhbahnen wurden eröffnet, Ende des 19. Jahrhunderts auch in Deutschland. Schnell wurde Rollschuhlaufen populär: in der »Roller-Disco« oder auf dem Weg zur Arbeit, um schneller weite Entfernungen zurückzulegen. Den Rollschuhen wurde sogar ein eigenes Musical gewidmet: »Starlight Express«. Irgendwann wurden sie von den Inlineskates abgelöst, bei denen die vier Rollen nicht neben-, sondern hintereinander angeordnet sind. Das Herzstück ist und bleibt aber das Kugellager, das die Rollen reibungslos drehen lässt!

Wer ist beim Sprung vom 3-Meter-Brett schneller im Wasser: ein dicker Mann oder ein dünnes Kind?

Schwierig-
keitsstufe:
L

Versuchsdauer:
5 Minuten

Experiment: Fallen lassen

Der dicke Mann natürlich, ist doch klar, möchte man rufen. Aber in der Tat sind beide gleich schnell! Das klingt unlogisch, aber es ist so. Denn die Erde zieht alle Dinge gleich stark an. Und so fällt alles gleich schnell: 1 Kilogramm Blei und 1 Gänsefeder. Aber nur in der Theorie. In der Wirklichkeit kommt der Luftwiderstand dazu. Und der kann Dinge ganz schön bremsen. Und so dürfte in der Praxis das dünne Kind etwas schneller im Wasser sein, weil der dicke Mann mit seinem großen Bauch einen höheren Luftwiderstand hat, der ihn beim Fallen abbremst.

Was steckt dahinter? Schaut selbst! Ihr braucht dazu:

- 2 Kaffeefilter oder selbst gemachte Papiertrichter
- 1 Tischtennisball
- 1 möglichst großen Flummi
- 1 Freund oder Freundin

Und so geht das Experiment:

Nehmt zwei Kaffeefilter. In den einen legt ihr den (leichteren) Tischtennisball, in den anderen Trichter den (schwereren) Flummi. Jetzt haben beide Kugeln für den Fall nicht mehr ihre Kugelform, sondern die Form des Trichters angenommen und somit auch denselben Luftwiderstand. Dann steigt ihr auf einen Stuhl oder eine Leiter (Vorsicht!), fasst mit jeder Hand von oben einen Trichter, haltet sie auf gleicher Höhe und lasst sie gleichzeitig fallen. Welcher ist schneller? Das beobachtet ein Helfer, der sich auf den Boden legt und genau hinguckt, was zuerst auf dem Boden ankommt.

Was ist passiert?
Und wie kommt es dazu?

Der leichte Tischtennisball und der schwerere Flummi kommen gleich schnell am Erdboden an. Alle Dinge fallen also im Prinzip gleich schnell, egal wie schwer sie sind – aber nur wenn sie dieselbe Größe und Form haben, die ihr im Experiment durch den Trichter vorgegeben habt. Das ist richtig interessant. Einzig die Luft um uns herum hindert Dinge daran, gleich schnell zu fallen. Sie bremst große Gegenstände mehr ab als kleine – wie sehr, das merkt ihr, wenn ihr beim Autofahren die Hand aus dem Fenster streckt und dabei im Fahrtwind dreht.

Wenn etwas fällt, dann wird es immer schneller. Nach 1 Sekunde beträgt die Fallgeschwindigkeit 35 km/h, nach 2 Sekunden 71 km/h, nach 3 Sekunden 106 km/h ... und nach 10 Sekunden 353 km/h. Ohne Luftwiderstand würde die Geschwindigkeit immer weiter ansteigen.

Was bedeutet das für uns Menschen?

Wenn sich mehrere Fallschirmspringer im freien Fall an den Händen fassen und in der Luft einen Kreis bilden, sieht das toll aus. Es geht aber nur, weil alle gleich schnell fallen und keiner ausschert, weil er langsamer oder schneller ist. Bis zu 200 km/h schnell können Menschen in der Waagerechten – mit ausgestreckten Armen und Beinen – fallen. Mehr lässt der Luftwiderstand nicht zu. Wie groß der Luftwiderstand ist, zeigt sich, wenn Fallschirmspringer ihren Fallschirm öffnen und abrupt gebremst werden. Durch dieses Abbremsen schaffen sie es, elegant mit den Füßen aufzukommen, ohne sich alle Knochen zu brechen.

Ganz schön spannend!

Als die Apollo-15-Mission am 30. Juli 1971 mit der Mondlandeeinheit »Falcon« (»Falke«) auf dem Mond aufsetzte, hatten die US-Astronauten nicht nur zum ersten Mal ein Mondfahrzeug dabei, sondern auch … einen Hammer und eine Feder! Wozu das? Für ein echtes Weltraum-Experiment ließ Commander David Scott auf dem Mond Feder und Hammer gleichzeitig fallen. Und siehe da: Beide kamen exakt zur selben Zeit auf dem Mondboden an! Denn der Mond hat keine Atmosphäre und damit gibt es dort keinen Luftwiderstand, welcher fallende Gegenstände abbremst.

Schon gewusst?

Im Weltall herrscht Schwerelosigkeit. Nur im Weltall? Auch auf der Erde gibt es Schwerelosigkeit, man kann sie ganz einfach herstellen: Denn Gegenstände sind in dem Moment, in dem sie fallen, schwerelos. In Bremen gibt es dazu den »Fallturm«. Er ist 146 Meter hoch und hat innen eine Fallröhre. Im Turm saust eine Fallkapsel nach unten und alles darin ist für 4,3 Sekunden schwerelos. Unten wird sie sanft von Styroporkugeln aufgefangen. Diese 4,3 Sekunden reichen Wissenschaftlern schon aus, um Schwerelosigkeitsexperimente durchzuführen.

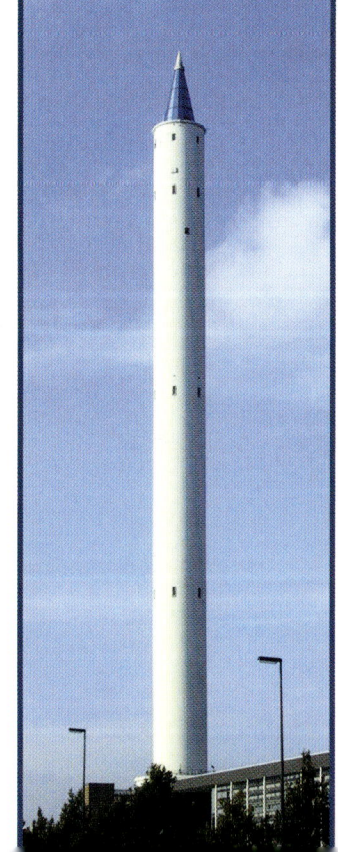

Wissenschaftlern auf die Finger geguckt

Etwas länger als im Bremer Fallturm dauert die Schwerelosigkeit beim Parabelflug. Das Deutsche Zentrum für Luft- und Raumfahrt (DLR) hat dafür ein eigenes Flugzeug, das »Zero-G« heißt (»null Schwerkraft«) und 22 Sekunden lang Schwerelosigkeit erzeugen kann. Dazu fliegt das Flugzeug steil nach oben, kippt nach vorneüber – in dieser Kippphase herrscht Schwerelosigkeit – und fällt nach unten. Es beschreibt also eine Parabel, eine gekrümmte Flugbahn, die auch ein Ball beschreibt, den ihr in die Luft werft. Während des an die vier Stunden dauernden Fluges fliegt das Flugzeug bis zu 31 Parabeln. Zeit genug für wissenschaftliche Experimente, für die man sonst ins Weltall fliegen müsste.

Für kleine Forscher

Alle Dinge werden gleich stark von der Erde angezogen. Und trotzdem fallen nicht alle gleich schnell – und zwar wegen des Luftwiderstandes. Versucht einmal, ein rohes Ei so langsam wie möglich fallen zu lassen: Geht dazu ins Freie und bastelt Fallschirme für das Ei, die es gaaanz sanft zur Erde segeln lassen. Oder ihr versucht, der Schwerkraft ein Schnippchen zu schlagen, indem ihr ein Ei fallen lasst, ohne dass es dabei zerbricht. Wie das? Gut verpackt mit Kordel, Trinkhalmen oder Papier drum herum, kann ihm nichts passieren, wenn es auf dem Boden aufkommt.

Ganz schön ausgefuchst

Immer wieder werden Satelliten ins All geschossen, sogar eine Weltraumstation befindet sich über unseren Köpfen – die internationale Raumstation ISS. Warum fällt uns das alles nicht auf den Kopf? Weil sich dies alles um die Erde dreht. Und was dort kreist, wird durch die Fliehkraft nach außen gezogen und kann nicht runterfallen. Erst wenn Satelliten einmal aus der Bahn geraten und zu langsam werden, geraten sie in den Sog der Erde. Trotzdem würden sie uns dann nicht auf den Kopf fallen, weil der allergrößte Teil in der Lufthülle der Erde verglühen würde. Grund dafür ist die Reibung mit der Luft, die beim schnellen Fallen so viel Hitze erzeugt, dass sogar Metall verdampft.

22 Wie funktioniert die Vogeltränke in einem Vogelkäfig?

Experiment: Trinkautomat

Schwierig-
keitsstufe:
M
Versuchsdauer:
5 Minuten

Was steckt dahinter? Schaut selbst! Ihr braucht dazu:

- 1 Trinkglas
- 1 Getränkeflasche aus Glas oder Kunststoff mit Wasser oder Saft (keine kohlensäurehaltigen Getränke wie Sprudel oder Limo!)
- 1 Trinkhalm

Es sieht so einfach aus: Der Vogel trinkt aus einem kleinen Napf, an dem eine Röhre mit Wasser befestigt ist. Aus dieser Röhre strömt immer etwas frisches Wasser in den Napf nach. Aber warum läuft die Röhre nicht aus? Weil eine unsichtbare Kraft das Wasser dort drinnen festhält: der Luftdruck. Er drückt das Wasser in die Röhre. Erst wenn der Vogel so viel Wasser getrunken hat, dass etwas Luft in die Röhre gelangt, kann erneut Wasser herauskommen und den Napf nachfüllen. Eine raffinierte Automatik!

→ **Und so geht das Experiment:**

Füllt das Trinkglas zur Hälfte mit Wasser oder Saft aus der Flasche. Nehmt dann die Getränkeflasche, dreht sie über dem Glas rasch um, sodass die Flüssigkeit ins Glas fließt, und taucht die Öffnung der Flasche schnell in das Glas und das Getränk darin. Sie soll aber nicht ganz auf dem Boden des Glases stehen. Was passiert?
Hebt nach kurzer Zeit die Flasche vorsichtig wieder etwas an, bis die Öffnung aus der Flüssigkeit herausguckt. Und? Taucht die Flasche gleich wieder in die Flüssigkeit. Haltet sie so fest, taucht den Trinkhalm ein und beginnt zu trinken.

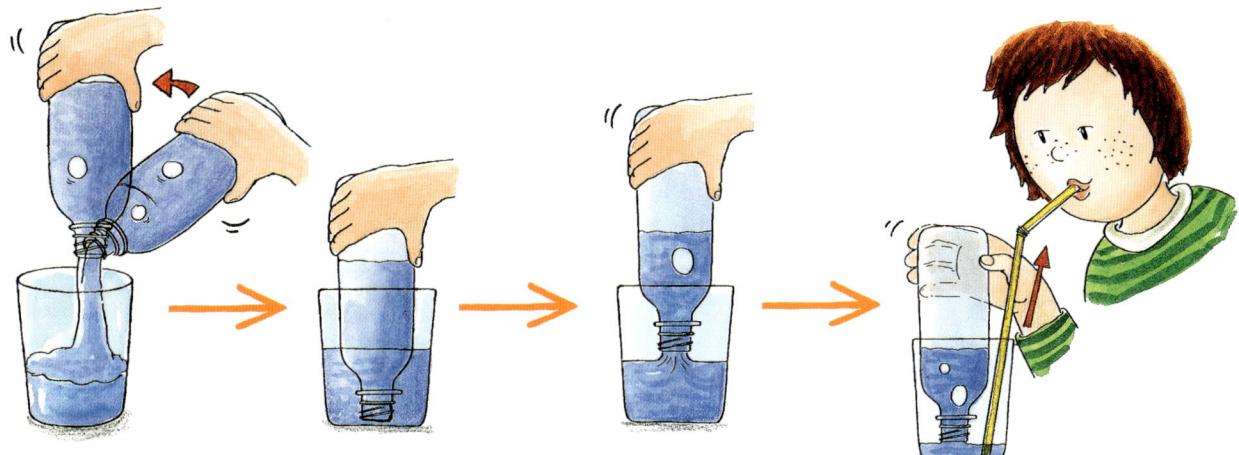

Was ist passiert? Und wie kommt es dazu?

Sobald die Flaschenöffnung in Wasser oder Saft eintaucht, läuft die Flasche nicht mehr aus. Hebt ihr die Flasche an, bis die Öffnung frei ist, fließt sofort wieder etwas aus – bis die Öffnung wieder von der Flüssigkeit verschlossen ist. Wenn ihr dann mit dem Trinkhalm aus dem Glas trinkt, wird immer wieder ein wenig aus der Flasche nachströmen, sodass der Flüssigkeitsspiegel im Glas stets gleich hoch bleibt, solange noch etwas Flüssigkeit in der Flasche ist. Gratuliere, ihr habt einen echten Trinkautomat gebaut!

Warum fließt nichts aus der Flasche, wenn sie ins Glas taucht? Weil die Flüssigkeit die Flasche verschließt. Damit etwas herauslaufen könnte, müsste Luft in die Flasche gelangen.
Ein zweiter Grund ist der, dass in der Flasche ein Unterdruck entsteht. Dem wirkt der irdische Luftdruck außen entgegen. Der drückt auf die Flüssigkeit im Glas und über diesen Weg auch in die Flasche hinein.

Was bedeutet das für uns Menschen?

Würde man mehrere Tage lang mit der Flasche in der Flüssigkeit am Tisch sitzen, kann man erkennen, dass der Flüssigkeitspegel in der Flasche schwankt – mal ist er etwas höher, mal etwas niedriger. Hier sieht man gut die Wirkung des Luftdrucks. Denn der Luftdruck um uns herum schwankt, je nach Wetterlage. Bestimmt ein Hochdruckgebiet das Wetter, ist der Luftdruck höher, bei einem Tiefdruckgebiet niedriger. Warum ändert sich der Luftdruck? Ganz einfach: weil die Luft um die Erdkugel ständig in Bewegung ist. Der Motor, der das Wetter antreibt, ist die Sonne mit ihrer Wärme. Schon weil sie immer nur auf eine Hälfte der Erde scheint (dort, wo »Tag« ist), wird die Luft nie überall gleichmäßig erwärmt.

Ganz schön spannend!

Damit bei euch Wasser aus dem Wasserhahn kommt, braucht es Druck dahinter. Deshalb steht das Wasser in den Leitungen unter Druck. Das merkt ihr, wenn ihr einmal versucht, den laufenden Wasserhahn mit den Fingern zuzuhalten (Achtung, das spritzt sehr!). Ihr werdet es nicht schaffen, so stark ist der Wasserdruck. Früher wurde das Trinkwasser in die Hochbehälter etwa von Wassertürmen gepumpt, von dort floss es dann ins Leitungsnetz. Weil die Wasserbehälter der Wassertürme höher lagen als die Wasserhähne in den höchstgelegenen Wohnungen, war immer genug Druck in der Leitung, der das Wasser aus dem Hahn beförderte.

Wissenschaftlern auf die Finger geguckt

Schon seit jeher steht der Luftdruck auf der Erde im Verdacht, für mehr verantwortlich zu sein als »nur« für das Wetter auf der Erde. Wissenschaftler haben jetzt Anzeichen dafür gefunden, dass er auch die Erde selbst beeinflusst. Im US-Bundesstaat Colorado gibt es zwei spektakuläre, jahrhundertealte Erdrutsche. Mit 6 Metern pro Jahr schlittert die Erde dort zu Tal, mal etwas langsamer, mal schneller. Die Forscher aus Denver fanden heraus, dass die Erde bei niedrigem Luftdruck schneller rutscht als bei hohem. Sie vermuten, dass dafür ein Bremseffekt verantwortlich ist, der dadurch zustande kommt, dass die Erde bei

Tiefdruck ausgetrocknet wird und dadurch die Reibung der Bodenschicht mit dem Untergrund geringer ist. Nach Meinung der Wissenschaftler könnte der Luftdruck auch bei anderen Naturerscheinungen seine Finger im Spiel haben, beispielsweise bei der Hangbewegung der Gletscher.

Für kleine Forscher

Nehmt eine leere Glasflasche und füllt etwas Wasser hinein. Dreht sie über dem Spül- oder Waschbecken um. Was passiert? Klar, das Wasser läuft aus! Füllt die Flasche noch einmal und haltet einen Tischtennisball an die Öffnung. Dreht die Flasche wieder um – ganz langsam und behutsam. Dann nehmt ihr vorsichtig die Finger vom Tischtennisball. Was passiert? Nichts! Das Wasser läuft nicht heraus, der Tischtennisball hält dicht. Es ist wieder einmal der Luftdruck dafür verantwortlich. Er drückt gegen den sehr leichten Tischtennisball und presst ihn gegen die Flasche, sodass kein Wasser herauskann. Ein eindrucksvoller Trick!

Ganz schön ausgefuchst

Der Luftdruck ändert sich an jedem Ort der Erde ständig. Was liegt näher, als die Energie des Luftdrucks, der auf alles »drückt«, zu nutzen? Viel ist es nicht, aber er kann zum Beispiel Uhren aufziehen. Schon 1880 gab es in Wien die erste Uhr, die mit Luftdruckschwankungen aufgezogen wurde. Erfunden hat sie der österreichische Ingenieur Friedrich Ritter von Lössl. Exklusive Uhren verwenden heute eine Flüssigkeit, die auf Veränderungen von Luftdruck und Temperatur reagiert.

23

Wie funktioniert ein Wassersprudler?

Experiment: Süßigkeiten unter Druck

Ein Wassersprudler pustet Kohlendioxid – kurz CO_2 – ins Wasser. Wenn eure Eltern euch das Gerät einmal öffnen, seht ihr hinten eine schlanke, schwere Patrone aus Metall. In ihr ist das Kohlendioxid enthalten. Bis 500 Gramm dieses Gases können in einer solchen Gaskartusche sein. Dazu wird das Gas so fest in die Kartusche gepresst, dass es flüssig ist. Beim Sprudelmachen lasst ihr etwas CO_2 in die Flasche mit Wasser. Dort löst es sich im Wasser. Wenn ihr die Wasserflasche entnehmt, lasst ihr erst den Überdruck ab (das ist das Pfeifen am Schluss), dann könnt ihr euch das Wasser einschenken. Prost!

Was steckt dahinter? Schaut selbst!
Ihr braucht dazu:

- 20–30 Schaummäuse
- 1 Wassersprudler
- 1 leere Flasche vom Wassersprudler
- 1 Erwachsenen

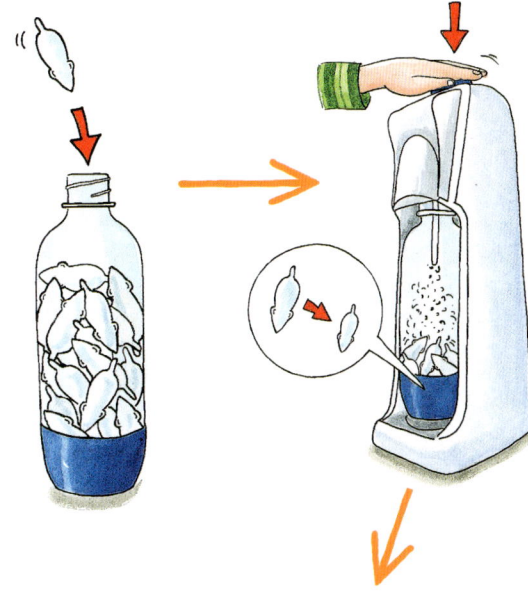

Füllt ordentlich Schaummäuse in die
Spezialflasche, die zu dem Sprudelmacher
gehört. Sie hat eine große Öffnung, sodass
ihr die Süßigkeiten gut hineinbekommt.
Dann bittet ihr einen Erwachsenen, euch
die Flasche in den Wassersprudler zu
schrauben und anschließend durch mehr-
maliges Drücken der Taste CO_2 in die
Flasche zu füllen.

Was ist passiert? Und wie kommt es dazu?

Die Schaummäuse sacken in sich zusammen!
Sie werden wie von einer unsichtbaren Hand
nach unten gedrückt und schrumpfen.
Schaumzuckerwaren wie eure Schaummäuse
bestehen zu vier Fünfteln (80 %) aus Luft. Ähnlich wie bei Schaumgummi sind in ihnen viele
kleine Luftbläschen enthalten. In diesen steht
die Luft unter demselben Luftdruck, wie er außen herum herrscht. In der Metallpatrone des
Wassersprudlers ist hingegen Kohlendioxid
enthalten, das unter enorm hohem Druck steht.

Leitet ihr nun einen Teil des Kohlendi-
oxids in die Wasserflasche, entsteht in der
Flasche ein hoher Druck. Dadurch werden die
Luftkammern in den Süßigkeiten zusammen-
gepresst – die Schaummäuse schrumpfen auf
mindestens die Hälfte ihrer Größe.
Sobald ihr den Druck ablasst, bevor ihr die
Flasche entnehmt, entweicht der Überdruck
und die Luftkammern in den Schaummäusen

wachsen wieder auf ihre ursprüngliche Größe
an, die Süßigkeiten scheinen regelrecht auf-
zuatmen. Dieses Experiment vermittelt einen
guten Eindruck, mit welchem Druck der Wassersprudler das Gas ins Wasser presst.
Die Süßigkeiten bekommt ihr anschließend
durch Schütteln aus der Flasche. Wenn das
nicht klappt, nehmt eine Pinzette zu Hilfe. Auf
jeden Fall könnt ihr sie nach dem Experiment
noch essen!

Was bedeutet das für uns Menschen?

Weil sich Luft etwas zusammendrücken lässt, ist sie ein bequemes Polster! Ob in der Luftmatratze, im Schwimmring, in Sportschuhen, Fahrrad-, Auto- und Rollerreifen – Luft federt gut, wenn sie gedrückt wird. In Bürostühlen sind Gasdruckfedern eingebaut. Darin ist Luft, die zusammengedrückt wird, wenn man sich auf den Stuhl setzt. Dann sitzt man weicher, was angenehm ist. Und bei Zügen könnt ihr unter den Waggons runde schwarze Kissen sehen: die Luftfederung. Diese mit Luft gefüllten Gummikissen gleichen Erschütterungen aus und sorgen dafür, dass im Waggon niemand durchgerüttelt wird.

Ganz schön spannend!

Wenn Menschen tief tauchen, nehmen sie sich die Luft zum Atmen mit nach unten. In Pressluftflaschen wird sie transportiert, und damit man lange tauchen kann, wird viel Luft hineingepresst. Die Luft in den Flaschen steht also unter hohem Druck.

Einatmen kann man diese Luft nicht direkt, da die Lunge durch den hohen Druck platzen würde. Deshalb muss der Druck, mit dem die Luft aus der Flasche kommt, herabgesetzt werden. Das macht der sogenannte Lungenautomat oder Atemregler. Ein leichtes Saugen am Mundstück genügt und es strömt Luft aus der Flasche mit genau dem richtigen Druck in die Lunge. Je tiefer die Taucher gehen, desto mehr Druck ist notwendig, um die Lungen mit Luft zu füllen, weil der Körper – und somit auch die Lunge – unter dem Druck des vielen Wassers über ihm steht. Der erste Lungenautomat wurde übrigens 1942 für den französischen Meeresforscher Jacques-Yves Cousteau entwickelt.

Wissenschaftlern auf die Finger geguckt

Kaum zu glauben, aber mit Luft lässt sich Energie speichern! Bislang gibt es weltweit zwei solcher Druckluftspeicherkraftwerke: eines in den USA und eines in Deutschland, nämlich in Huntorf bei Bremen. Es ist schon seit 1978 in Betrieb – 2013 soll ein erheblich wirkungsvolleres in Staßfurt in Sachsen-Anhalt gebaut werden. Dabei wird Luft unter hohem Druck in unterirdische Kammern im Gestein gepresst. Lässt man die Luft wieder herausströmen, treibt sie Turbinen an, die Strom erzeugen.

Allerdings tüfteln Forscher daran, wie sich der Energieertrag steigern lässt. Denn zwei Umstände machen diese Kraftwerke wenig rentabel: Beim Füllen von Druckluftspeichern wird die Luft sehr warm und diese Wärme geht verloren. Beim Herauslassen entspannt sich die Luft und wird kalt, was Motor oder Turbine schaden kann, sodass die Luft zusätzlich erwärmt werden muss (also Energie verbraucht).

Für kleine Forscher

Wie gut sich Luft zusammenpressen lässt, könnt ihr feststellen, wenn ihr zwei Spritzen aus der Apotheke nehmt (ohne Nadel!!). Die eine zieht ihr einfach mit Luft auf, die andere mit Wasser. Dann haltet ihr die Spitze vorne zu und drückt kräftig. Bei der Luftspritze lässt sich der Kolben ziemlich weit hineindrücken und federt, bei der Wasserspritze jedoch gar nicht. Wenn Gase wie Luft gedrückt werden, spricht man von »Pneumatik«. Werden Flüssigkeiten wie Wasser oder Öl gedrückt, ist das »Hydraulik«.

Ganz schön ausgefuchst

Mit Druckluft kann man sogar schießen, das kennt ihr vom Schießstand auf der Kirmes. Vor dem Schuss wird mit einem Hebel am Luftgewehr eine Feder im Inneren gespannt. Beim Abziehen wird die Feder losgelassen und sie schnellt gegen einen Kolben, der Luft durch den Gewehrlauf drückt. Die Kugel wird also mit Schwung herausgepustet.

Süßigkeiten unter Druck

24

Wie kommt man im Wasser vorwärts?

Experiment: Luftballonboot

Schwierig-
keitsstufe:

M

Versuchsdauer:
30 Minuten

**Was steckt dahinter?
Schaut selbst!
Ihr braucht dazu:**

- 1 Brett
- 1 Luftballon
- 1 Trinkhalm
- Klebefilm
- 1 Badewanne

Im Wasser kommt ihr vorwärts, indem ihr euch vom Wasser abstoßt. Aber wie geht das? Auf dem Wasser macht ihr das etwa mit einem Paddel. Ihr taucht es ein, um euch damit vom Wasser abzustoßen. Auch beim Schwimmen im Wasser stoßt ihr euch ab: Beim Brustschwimmen führt ihr die Hände in weitem Bogen nach hinten, beim Kraulen drückt ihr sie in einer senkrechten Kreisbewegung durchs Wasser nach hinten. Und große Schiffe machten das früher mit großen Schaufelrädern und heute mit Schiffsschrauben. Das funktioniert nur, weil Wasser eine Flüssigkeit ist und genügend Widerstand leistet und außerdem so beschaffen ist, dass Schiff und Körper besonders gut durch- und darübergleiten können.

Und so geht das Experiment:

Steckt einen Trinkhalm in die Tülle des Luftballons und befestigt ihn dort, indem ihr Tülle und Trinkhalm einige Male fest mit Klebefilm umwickelt. Anschließend pustet ihr den Luftballon durch den Trinkhalm auf. Haltet die Tülle (mitsamt Trinkhalm) zu, sodass keine Luft entweicht, und befestigt den aufgepusteten Luftballon mit Klebefilm auf dem Brett. Am besten helft ihr euch gegenseitig dabei. Der Trinkhalm sollte waagerecht herausragen. Dann setzt ihr eure Konstruktion in die gefüllte Badewanne, sodass der Trinkhalm zum Badewannenrand zeigt. Dann lasst ihr Tülle und Trinkhalm los …

Was ist passiert? Und wie kommt es dazu?

Die Luft zischt aus dem Trinkhalm und euer Luftballonboot – das Brett – bewegt sich! Angetrieben von der Luft im Ballon, fährt es durchs Wasser.

Während ihr euch also beim Schwimmen mit Muskelkraft vorwärtsbewegt, wird euer Luftboot durch den Rückstoß der Luft angetrieben. Und das ist echt trickreich: Wenn ihr den Ballon aufpustet, ist das ziemliche Arbeit, aber schließlich habt ihr es geschafft. Die Energie, die ihr dafür aufgewendet habt, war nötig, um die Luftballonhaut zu dehnen. Diese Energie ist jetzt im aufgeblasenen Luftballon gespeichert. Wenn ihr die Tülle loslasst, kann sich der Luftballon wieder zusammenziehen, gibt dabei seine Energie ab – und presst die Luft heraus. Die strömende Luft trifft auf die stehende Luft vor der Ballontülle und stößt sich an ihr ab. Durch diesen Rückstoß entsteht ein sogenannter Vortrieb, der euer Boot in die entgegengesetzte Richtung bewegt: Luft nach hinten, Boot nach vorne.

Ihr könnt den Trinkhalm auch ins Wasser ragen lassen. Was passiert dann? Ist das Luftballonboot jetzt schneller oder langsamer?

Was bedeutet das für uns Menschen?

Wir können uns nur bewegen, wenn wir uns von irgendetwas abstoßen. Meist stoßen wir uns vom Boden ab: beim Laufen nach vorne, beim Springen nach oben. Das geschieht mit den Füßen. Beim Fahrradfahren übertragen wir die Kraft unserer Beine mit der Kette auf das Hinterrad, das sich von der Straße abstößt. Und beim Schwimmen stoßen wir uns vom Wasser ab – oder, wie im Experiment, das Luftballonboot von den Luftteilchen. Tiere machen es übrigens nicht anders!

Ganz schön spannend!

Ein Zeppelin auf Schienen? Und mit Propellerantrieb? Das klingt nach einer Zukunftsvision, ist aber bereits Geschichte. Der deutsche Ingenieur Franz Kruckenberg (1882–1965) baute im vorigen Jahrhundert tatsächlich einen Schienen-Zeppelin und stellte mit ihm sogar einen neuen Geschwindigkeitsrekord auf: Am 21. Juni 1931 fuhr seine Erfindung zwischen Ludwigslust und Wittenberge in Mecklenburg-Vorpommern sagenhafte 230 km/h schnell! Den Schienen-Zeppelin gibt es sogar heute noch – als beliebte Miniatur-Ausführung für die Modelleisenbahn.

Schon gewusst?

Im Juni 2007 sollte in der Eifel der Boden beben. So der Plan. Die Frage war: Würde es ein kleines Erdbeben geben, wenn sich Zehntausende Menschen gleichzeitig von der Erde abstoßen, hochspringen und wieder auf dem Erdboden aufprallen? Das wollte man für eine WDR-Fernsehsendung herausfinden. Die Gelegenheit war günstig: Beim Festival »Rock am Ring« auf dem Nürburgring-Gelände waren genug Menschen für das Experiment zusammen und die Band »Wir sind Helden« gab den Takt vor. Wissenschaftler des Geo-Forschungszentrums Potsdam (GFZ) maßen mit vier Seismografen die Erschütterungen. Es war … enttäuschend. Auch deshalb, weil so viele Menschen gar nicht so exakt zur selben Zeit hochspringen und wieder auf dem Boden landen können.

Wissenschaftlern auf die Finger geguckt

Im Weltraum ist nichts, woran man sich abstoßen könnte, denn dort ist ja Vakuum. Es gibt noch nicht einmal Luftteilchen. Deshalb müssen Raumsonden selbst irgendetwas ausstoßen, um Tempo zu machen. Das sind die Gase von Raketentriebwerken, die mit großer Wucht herausgeschleudert werden. Oder – wenn sich die Sonde mithilfe des elektrischen »Ionenantriebs« fortbewegt – werden geladene Atome, winzige Teilchen also, ausgestoßen.

Damit dauert es zwar, bis Tempo erreicht ist, dafür ist diese Technik aber viel sparsamer. Sonnensegel funktionieren genau andersherum: Sie fangen etwas ein, nämlich den Sonnenwind – ähnlich wie ein Segel auf der Erde den Wind. Als Sonnenwind bezeichnet man winzige Teilchen, welche die Sonne ausspuckt. Sie prallen auf das Sonnensegel und schubsen so die Sonde an.

Für kleine Forscher

Habt ihr Lust auf ein Gedankenexperiment? Dann setzt euch jetzt in ein Segelboot. Die Sonne scheint, das Wasser ist spiegelglatt, denn es ist absolut windstill. Wie kommt ihr jetzt vom Fleck? Ganz einfach: Pustet ins Segel, dann nehmt ihr Fahrt auf! Nix da, das geht doch gar nicht, sagt ihr. Und ihr habt recht. Kein Mensch hat dafür genügend Puste. Aber es gibt noch einen anderen Grund: Wenn ihr pustet, erzeugt ihr gleichzeitig durch die Luftströmung einen leichten Rückstoß, der euch nach hinten drückt. Selbst wenn alle eure Puste das Segel erreicht, würde dadurch nur der Rückstoß vom Pusten aufgehoben. Das Resultat: Ihr bleibt an Ort und Stelle. Nur seid ihr ziemlich außer Atem.

Ganz schön ausgefuchst

Der Filmheld James Bond und Popsänger Michael Jackson haben es vorgemacht – senkrecht zu starten. Mit dem »Jetpack« auf dem Rücken ist das möglich! Ein hochexplosives Gemisch aus Wasserstoffperoxid und Kerosin in dem Raketenrucksack sorgt dafür. Die heißen Gase, die durch zwei Düsen nach unten strömen, stoßen den Raketenrucksackträger kräftig nach oben. Leider dauert das Vergnügen nur wenig mehr als 1 Minute. Astronauten verwenden im Weltraum etwas Ähnliches: Mit der »Man Maneuvering Unit« (MMU), einem Raketenrucksack fürs Weltall, können sie sich dort oben frei bewegen.

25

Warum haben Menschen und Tiere zwei Ohren?

Experiment: Räumlich hören

Was steckt dahinter? Schaut selbst! Ihr braucht dazu:

- 1 kurzes Stück Schlauch (ca. 2 Meter), zum Beispiel Gartenschlauch
- 1 Maßband
- 1 Permanent-Marker
- 1 Stift und Papier
- 1 Löffel
- 1 Freund oder Freundin

Die Antwort ist ganz einfach: Zwei Ohren haben wir, damit wir räumlich hören können. Zum Hören reicht an sich zwar ein Ohr, um aber die Richtung bestimmen zu können, aus der ein Geräusch kommt, brauchen wir zwei Ohren – ganz ähnlich wie beim Sehen mit den Augen. Deshalb haben alle Lebewesen, die Schall wahrnehmen, zwei Ohren. Zusätzlich haben viele Tiere sehr große Lauscher, also Ohrmuscheln, die möglichst viel Schall auffangen, um auch leise Geräusche wahrnehmen zu können. Außerdem können sie die Ohrmuscheln bewegen, um in bestimmte Richtungen zu hören. Damit lauschen sie ihre Umgebung genau ab.

Und so geht das Experiment:

Markiert die Mitte des Schlauchs mit dem Permanentschreiber. Rechts und links von der Mitte bringt ihr alle 2 Zentimeter eine Marke an und schreibt dran, wie viele Zentimeter die Marke von der Schlauchmitte entfernt ist (2 Zentimeter, 4 Zentimeter, 6 Zentimeter ...). Einer von euch nimmt nun in jede Hand ein Schlauchende, sodass der Schlauch hinter dem Kopf entlangführt, und hält die Enden direkt an die Ohren.

Während einer von euch am Schlauch lauscht, klopft hinter seinem Rücken der andere an verschiedenen Stellen mit dem Löffel an den Schlauch. Rechts und links von der Mitte, am besten bei den Marken. Der »Lauscher« muss jedes Mal herausbekommen, ob links oder rechts geklopft wurde. Wie nah könnt ihr dabei der Mitte kommen? Der, der klopft, notiert, an welchen Marken er geklopft hat und was der andere gehört hat.

Was ist passiert? Und wie kommt es dazu?

Euer Gehör ist in der Lage, bis auf etwa 1 Zentimeter von der Mitte genau zu unterscheiden, ob eher links oder eher rechts von der Mitte auf den Schlauch geklopft wurde! Startet einen kleinen Wettbewerb: Wer von euch hat das beste Gehör?

Wir Menschen hören auf zwei Arten räumlich. Zum einen über die Lautstärke: Derselbe Ton kommt bei den Ohren unterschiedlich laut an, je nach Richtung, denn meist liegt ein Ohr etwas im Schatten des Kopfes. Zum anderen über die sogenannte Laufzeit: Jeder Ton braucht unterschiedlich lang, bis er die Ohren erreicht. Aus diesem zeitlichen Unterschied errechnet unser Gehirn, woher das Geräusch kommt. Ohne Gehirn ginge das nicht, das ist klar. Beim Experiment mit dem Schlauch testet ihr also euer Richtungshören anhand der Laufzeit. Schlagt ihr rechts von der Mitte auf den Schlauch, braucht der Schall zum linken Ohr etwas länger als zum rechten und umgekehrt.

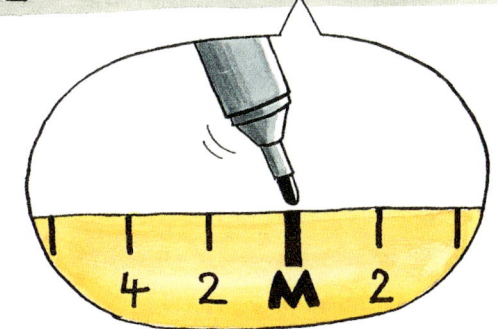

Was bedeutet das für uns Menschen?

Dass unser Gehirn beim Hören so wichtig ist wie die Ohren, beweist der »Cocktailparty«- oder »Kindergeburtstag«-Effekt: Wir schaffen es doch tatsächlich, aus einem lauten Stimmengewirr eine einzelne Stimme herauszufiltern. Auf einem Kindergeburtstag etwa könnt ihr euch mit eurem Gegenüber unterhalten, obwohl drum herum ein Höllenlärm ist. Dazu richtet ihr euren Kopf so aus, dass ihr das Gesagte gut versteht. Das würde aber nicht viel helfen, wenn nicht das Gehirn die anderen Geräusche wegdrücken und das, was ihr hören wollt, herausheben würde.

Bei Schwerhörigen funktioniert das nicht mehr so gut, deswegen haben ältere Menschen oft Schwierigkeiten, etwas zu verstehen, wenn mehrere Menschen gleichzeitig sprechen.

Ganz schön spannend!

In vielen Kinos ist mittlerweile der Surround-Sound eingeführt. Er soll uns Zuschauern und Zuhörern das Gefühl vermitteln, mitten im Geschehen zu sitzen. Bei dieser Tontechnik kommt der Ton von allen Seiten, wie etwa bei »5.1« oder »7.1«. Bei »5.1« stehen vor euch drei Lautsprecher und hinter euch zwei. Ein einzelner Lautsprecher für die tiefen Töne, der »Subwoofer«, steht vorne in der Mitte, denn tiefe Töne können wir räumlich nicht orten. Bei »7.1« stehen vorne sogar fünf und nicht nur drei Lautsprecher.

Schon gewusst?

Menschen, die nicht hören können, kann heutzutage mit einer Operation geholfen werden. Sie bekommen dabei ein sogenanntes Cochlea-Implantat eingesetzt. Das ist eine elektronische Prothese, die ins Innenohr gesetzt wird – genauer gesagt in die Hörschnecke (Mediziner sagen zu ihr »Cochlea«). So kann auch gehörlos geborenen Kindern geholfen werden. Das funktioniert aber nur, wenn zwar das Innenohr geschädigt ist, der eigentliche Hörnerv, der die Schallwellen als elektrische Impulse zum Gehirn leitet, aber funktioniert.

Wissenschaftlern auf die Finger geguckt

Auch Wissenschaftler hören gerne Musik. Gleichzeitig machen sie sich Sorgen um die Musiker, die im Orchestergraben großen Lautstärken ausgesetzt sind, denn viele ältere Orchestermusiker haben Hörschäden. Wenn etwa der Trompeter hinter der Geigerin loslegt, ist das für sie so laut wie ein Düsenflugzeug. Deshalb erforschen Arbeitsschützer Maßnahmen zum Lärmschutz im Orchestergraben. Sie tüfteln an transparenten Plastikschilden mit schalldämpfenden Luftkammern, welche die Klänge von den Musikerkollegen fernhalten und nach oben zum Publikum ableiten. Auch spezielle Ohrstöpsel können Lärm dämpfen, dürfen aber natürlich nicht das Klangempfinden beeinflussen. Es gibt sogar eine europäische Norm, die vorschreibt, was Musikern im Orchestergraben zugemutet werden darf, damit deren Gehör künftig nicht mehr leidet.

Ganz schön ausgefuchst

Wenn Menschen gehörlos oder hörgeschädigt sind, können sie sich trotzdem unterhalten – mit der Gebärdensprache. Es ist eine Körpersprache, also eine zum Sehen, denn sie funktioniert mit Gesten. Der Gesichtsausdruck und Bewegungen vor allem mit Armen und Händen bilden dabei Worte und Begriffe. Das geht so schnell wie gesprochen. Gebärdendolmetscher übersetzen etwa im Fernsehen Gesprochenes in Gebärden, sodass Gehörlose das Gesagte direkt mitverfolgen können.
Die einfachste Gebärdensprache ist die Fingersprache. Beim Einhandsystem werden mit einer Hand Figuren geformt, die Buchstaben entsprechen.

Für kleine Forscher

Unsere Ohren hören längst nicht alles. Ganz tiefe und ganz hohe Töne nehmen sie nicht wahr, aber auch ganz leise Töne hören wir nicht. Sucht euch einen ruhigen Ort und stellt einmal eure Ohren auf die Probe. Einer schließt die Augen und konzentriert sich ganz auf seine Ohren, während ein anderer ganz feine Geräusche macht: mit einer Gabel sachte auf den Tisch klopfen, Zahnstocher auf den Tisch fallen lassen, mit Papier rascheln oder die sprichwörtliche Stecknadel fallen lassen. Was könnt ihr hören? Und was nicht?

26

Warum platzt ein Ei in der Mikrowelle?

Experiment: Ü-Ei in der Mikrowelle

Schwierig-
keitsstufe:
E
Versuchsdauer:
10 Minuten

**Was steckt dahinter?
Schaut selbst!
Ihr braucht dazu:**

- 1 Überraschungsei (»Ü-Ei«)
- 1 Mikrowellengerät
- etwas Wasser
- 1 Erwachsenen

Normalerweise werden Eier in Wasser gekocht. Flüssiges Wasser wird höchstens 100 °C heiß, darüber verdampft es. Die Eier im Wasser werden im Topf also höchstens 100 °C heiß. In der Mikrowelle werden die Eier hingegen mit Mikrowellen von innen erhitzt. Dabei können sie locker über 100 °C heiß werden, weil die Mikrowelle den Wasserdampf noch weiter erhitzt. Dann bildet sich im Ei plötzlich viel Wasserdampf und das Ei explodiert regelrecht; das Innere des Eies spritzt in das Mikrowellengerät. Das kann die Mikrowelle ganz schön verschandeln …

Und so geht das Experiment:

Entfernt zuerst die Schokoladenschale vom Ü-Ei, um an das Gelbe vom Ei zu gelangen. Macht das Kunststoff-Ei auf. Und? Geht es leicht oder schwer? Nehmt das Spielzeug heraus und füllt etwas Wasser in eine der Ei-Hälften. Schließlich klappt ihr das Ei wieder zu. Setzt es nun in die Mikrowelle, stellt sie auf die höchste Stufe und bittet einen Erwachsenen, das Gerät anzustellen.

Was ist passiert?
Und wie kommt es dazu?

Zunächst fährt das Kunststoff-Ei brav Karussell. Aber plötzlich tut es einen Schlag und es ist geplatzt – der Deckel ist mit voller Wucht aufgesprungen. Gut, dass es kein echtes Ei war – die paar Wasserspritzer, die in der Mikrowelle landen, lassen sich leicht mit Lappen oder Tuch aufwischen. Und so kommt es dazu: Das Wasser wird heiß und verdampft schließlich. Allerdings braucht Wasser in Form von Dampf sehr viel mehr Raum als dieselbe Menge flüssiges Wasser – bis über 1000-mal so viel! Zunächst versucht das Kunststoff-Ei noch eine Weile den Dampf im Ei zu halten, doch schließlich wird der Druck im Inneren zu groß und der Verschluss kann die beiden Hälften nicht mehr zusammenhalten. Das Ei springt auf und der Wasserdampf entweicht. Er hat sich Platz geschaffen. Dass er dabei eine Menge Kraft entwickelt, habt ihr gespürt, als ihr das Kunststoff-Ei geöffnet habt. Leicht war das nämlich nicht!
Was hier passiert, geschieht ganz ähnlich bei einem echten Hühnerei in der Mikrowelle, denn auch im Eiweiß ist Wasser enthalten, das verdampft.

Was bedeutet das für uns Menschen?

Eier kann man auf ganz unterschiedliche Weise zubereiten: als gekochtes Ei – hart oder weich –, in der Pfanne als Spiegelei und Rührei oder als pochiertes Ei, bei dem das Ei in eine kleine Schale geschlagen und dort mit heißem Wasserdampf gedämpft wird. Es schmeckt wie ein gekochtes Ei – man muss aber nicht erst die Schale abpellen. Aber eines haben alle gemeinsam: Sie werden unter Zufuhr von Hitze zubereitet, mal mit Wasser, mal mit Öl. Nur in die Mikrowelle sollte man sie nicht legen ... oder diese dann zumindest nicht einschalten!

Ganz schön spannend!

»Mikrowellen« sind elektromagnetische Wellen, die im Spektrum der elektromagnetischen Wellen zwischen dem (unsichtbaren) Infrarotlicht und den Radiowellen liegen. Damit sie unser Essen und Trinken erhitzen, müssen sie erzeugt werden. Das übernimmt das »Magnetron« im Gerät. Über eine Antenne gelangen die Mikrowellen in den Garraum. Von den Metallwänden werden die Mikrowellen reflektiert, nur von Speisen und Getränken nicht.

Die Mikrowellen geben ihre Energie an die Wassermoleküle in den Speisen und Getränken ab und erwärmen diese. Damit alles gleichmäßig erhitzt wird, gibt es den Drehteller. Die Mikrowelle darf übrigens nicht »leer« laufen, weil sie sonst durch die in ihr erzeugte Strahlung selbst Schaden nimmt. Auch darf kein Metall hinein, weil sich daran Funken bilden können.

Schon gewusst?

Eier können beim Kochen platzen – nicht nur in der Mikrowelle, sondern auch im Kochtopf. Um das zu vermeiden, werden sie vorher angepikst. Dadurch kann die sich beim Erwärmen ausdehnende Luft aus der Luftkammer am stumpfen Ende des Eies entweichen. Es geht aber auch ohne Pikserei. Bei einem Versuch wurden Hunderte von Frühstückseiern mit und ohne Piks gekocht. Das Ergebnis: Auch Eier ohne Piks blieben ganz, und auch Eier mit Piks gingen kaputt. Viel entscheidender als das Gepikse ist die Größe des Eies: Große Eier haben eine dünnere Schale und sind deswegen nicht so stabil wie kleinere Exemplare.

Wissenschaftlern auf die Finger geguckt

Stellt euch ein Mikrowellengerät vor, das so groß ist wie 500 Haushaltsmikrowellen, sodass man hineingehen kann, und dessen Mikrowellen Kunststoff erhitzen können! Solch ein Gerät steht seit Kurzem am Karlsruher Institut für Technologie (KIT). Es ist so riesig, weil darin testweise große Fahrzeug- und Flugzeugteile »geschmiedet« werden, die aus mit Kohlenstoff-fasern verstärktem Kunststoff (CFK) bestehen und dadurch extrem leicht sind. Der Vorteil dieses Verfahrens: Weil Mikrowellen in dem Moment, in dem sie entstehen, mit Lichtgeschwindigkeit in das Material eindringen, ist der Ofen sofort startklar und muss nicht lange vorgeheizt werden. Er wird auch selbst nicht warm. Das alles ist sehr energiesparend.

Ganz schön ausgefuchst

Wie heiß kann Wasser werden? Viel heißer als 100 °C, nämlich als Wasserdampf. Dafür muss das Wasser aber vollständig verdampft sein. Mit anderen Worten: Wenn ihr im Kochtopf Eier kocht, ist der Dampf dabei 100 °C heiß – solange sich noch flüssiges Wasser im Topf befindet. Erst wenn alles Wasser verdampft ist, steigt die Dampftemperatur an. Eine Ausnahme gibt es aber: Unter hohen Druck gesetzt, kann Wasser auch noch bei fast 400 °C flüssig sein.

Für kleine Forscher

In der Küche liegt immer ein Spüllappen herum, um schnell einmal etwas ab- oder aufzuwischen. Wenn er nicht regelmäßig gewechselt oder nach jedem Gebrauch ordentlich ausgewaschen wird, kann es passieren, dass er mit der Zeit anfängt zu müffeln. Dann haben sich Bakterien im Lappen vermehrt – winzige Lebewesen, die sich von Speiseresten ernähren, die im Lappen hängen geblieben sind. Wenn ihr den feuchten Lappen auf höchster Stufe für 5 Minuten auf einen Teller und in die Mikrowelle legt, könnt ihr ihn desinfizieren. Die Mikrowelle erhitzt das Wasser im Lappen auf über 100 °C und dabei sterben die Bakterien ab. Der Lappen sieht dann zwar nicht sauberer aus als vorher, er müffelt aber nicht mehr so und ist erst einmal wieder frei von Bakterien.

27

Wie kann ich zur Not auch ohne Brille scharf sehen?

Experiment: Lochbrille

Schwierig-
keitsstufe:
M

Versuchsdauer:
30 Minuten

Was steckt dahinter?
Schaut selbst! Ihr braucht dazu:

- 1 Stück Karton (dickeres, festes Papier)
- 1 Bleistift
- 1 Schere
- 1 Sicherheits- oder Pinnwandnadel
- 1 Brillenträger(in), 1 Nicht-Brillenträger(in)

Zum Glück könnt ihr euch ganz einfach helfen: kneift die Augen bis auf einen ganz schmalen Spalt zusammen! Bei vielen Brillenträgern hilft das schon ziemlich gut. Oder man blickt durch ein winziges Loch, das man schnell mit den Fingern formt. Legt hierfür die Kuppen eurer beiden Zeigefinger und Daumen ganz eng zusammen – so eng es geht, sodass nur ein Millimeter großes Löchlein bleibt. Je kleiner, desto besser. Ein Blick hindurch und alles ist scharf! Aber eben nur das, was durch das Loch zu sehen ist. Und das ist nur ein kleiner Ausschnitt. Zudem hat man leider die Hände nicht frei – da wird es schwierig, wenn man sich etwas notieren möchte.

Aber immerhin! Scharf sehen ist also auch möglich, wenn die Brille nicht zur Hand ist.

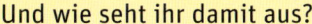

Und so geht das Experiment:

Ihr baut euch eine Super-Spezial-Brille, eine »Lochbrille« nämlich. Entwerft euch dazu eure eigene Brille, etwa so wie die auf der Zeichnung. Zeichnet sie auf Pappe und schneidet sie aus. Dann stecht ihr zuerst die Löcher dort in die Brille, wo man durchschaut. Passt auf, dass ihr euch dabei nicht pikst oder den Tisch zerkratzt. So ganz exakt müsst ihr die Löcher nicht treffen, aber so ungefähr. Habt ihr alle Löcher eingepikst, könnt ihr die Brille ausschneiden. Nachdem ihr die Ohrenbügel abgeknickt habt, setzt ihr eure neue Brille auf. Na, was seht ihr?
Und wie seht ihr damit aus?

Was ist passiert? Und wie kommt es dazu?

Brillenträger sehen durch die neue Brille tatsächlich schärfer als ohne Brille! Zugegeben, man muss sich erst daran gewöhnen, aber mit der Zeit geht es. Seht euch um – besser als ohne Brille ist es allemal. Und ihr habt die Hände frei!
Jetzt nehmt beide ein Buch, schlagt eine Seite auf und haltet sie dicht vor eure Augen – ohne Lochbrille. Könnt ihr den Text lesen? Kein Wunder, auf so geringe Entfernung können die Augen nicht mehr scharf stellen, egal ob ihr sonst eine Brille tragt oder nicht. Dann setzt wieder eure Lochbrille auf. Plötzlich könnt ihr den Text lesen!
Die fantastische Lochbrille schärft also entfernte und nahe Dinge. Und je kleiner das Loch ist, desto schärfer wird das Bild. Der Grund: Durch ein kleines Loch kommen zwar weniger Lichtstrahlen, dafür sind es aber nur die, die auch ein scharfes Bild erzeugen.
Warum trägt man dann überhaupt noch Glasbrillen? Ihr habt es bestimmt selbst bemerkt: Das Bild durch die Lochbrille ist zwar scharf, aber ziemlich dunkel. Bei Brillen mit Glas- oder Kunststofflinsen sieht man hingegen scharf und alles ist hell. Aber als Notbrille ist eine Lochbrille ganz schön hilfreich.

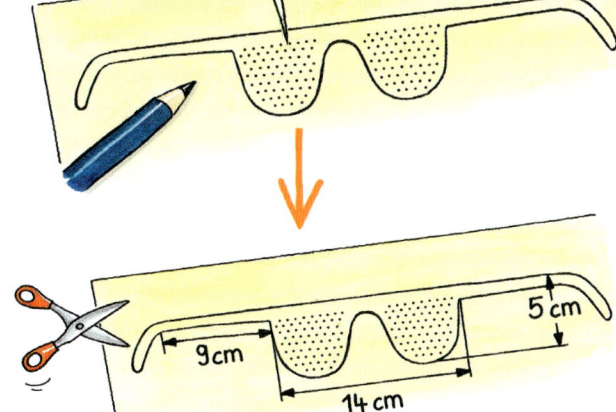

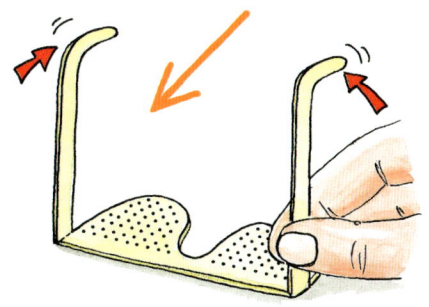

Was bedeutet das für uns Menschen?

In jedem unserer Augen ist ein Loch eingebaut, durch das das Licht hineinfällt: die Pupille. Aber die Pupille kann sich verändern, größer werden, wenn es dunkler ist, damit mehr Licht ins Auge kommt. Und kleiner werden, wenn es heller ist, damit wir nicht geblendet werden. Obwohl das Auge ein ausgeklügeltes Organ zum Sehen ist, kann es auch Macken haben. Viele Menschen sind »fehlsichtig« und tragen eine Brille oder Kontaktlinsen, da sie ohne Sehhilfen nicht scharf sehen. Den Trick mit dem kleinen Loch nutzen wir auch in der Fotografie. Jede Kamera hat eine »Blende«, eine Vorrichtung, mit der die Öffnung hinter der Linse, durch die das Licht in die Kamera fällt, verändert werden kann. Je größer die Blende, desto mehr Licht fällt in die Kamera. Dafür ist die sogenannte »Schärfentiefe« gering: Nur das, was ihr fotografieren wollt, ist scharf, Vorder- und Hintergrund sind unscharf. Bei einer kleinen Blende dagegen ist das ganze Bild scharf. Hier treffen zwar weniger Lichtstrahlen in die Kamera, aber eben auch nur die, die ein scharfes Bild erzeugen.

Ganz schön spannend!

Sehhilfen wie Lupen oder Brillen gibt es bei uns erst seit rund tausend Jahren und sie wurden zuerst aus dem durchsichtigen Mineral Beryll geschliffen – vom »Beryll« stammt übrigens auch der Name »Brille«. Doch trug man damals keine Brillen, sondern benutzte den geschliffenen Beryll als Lesestein. Wenig später baute man eine Halterung um den Stein und klemmte sich das Ganze vor ein Auge: Das Einglas oder Monokel war erfunden. Weil das teuer war, gab es zunächst nur ein Glas und es dauerte, bis zwei Eingläser zu einem Zweiglas kombiniert wurden, das man sich einfach vor die Augen hielt. Und irgendwann kam man auf die Idee, es sich als Brille mit zwei Bügeln an den Ohren festzuklemmen.

114

Ganz schön ausgefuchst

Ältere Menschen brauchen oft zwei Brillen – eine zum Lesen sowie eine zweite für alles andere. Die »elektronische Brille« bietet beides und passt sich ihren Benutzern an. Schaut der Brillenträger zum Lesen nach unten, merkt das die Brille und schaltet von Fernsicht auf Nahsicht um. Möglich machen das spezielle Brillengläser, in denen Flüssigkristalle enthalten sind. Die kennt ihr beispielsweise von den Anzeigen eurer Taschenrechner. Sie sorgen dafür, dass die Brille praktisch zwei Linsen in einer hat, die einfach umgeschaltet werden können!

Wissenschaftlern auf die Finger geguckt

Wer mit einer Brille nicht mehr sehen kann oder sogar blind geworden ist, für den könnte diese »Brille« etwas sein. »Retina Implant« nennt sich ein Projekt, an dem Wissenschaftler in Deutschland fieberhaft arbeiten. Sie wollen Menschen eines Tages einen elektronischen Chip ins Auge setzen, der dort mit dem Sehnerv verbunden wird. Dieser Chip soll die Netzhaut ersetzen, wenn diese kaputt ist. Das klingt nach Science-Fiction, aber erste ganz grobe Bilder haben sehbehinderte Menschen damit schon gesehen. Auch könnten Mini-Kameras in einer Brille Bilder an den Chip im Auge funken und so das Gefilmte ins Auge übertragen.

Für kleine Forscher

Auch bei diesem Experiment sind die Brillenträger eindeutig im Vorteil. Sie sehen ohne Brille schlechter und können daher die Wirkung eurer neuen Lochbrille am besten beurteilen. Wer keine Lochbrille oder keine Nadel zur Hand hat, kann sich auch mit einem Kamm helfen. Wenn ihr durch die Zinken eines Kammes blickt, seht ihr besser als ohne Brille. Ihr habt gar keine Brille? Dann probiert das einmal mit euren Eltern oder Großeltern aus. Sie werden gerne für euch Versuchskaninchen spielen.

28 Wie orten Fledermäuse im Dunkeln ihre Beute?

Experiment: Motten abstürzen lassen

**Was steckt dahinter?
Schaut selbst! Ihr braucht dazu:**

- 1 dicken Schlüsselbund
- 1 Straßenlaterne mit Insekten
- Sommer

Im Gegensatz zu euch »tagaktiven« Forschern sind Fledermäuse »nachtaktiv«. Sie haben eine besondere Methode, um sich in der Dunkelheit zu orientieren: die Echo-Ortung. Dazu stoßen sie Ultraschall-Schreie aus. Die Schreie eilen ihnen voraus und werden von der Umgebung zurückgeworfen – von Häusern, Bäumen, Wasser und … von ihrer Beute! Das zurückgeworfene Echo fangen die Fledermäuse auf. So können sie »mit den Ohren sehen« oder »bildhören«. Ihre Schreie sind keine lang gezogenen Laute, sondern nur ganz kurze Knackser. Die Fledermaus wartet erst, bis sie das Echo ihres Knacksers gehört hat, bevor sie den nächsten macht. Je schneller die Echo-Knackser zurückkommen, desto dichter ist beispielsweise die leckere Motte vor ihrer Schnauze.

Geht im Sommer abends, wenn
es dämmert oder schon dunkel
geworden ist, nach draußen.
Stellt euch auf dem Bürgersteig
unter eine Straßenlaterne, um
deren Lampe oben möglichst
viele Insekten kreisen. Zieht
den Schlüsselbund hervor und
rasselt damit kurz und kräftig.

Was ist passiert? Und wie kommt es dazu?

Ihr könnt deutlich sehen, wie sich einige Insekten fallen lassen! Sie stürzen vom Himmel
wie abgeschossen. Wie das? Der klappernde
Schlüsselbund erzeugt nicht nur Schallwellen,
die wir mit unseren menschlichen Ohren hören
können (also von 20 bis 20 000 Hz, siehe auch
S. 119), sondern auch noch viele Schallwellen,
die wir nicht hören können: Ultraschall.
So wird der Schallbereich über 20 000 Hz
bezeichnet. Im Gegensatz zu uns Menschen

können Insekten diese hohen Töne hören.
Auch den Ultraschall, den Fledermäuse ausstoßen, wenn sie fliegen und auf der Jagd nach
etwas Leckerem zu essen sind. Einige Insekten
haben eine trickreiche Taktik entwickelt, um
der angreifenden Fledermaus zu entkommen:
Sobald sie die Ultraschall-Rufe einer Fledermaus hören, lassen sie sich fallen, damit die
Fledermaus ins Leere schnappt. Sie tauchen
sozusagen ab – wie bei diesem Experiment.

Was bedeutet das für uns Menschen?

Ultraschall wird auch von uns Menschen genutzt, vor allem von Ärzten. So werden fast alle Schwangerschaften mit Ultraschall überwacht. Wahrscheinlich ist auch das erste Foto von euch ein Ultraschallfoto aus dem Bauch eurer Mutter. Denn mit Ultraschall kann man von außen in den Körper hineinschauen. Ein »Tastkopf« sendet Ultraschallwellen aus, die in den Körper eindringen und von den Organen – oder einem heranwachsenden Baby im Bauch der Mutter – reflektiert werden. Der Tastkopf fängt dieses Echo wieder auf und ein Computer errechnet daraus ein Bild. Mit Ultraschall können Ärzte sogar ohne Messer operieren: Blasen-, Gallen- oder Nierensteine lassen sich im Körper berührungslos zertrümmern. Dafür wird ganz starker und gebündelter Ultraschall in den Körper geleitet, der feste Objekte wie diese Steine so stark erschüttert, dass sie in kleine Krümel zerbrechen.

Ganz schön spannend!

Schade, dass unsere Menschenohren so schlecht sind und wir keinen Ultraschall hören können. Wirklich schade? Viele Dinge um uns herum machen Ultraschall: etwa wenn ihr euch die Hände reibt, über den Tisch streicht oder Papier zerreißt. Zudem geben elektronische Geräte wie Lampe, Telefon oder Computer (und zwar die Festplatte) Ultraschall von sich. Auch Kartoffelchips erzeugen Ultraschall, wenn ihr sie zerbeißt. Mineralwasser erzeugt sogar ein richtiges Ultraschall-Rauschen. Letzteres liegt an den vielen Gasbläschen. Wenn sie an der Wasseroberfläche zerplatzen, gibt es jedes Mal einen Ultraschall-Knall. Es hat also durchaus seinen Sinn, dass wir nur das hören, was wir hören – sonst fänden wir keine Ruhe mehr.

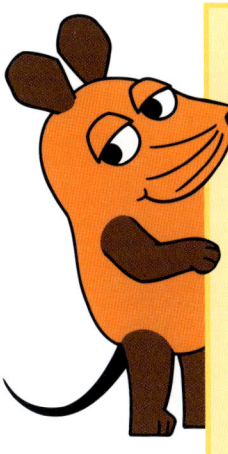

Schon gewusst?

Fledermäuse sind schnell und haben scharfe Zähne. Die armen Motten! Aber nicht alle sind wehrlos – in Amerika funken einige den Fledermäusen dazwischen. Sie senden Störsignale aus, welche den Fledermausrufen zum Verwechseln ähnlich sind. Das bringt die angreifende Fledermaus völlig durcheinander und sie schnappt ins Leere.

Für kleine Forscher

Jedes Jahr Ende August gibt es die »Europäische Fledermausnacht«, bei der sich Menschen abends auf die Pirsch begeben, um Fledermäuse zu sehen. Und zu hören! Denn dafür gibt es Ultraschall- oder Fledermaus-Detektoren. Das sind Geräte, die mit einem Spezialmikrofon Ultraschall auffangen und in unseren menschlichen Hörbereich übersetzen. Damit ist es möglich, Fledermäuse zu belauschen und in eine ganz fremde, bizarre Welt einzutauchen, die unseren menschlichen Ohren normalerweise verschlossen ist.

Wissenschaftlern auf die Finger geguckt

Nicht nur in der Luft, auch unter Wasser wird Ultraschall »gesprochen«. Delfine beispielsweise unterhalten sich per Ultraschall. Der Vorteil: Diese Schallwellen tragen sehr weit. Das haben auch Wissenschaftler bemerkt und sich an den Delfinen ein Beispiel genommen. Weil elektromagnetische Wellen wie etwa Radio- und Funkwellen unter Wasser nicht weit reichen, wollen sie Signale unter Wasser per Ultraschall übertragen. So könnten Unterwasserroboter per Ultraschall von der Meeresoberfläche aus gesteuert werden und auf die gleiche Weise Bilder vom Meeresgrund nach oben senden.

Ganz schön ausgefuchst

Wir sehen und hören nur einen kleinen Teil dessen, was um uns herum geschieht. Ganz tiefe und sehr hohe Töne nehmen unsere Ohren nicht wahr. »Infraschall« ist zu tief für uns, »Ultraschall« zu hoch. Die Tonhöhe, auch »Frequenz« genannt, wird in »Schwingungen pro Sekunde« gemessen oder kurz in »Hertz« (Hz). Ihr hört ungefähr von 20 bis 20 000 Hertz, bei älteren Menschen sinkt die obere Hörschwelle schon mal bis auf 16 000 Hertz. Mehr müssen wir auch gar nicht hören, denn unsere Sprache umfasst den Bereich von 100 bis 12 000 Hz. Beim Telefon werden sogar nur 200 – 4000 Hz übertragen.

29 Warum falle ich beim Looping nicht aus der Achterbahn?

Experiment: Schwerkraft erzeugen

Schwierig-
keitsstufe:
M
Versuchsdauer:
5 Minuten

**Was steckt dahinter?
Schaut selbst!
Ihr braucht dazu:**

- 1 Eimer mit Henkel (z. B. Putzeimer)
- Wasser

Ihr fallt nicht aus der Achterbahn, weil ihr mit einem Bügel über eure Beine oder Schultern gesichert seid. Selbst wenn die Achterbahn beim Looping oben stehen bleiben würde, könntet ihr nicht aus der Bahn herausfallen. Läuft aber alles ganz normal, bräuchtet ihr nicht einmal diese Haltebügel, denn durch die Fliehkraft beim Looping – also wenn die Bahn in einem senkrechten Kreis dahinsaust – werdet ihr ganz fest nach außen und damit in die Sitze gedrückt. Genauso wie beim Kettenkarussell. Und diese Fliehkraft ist im Achterbahn-Looping viel stärker als die Schwerkraft, die euch nach unten zum Erdboden hinzieht.

→ **Und so geht das Experiment:**

Füllt den Wassereimer etwa zu einem Viertel mit Wasser. Nehmt den Eimer in eine Hand und geht am besten damit nach draußen – in den Garten oder auf eine Wiese. Dreht den Eimer so weit um, dass etwas Wasser herausfließt. Das ist der Beweis: Es ist ein ganz normaler Eimer, der Wasser verliert, wenn man ihn umdreht. Jetzt nehmt ihr ihn fest am Henkel und schwenkt ihn im Kreis – senkrecht von oben nach unten oder, wer's schafft, im waagerechten Kreis über dem Kopf.

$\frac{1}{4}$

Was ist passiert? Und wie kommt es dazu?

Das Wasser bleibt im Eimer! Wenn ihr beim Schwenken einen Blick hineinwerft, seht ihr, dass das Wasser am Boden kleben bleibt, als ob der Eimer fest auf dem Boden stünde.

Auch hier ist – wie bei der Achterbahn – die Fliehkraft, auch Zentrifugalkraft genannt, am Werk, die beim Kreisen das Wasser nach außen zieht und an den Eimerboden drückt. Wie stark die Zentrifugalkraft ist, spürt ihr in den Armen, an denen der kreisende Eimer ganz schön zieht. Damit er euch nicht davonfliegt, müsst ihr – indem ihr den Eimer festhaltet – Kraft aufwenden. Diese Kraft nennt man Zentripetalkraft.

Wohin würde der Eimer fliegen, wenn ihr ihn auf einmal loslassen würdet? Auf keinen Fall weiter im Kreis. Er würde die Kreisbahn verlassen und geradeaus wegfliegen. Schuld daran wäre die Massenträgheit: Alle Dinge möchten sich gerne geradlinig weiterbewegen. Und weil ihr den Eimer, der eigentlich am liebsten geradeaus fliegen würde, ständig auf die krumme Kreisbahn zwingen müsst, zerrt er auch so an eurem Arm.

Was bedeutet das für uns Menschen?

Die Fliehkraft aus der Achterbahn wirkt auch auf der Straße und kann uns aus der Kurve tragen, wenn wir mit dem Auto zu schnell unterwegs sind. Das merken wir auch, wenn wir in einer Kurve gegen die Autotür gedrückt werden.

Auch Satelliten drehen sich um die Erde. Das unsichtbare Band, das sie festhält, ist die Erdanziehung, die Schwerkraft (Gravitation). Sie zieht die Satelliten zur Erde hin, während die Zentrifugalkraft nach außen wirkt.

Weil die Erdanziehung stärker wirkt, je näher die Satelliten über uns kreisen, müssen sich erdnahe Satelliten schneller um die Erde bewegen als solche, die weiter weg sind. Auf der sogenannten »geostationären Bahn« in 35 800 Kilometern Höhe brauchen sie für eine Umkreisung 1 Tag – sie bewegen sich also mit der Erddrehung mit und scheinen am Himmel still zu stehen. Das ist etwa bei Fernsehsatelliten, die wir mit unserer »Satellitenschüssel« anpeilen, wichtig.

Ganz schön spannend!

Lange bevor eine Achterbahn gebaut wird, fährt sie bereits im Computer. Ingenieure testen sie erst viele Male »virtuell«, also künstlich im Computer. Die einzelnen Elemente stammen aus dem Baukasten: Schrägen hoch und runter, Loopings, Schrauben, scharfe Kurven und so weiter. Diese Einzelteile müssen so gestaltet und miteinander verbunden werden, dass die Fahrt ein Erlebnis wird. Der Konstrukteur »komponiert« jede Achterbahn anders und jedes Mal neu. Das ist immer eine Gratwanderung, denn empfindliche Menschen sollen bei der Fahrt nicht ohnmächtig werden und ganz Hartgesottene dennoch Nervenkitzel erleben.

Schon gewusst?

Wenn Astronauten mit Raketen ins Weltall starten oder ihr auf der Achterbahn Loopings fahrt, werden die Kräfte, die wirken, gerne in »g« ausgedrückt. »g« steht für die Fallbeschleunigung auf der Erde. Mit dem Auto ist höchstens 1 Gramm möglich, beim Raketenstart wirken aber deutlich höhere Kräfte auf den Körper, bis zu 10 Gramm können erreicht werden. Mehr wäre schädlich, denn dann werden Menschen ohnmächtig. Unbemannte Raketen brauchen darauf keine Rücksicht zu nehmen, sie können 100 Gramm erreichen. Das ist immer noch harmlos, verglichen mit den 686 Gramm, die beim Schleudergang in einer Waschmaschine erreicht werden, oder den 2000 Gramm eines Tennisballs beim Aufschlag eines Profis.

Schwerkraft erzeugen

Wissenschaftlern auf die Finger geguckt

Im Weltall fehlt die Schwerkraft, die Körper an den Boden »drückt«. Und so schweben Astronauten im Weltall herum, waschen sich nur mit feuchten Tüchern, weil Wasser umherfliegen würde, und müssen sich auf der Toilette festschnallen. Außerdem schwinden Muskeln und Knochen, und das ist ungesund. Dabei ist es eigentlich ganz einfach, im Weltraum Schwerkraft künstlich herzustellen, wie Wissenschaftler ausgeklügelt haben: nämlich mithilfe der Fliehkraft. Und das geht so: Eine Raumstation in Form eines Rades dreht sich im Weltraum. Dadurch werden die Astronauten in der Station aufgrund der Fliehkraft wie im

Karussell nach außen gedrückt – also an den Boden der Station. So können sie innen an der Außenwand entlang einmal im Kreis durch die ganze Raumstation laufen.

Für kleine Forscher

Die Salatschleuder nutzt die Fliehkraft, um das Wasser aus dem Salat zu bekommen. Ihr füllt den gewaschenen, nassen Salat in das Sieb der Schleuder. Deckel drauf und los geht's: Durch Kurbeln dreht ihr das Sieb und das Wasser wird aus dem Salat geschleudert. Deutlich heftiger geht es in der Waschmaschine zu, um die Wäsche zu trocknen. Wenn ihr euch die Waschtrommel anschaut, seht ihr, dass sie Löcher hat. Beim Schleudergang wird durch das Drehen so viel Fliehkraft erzeugt, dass das Wasser aus der Wäsche herausgepresst wird und durch die Löcher abfließt.

Ganz schön ausgefuchst

Schwerelos auf der Erde? Das gibt's doch gar nicht. Gibt es doch. Auf dem Jahrmarkt etwa. Überall dort, wo es in der Magengrube kribbelt, herrscht Schwerelosigkeit: bei kleinen und großen Achterbahnen, wenn es steil nach unten geht; in der Schiffsschaukel, wenn ihr kurz in der Luft stehen bleibt, bevor es wieder zurück- und nach unten geht; oder bei den Falltürmen, bei denen ihr nach oben gezogen werdet, dort eine ungewisse Zeit hängen bleibt, bevor es im freien Fall nach unten geht, wo ihr dann sanft abgebremst landet. Immer wenn es nach unten geht, seid ihr schwerelos wie Astronauten im Weltall.

Warum fliegen manche Luftballons ganz hoch und andere nicht?

Experiment: Heliumstimme

**Was steckt dahinter?
Schaut selbst! Ihr braucht dazu:**

- 1 Erwachsenen (am besten einen Mann)
- 1 Luftballon, der mit Helium gefüllt ist

Wenn ihr einen Luftballon aufpustet, dann mit Luft. So ist im Ballon das Gleiche wie außen herum. Füllt man aber das Gas Helium in einen Ballon, steigt der Ballon nach oben, da Helium viel leichter oder – wie Fachleute sagen – weniger dicht ist als Luft. Wie ein Ball mit Luft, den ihr unter Wasser drückt, nach oben flutscht, wenn ihr ihn loslasst, so zieht es den Heliumballon, der in Luft schwebt, nach oben. Und wenn ihr ihn loslasst, saust er sofort hoch in den Himmel. Je höher er steigt, desto geringer ist der Luftdruck um ihn herum und der Ballon wird größer. In etwa 14 Kilometern Höhe wird er so groß, dass er platzt.

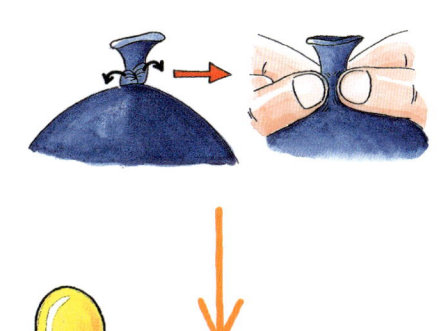

Und so geht das Experiment:

Wenn ihr beim Bummeln durch die Stadt einen Werbeluft-
ballon oder auf einem Fest einen Luftballon bekommt, der
mit Helium gefüllt ist, dann schnappt euch für dieses Experiment schnell einen Erwachsenen. Am besten geht es mit
Männern, weil die von Natur aus eine tiefe Stimme haben.
Also: Bittet den Erwachsenen, den Luftballon vorsichtig
aufzuknoten. Meistens ist die Tülle durch einen Kunst-
stoff-Clip gezogen und ihr müsst sie nur vorsichtig wieder
herausziehen. Haltet dabei die Tülle zu! Dann soll euer Versuchskaninchen dreimal tief ein- und ausatmen und nach
dem letzten Ausatmer die Tülle öffnen und kräftig das Luft-
ballongas einatmen. Bittet euer Versuchskaninchen nach
dem Einatmen, möglichst viel zu quasseln oder zu singen!

Was ist passiert? Und wie kommt es dazu?

Plötzlich ist die Stimme ganz hoch! Euer Papa etwa, der
sonst so eine tiefe Stimme hat, klingt plötzlich wie eine
Micky Maus, gar nicht wiederzuerkennen!
Doch Vorsicht: In Helium ist kein Sauerstoff enthalten. Wer
das Helium zu lange in der Lunge lässt, kann ohnmächtig
werden, weil der Körper nicht genug Sauerstoff bekommt.
Darum soll euer Versuchspartner das Helium beim Sprechen
oder Singen einfach zügig wieder ausatmen und bald wieder
frische Luft einatmen. Dann wird ihm höchstens kurz etwas
schwummerig. Das ist übrigens auch der Grund, warum
ihr das Helium nicht selbst einatmen sollt!
Und woher kommt die hohe Stimme? Helium ist sieben
Mal so leicht wie Luft, es hat also eine geringere Dichte
als Luft. Deshalb ist es flinker und schwingt im Kehlkopf schneller – und dadurch wird die Stimme höher.

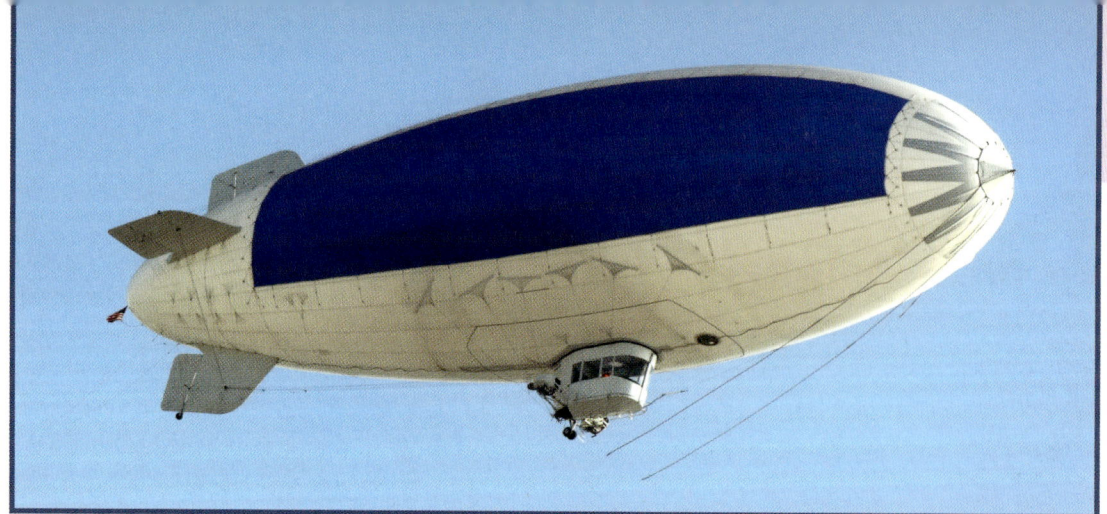

Was bedeutet das für uns Menschen?

Zeppeline und Gasballons verwenden Helium, um aufzusteigen und durch die Luft zu fahren. Der Nachteil: Helium ist nicht gerade billig. Der große Vorteil: Es brennt nicht! Anfangs wurde der wesentlich billigere Wasserstoff genommen, um Zeppeline und Ballons zu füllen. Aber: Wasserstoff brennt wie Zunder. Das zeigte die Katastrophe von Lakehurst aus dem Jahre 1937. Durch einen Funken explodierte das mit Wasserstoff gefüllte Luftschiff LZ 129 »Hindenburg«, 36 Menschen starben. Inzwischen sind Zeppeline wieder populär. Mit dem »Zeppelin NT« aus Friedrichshafen am Bodensee ist ein modernes, mit Helium gefülltes Luftschiff entwickelt worden, das große Lasten über weite Strecken transportieren kann.

Ganz schön spannend!

Wenn wir sprechen, erzeugen wir mit unseren Stimmbändern Schall. Der wandert durch die Luft zu den Ohren. Schall wird auch durch Gegenstände geleitet wie Holz oder Metall, aber auch Flüssigkeiten wie Wasser – Hauptsache, es ist etwas da, was den Schall weiterleitet. Im Weltraum fehlt das, denn dort herrscht »Vakuum«, das ist »nichts«. Und deshalb ist es im Weltall mucksmäuschenstill, weil dort nichts ist, was Schall leiten könnte. Elektromagnetische Wellen aber wie Licht, Röntgenstrahlung, Wärmestrahlung oder Radiowellen brauchen keine Materie, um transportiert zu werden. Deshalb können sie durch das Vakuum des Kosmos eilen. Und das ist auch der Grund, warum Astronauten im Weltraum zwar Radio empfangen, aber nicht hören können. Es sei denn, sie schweben in der internationalen Raumstation ISS, denn dort gibt's Luft zum Atmen und damit auch einen Stoff – eben Luft –, der Schall leitet.

Wissenschaftlern auf die Finger geguckt

Helium verstellt die Stimme. Das geht aber auch viel einfacher, nämlich elektronisch. Ingenieure haben Effekt-Geräte wie den »Pitch-Transposer« entwickelt, mithilfe dessen aus einer tiefen Männerstimme im Handumdrehen eine piepsige Mäusestimme oder umgekehrt aus einer hohen Kinderstimme eine tiiiefe Monsterstimme werden kann. Das Gerät verschiebt dazu die Tonhöhe. Dahinter steckt ein kleiner Computer, der so schnell rechnet, dass man es gar nicht merkt. Das sogenannte »Pitchen« (sprich: Pittschen) ist in der Pop-Musik sehr gefragt. Denn damit können auch schlechte Sänger, die keinen geraden Ton herausbekommen, ein passables Ergebnis abliefern.

Andere Effekt-Geräte sind »Vocoder«, die aus einer menschlichen Stimme eine blecherne Roboterstimme zaubern oder aus einer Frauen- eine Männerstimme machen.

Für kleine Forscher

Dass Schall tatsächlich aus Schwingungen besteht und dass diese aus eurem Körper kommen, könnt ihr nicht nur hören, sondern auch fühlen. Wenn ihr eine Hand an euren Kehlkopf legt und summt und brummt, spürt ihr, dass es am Hals vibriert – bei tiefen Tönen stärker als bei hohen Tönen.

Ganz schön ausgefuchst

Während Helium die Stimme höher macht, weil es leichter ist als Luft, gibt es auch Gase, welche die Stimme tiefer machen, weil sie schwerer sind als Luft. Marcus Weber macht wissenschaftliche Comedy. Wenn er das Gas »Schwefelhexafluorid« (SF_6) einatmet, bekommt er eine ganz tiefe Monsterstimme. Zum Glück ist Schwefelhexafluorid ungiftig. Weil es aber fünfmal so schwer ist wie Luft, kann man es nicht so einfach wie das leichtere Helium ausatmen. Es bleibt in der Lunge. Erst wenn Marcus zum Schluss einen Handstand macht, fließt das Gas aus seiner Lunge heraus und er kann wieder ganz normale Luft atmen.

31 Warum darf ich kein Meerwasser trinken?

Experiment: Monstergummibärchen

Schwierig-keitsstufe:
M

Versuchsdauer:
3 Tage

**Was steckt dahinter?
Schaut selbst!
Ihr braucht dazu:**

- 3 Gummibärchen (am besten rote oder grüne)
- 5 Trinkgläser
- 2 Teelöffel
- Zucker und Salz
- Wasser
- 1 Lineal

Weil das lebensgefährlich sein kann. Denn Meerwasser ist Salzwasser. Und Salz hat die unangenehme Eigenschaft, dass es dem Körper Wasser entzieht. Je mehr Salzwasser man also trinkt, desto weniger Wasser hat man im Körper. Das klingt nach einem Widerspruch, es ist aber tatsächlich so. Deshalb können

Menschen auf dem Meer oder einer kleinen Insel verdursten, obwohl sie von Unmengen von Wasser umgeben sind. Aber: Es ist eben (ungenießbares) Salzwasser.

Messt die Länge eines der Gummibärchen und notiert sie. Füllt dann 3 Gläser mit Leitungswasser und legt in jedes Glas ein Gummibärchen. Gebt ihnen 2 Tage Zeit, richtig groß zu werden. Dann füllt ihr die beiden anderen Gläser mit Wasser und gebt in eines so viel Zucker, bis er sich auch bei fleißigem Rühren nicht mehr auflöst. Leckt mal am Löffel – süüüß! In das fünfte Glas gebt ihr Salz, bis es sich nicht mehr auflöst. Wie schmeckt dieses Wasser?

Holt nun eines der aufgequollenen Gummibären vorsichtig mit einem Löffel aus dem Leitungswasser, legt es auf das Papier und messt, wie groß es ist. Notiert den Wert. Gebt es dann in das Zuckerwasser. Holt noch ein weiteres Bärchen aus dem Leitungswasser und legt es in das Salzwasser.

2 Tage

Was ist passiert? Und wie kommt es dazu?

Im Leitungs- und im Zuckerwasser haben sich die Gummibärchen – nachdem sie aufgequollen sind – nicht verändert, vielleicht sind sie noch etwas gewachsen. Anders dagegen im Salzwasser: Das Gummibärchen ist geschrumpft und fast so klein wie vorher in der Tüte.

> Was dahintersteckt, heißt »Osmose«, also das Bestreben von Stoffen, sich auszugleichen. Hier funktioniert das so: Zuerst war in den Gummibärchen nur wenig (süßes) Wasser. Um den Unterschied zwischen dem fast trockenen Bärchen und dem klaren Wasser drumherum auszugleichen, wurde Wasser in das Gummibärchen gezogen. Im Salzwasser ist genau das Umgekehrte geschehen: Es hat das Süßwasser aus dem Gummibärchen herausgezogen, damit es etwas süßer wird. Diesen Effekt hat Salzwasser generell: Es zieht Wasser aus den Dingen. Und deshalb dürft ihr kein Salzwasser, also Meerwasser trinken.

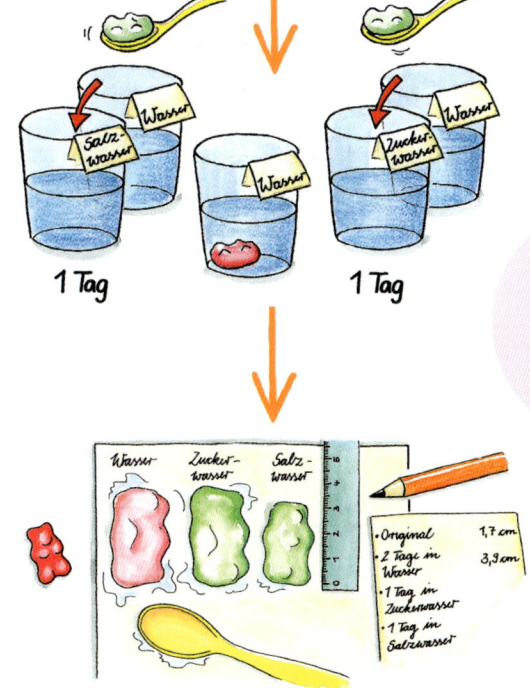

1 Tag   1 Tag

Was bedeutet das für uns Menschen?

Früher haben Menschen Fleisch gepökelt, um es lange haltbar zu machen. Dazu wurde es in einer Salzlake eingelegt oder mit Pökelsalz bestreut. So wurde ihm Flüssigkeit entzogen und das Fleisch konserviert. So ähnlich geschieht das im Körper: Salzwasser entzieht den Körperzellen das lebensnotwendige Wasser. Aber trotzdem ist Kochsalz ein wichtiger Grundstoff für unseren Körper und lebensnotwendig. 3–5 Gramm benötigt ein erwachsener Mensch am Tag. Wenn er stark schwitzt, sogar bis zu viermal so viel. Aber zu viel Salz bringt den Körper durcheinander, weil er große Mengen davon nicht verarbeiten kann. Die Folgen sind Nierenversagen und Herz-Kreislauf-Stillstand. Schon 1 Gramm Salz pro Kilogramm Körpergewicht kann tödlich sein!

Ganz schön spannend!

Früher war das lebenswichtige Salz ein knappes und kostbares Gut und wurde auch »weißes Gold« genannt. Es wurde über weite Wege transportiert, davon zeugen die zahlreichen »Salzstraßen«, welche die Lande durchzogen. Die italienische Hauptstadt Rom etwa wurde 650 vor Christi Geburt dort gegründet, wo eine alte Salzstraße den Fluss Tiber überquerte. Auch heute wird vielerorts Salz abgebaut: Beispielsweise wird in Südeuropa aus Salzlagunen Meersalz gewonnen – und in Bolivien (Südamerika) werden auf einem riesigen Salzsee zum Teil von Hand große Mengen Salz abgetragen.

Wissenschaftlern auf die Finger geguckt

Am südöstlichen Ausgang des Oslofjordes in Norwegen, wo Süßwasser in das Meer strömt, steht ein Osmosekraftwerk. Dort wird das Süßwasser des Fjordes in einem Tank mit Meerwasser zusammengebracht, lediglich getrennt durch eine dünne Membran. Durch diese dringt Süßwasser von der einen Seite ins Meerwasser auf der anderen Seite. Dadurch erhöht sich der Druck im Meerwasser und treibt eine Turbine an, die Strom erzeugt. Allerdings kann das erste Osmosekraftwerk der Welt gerade mal eine Herdplatte zum Glühen bringen. Aber Wissenschaftler tüfteln daran herum, wie man dies Methode zur Energiegewinnung verbessern kann.

Für kleine Forscher

Frische Kirschen sind lecker und ihr könnt mit ihnen sogar einen kleinen Versuch machen, bevor ihr sie esst: Legt einige Sauer- oder Süßkirschen in Wasser. Wartet ungefähr drei Stunden, nehmt sie heraus und schaut sie euch genau an: Die meisten sind aufgeplatzt und haben einen Riss. Wie konnte das nur passieren? Schuld daran ist natürlich ... die Osmose. Wasser strömt durch die Haut in die Früchte, die innen voller Zucker sind. Schließlich wird der Wasserdruck in den Kirschen so groß, dass sie aufplatzen. Dieser Versuch zeigt, wie stark Osmose sein kann – sie kann die feste Haut sprengen.

Übrigens: Aufgeplatzte Kirschen könnt ihr ohne Weiteres essen. Sie schmecken genau wie nicht geplatzte. Vielleicht etwas wässriger?

Ganz schön ausgefuchst

Was ist das Gegenteil von Osmose? »Umkehr-Osmose«! Dabei geschieht das Gegenteil von dem, was in einem Osmosekraftwerk passiert. Salzwasser wird gegen eine Membran gedrückt. Daran: nämlich vom Salzwasser zum Süßwasser. Es ist so, als ob Wasser durch einen Filter gepresst wird, der so fein ist, dass nur das Wasser durchkommt, nicht aber das Salz. So lässt sich aus Salzwasser Süßwasser machen – und damit Trinkwasser gewinnen. Der einzige Nachteil: Solche Meerwasserentsalzungsanlagen verbrauchen viel Energie.

32 Was ist ein Geysir?

Experiment: Geysir in der Mikrowelle

Ein Geysir ist eine heiße Quelle, die ab und zu eine Wasserfontäne ausstößt. Auf der Insel Island zum Beispiel oder im US-amerikanischen Yellowstone-Nationalpark gibt es viel Vulkanismus und deshalb gibt es dort viele heiße Quellen. Wenn an manchen Stellen das Wasser in Erdspalten rinnt, wird es unterirdisch erhitzt, bis es anfängt zu sieden. Dann verdampft es schlagartig, der Dampf schießt nach oben und reißt Wasser mit sich. Das kann beeindruckende Fontänen ergeben, wie etwa bei dem berühmten Geysir »Old Faithful« (»Alter Getreuer«) in den USA, der ungefähr alle anderthalb Stunden rund 30 Meter hohe Wasserfontänen ausstößt.

Was steckt dahinter?
Schaut selbst! Ihr braucht dazu:

- 1 kleines Glasfläschchen mit Plastikdeckel (aus der Apotheke)
- 1 Trinkhalm
- Wasser
- flüssigen Klebstoff
- 1 Mikrowellengerät
- 1 Schere
- 1 Erwachsenen

➤ **Und so geht das Experiment:**

Bittet einen Erwachsenen, in den Deckel des Glasfläschchens mit der Schere ein Loch hineinzubohren, das so groß ist, dass ein Trinkhalm durchpasst. Schraubt den Deckel auf das Glasfläschchen und steckt einen Trinkhalm so weit hindurch, dass er den Boden des Fläschchens berührt. In dieser Position klebt ihr ihn im Deckel fest, indem ihr rund um den Trinkhalm flüssigen Klebstoff auftragt. Die Klebstoffnaht muss dicht sein. Wartet ab, bis der Klebstoff ganz getrocknet ist, und schneidet den Trinkhalm oben so weit ab, dass er nur noch 3 Zentimeter aus dem Deckel herausragt. Schraubt den Deckel ab und füllt das Fläschchen zu drei Vierteln mit Wasser. Schraubt den Deckel samt Trinkhalm wieder drauf, stellt alles in euer Mikrowellengerät und schaltet es auf höchster Stufe an.

Was ist passiert? Und wie kommt es dazu?

Es dauert eine Weile, bis das Wasser im Fläschchen warm wird und zu sieden beginnt. Dann geht alles sehr schnell: Während es innen drin anfängt zu blubbern, strömt eine Wasserfontäne aus dem Trinkhalm. Wie bei einem echten Geysir! Warum?

Wenn Wasser siedet, verdampft es. Als Dampf braucht Wasser viiiel mehr Platz als die gleiche Menge flüssiges Wasser. Der Dampf sammelt sich oben im Fläschchen und drückt mit enormer Kraft auf das Wasser. Das Wasser hat nur einen Ausweg: durch den Trinkhalm nach draußen! Mit großer Wucht strömt es heraus, bis im Fläschchen kein flüssiges Wasser mehr ist, sondern nur noch Wasserdampf.

➤ Achtung: Das Fläschchen ist jetzt über 100 °C heiß! Öffnet nach dem Ausschalten der Mikrowelle die Tür und wartet einige Minuten, bis ihr es anfasst.

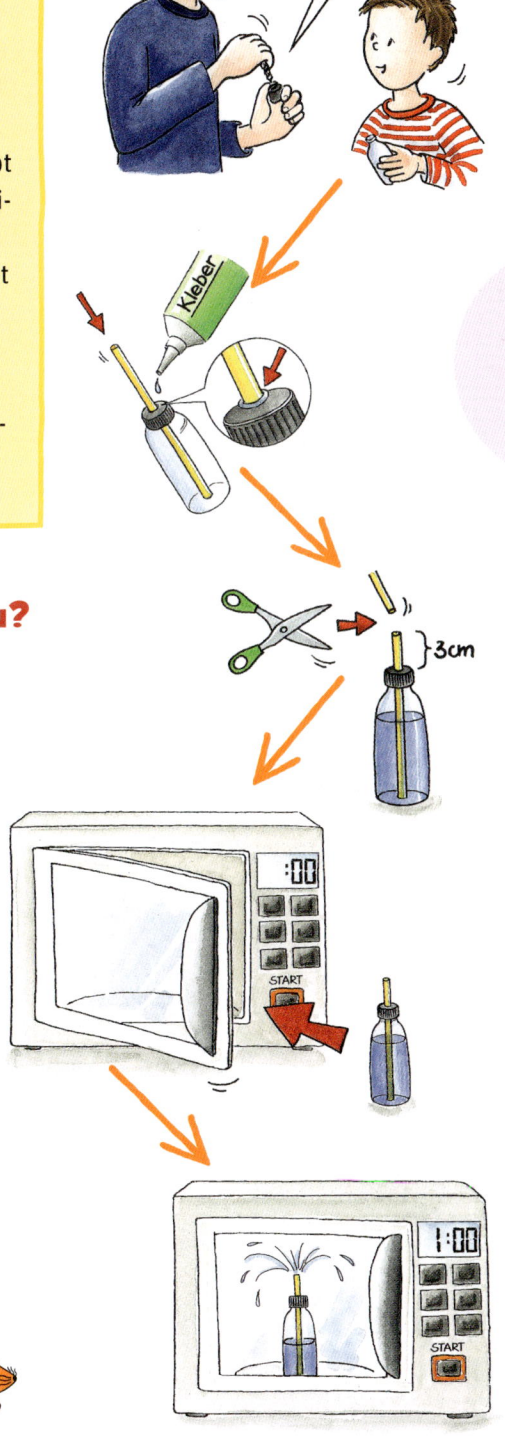

Was bedeutet das für uns Menschen?

Das Prinzip eines Geysirs kann für die Energiegewinnung in geothermischen Kraftwerken genutzt werden. Durch ein Bohrloch wird Wasser in die Erde gepresst. Durch ein zweites Rohr wird das in der Erde erhitzte Wasser wieder nach oben geholt. Hier kann es Häuser heizen oder in einem Erdwärme-Kraftwerk Turbinen antreiben.

Geysire kann es sogar daheim geben: Gibt man in eine Pfanne mit heißem Öl etwas Wasser – und sei es nur in Form eines feuchten Stücks Fleisch –, kann sich Wasser unter dem Fett sammeln und dort explosionsartig verdampfen. Dann schießt das Fett abrupt in die Höhe. Wird das Fett jedoch viel zu heiß, kann es sich entzünden. Wird jetzt versucht, mit Wasser zu löschen, kommt es zur Katastrophe: Das Wasser verdampft schlagartig wie bei einem Geysir. Dabei wird das brennende Fett in feinste Tröpfchen zerteilt und es gibt eine Stichflamme. Deshalb gilt: Brennendes Fett nur mit einer speziellen Feuerlöschdecke löschen!

Ganz schön spannend!

Die Insel Island ist das Land der Geysire. Dort wohnen nur knapp 300 000 Menschen – nicht mal ein Drittel so viel wie in Köln –, dafür gibt es aber mehr Geysire als anderswo. Island ist von Vulkanen und ihren Begleiterscheinungen geprägt. Das Magma, das flüssige Gestein des Erdinneren, reicht hier sehr weit an die Erdoberfläche, weshalb es viele heiße Quellen, Geysire und auch viele Vulkane gibt. Im Jahr 2010 ist einer von ihnen sogar berühmt geworden: der Eyjafjallajökull. Er stieß so gewaltige Aschemengen in die Atmosphäre, dass sich die Aschefahnen über ganz Mitteleuropa verteilten und dort den Flugverkehr lahmlegten.

Wissenschaftlern auf die Finger geguckt

Ganz woanders gibt es sogar eiskalte Geysire – auf »Enceladus«, einem Mond des Planeten Saturn. Diese Geysire schleudern Fontänen aus Eiskörnchen ins Weltall. Wissenschaftler aus Göttingen haben solch einen Eis-Geysir im Labor nachgebaut, um herauszufinden, ob die Eisteilchen aus einem flüssigen Wasserozean aus den Tiefen von Enceladus stammen. Das Ergebnis: Ja, das tun sie, und das heißt, dass es auf dem Saturn-Mond – wenn auch nicht auf seiner Oberfläche – Wasser gibt. Und wo es Wasser gibt, kann es Leben geben. So sind diese eiskalten Geysire ein Hinweis auf mögliches Leben im All – wenn auch auf höchstens ganz primitive Kleinstlebewesen.

Ganz schön ausgefuchst

Jede Spraydose ist eine Art künstlicher Geysir. In der Flasche ist eine Flüssigkeit, die fein zerstäubt werden soll – der Inhalt reicht von Parfüm über Sahne bis hin zum Backofenspray. Außerdem steht die Spraydose unter Druck, denn sie enthält ein Gas, welches die Flüssigkeit über ein dünnes Röhrchen aus der Flasche drückt. Beim Herausdrücken wird die Flüssigkeit in der Düse in kleinste Tröpfchen verteilt. So lässt sich mit Spray eine große Oberfläche benetzen. Bei Duftsprays verdunsten die Tröpfchen sofort, ehe sie noch auf die Erde fallen. Und Sahne wird beim Austreten sofort fest. Das ist praktisch, dann muss sie nicht mühsam geschlagen werden.

Für kleine Forscher

Schnappt euch einen Erwachsenen mit einem Wasserkocher oder Wasserkessel und bringt darin Wasser zum Sieden. Beobachtet und vor allem hört, was dabei geschieht – der Klang ändert sich. Warum das? Ganz einfach: Wenn das Wasser warm wird, wird zuerst die Luft aus dem Wasser getrieben, die darin gelöst ist. Das ist als feines Rauschen zu hören. Bald danach bilden sich am Boden, wo der Kochtopf oder Wasserkocher am heißesten ist, die ersten Dampfblasen. Diese sind leichter als Wasser und steigen nach oben. Hier ist das Wasser aber noch kälter. Die Dampfblasen kühlen schlagartig ab und fallen in sich zusammen. Das gibt jedes Mal einen dumpfen Knall. Erst zum Ende hin, wenn das gesamte Wasser heiß ist, gelangen alle Dampfblasen nach oben. Deswegen ist sprudelnd kochendes Wasser recht leise.

33

Wie funktioniert ein Wärmekissen?

Experiment: Wärmekissen selbst gemacht

Was steckt dahinter? Schaut selbst! Ihr braucht dazu:

- 200 g Natriumacetat-Trihydrat (chemische Formel $C_2H_3NaO_2 * 3H_2O$, aus der Apotheke)
- Wasser
- 1 Gefrierbeutel
- 1 Esslöffel
- 1 Kochlöffel
- 3 Wäscheklammern
- 1 Kochtopf mit Wasser
- 1 Schüssel
- 1 Erwachsenen

In Wärmekissen ist eine Flüssigkeit: die Chemikalie Natriumacetat. Und für die Chemiker unter euch: Das ist ein Salz der Essigsäure. Normalerweise ist Natriumacetat bei Raumtemperatur fest, doch im Beutel ist es flüssig. Es hat sozusagen »vergessen«, fest zu werden. Mit dem Knicken des Blechstücks, das in dem Wärmekissen »schwimmt«, erinnert ihr die Flüssigkeit daran und sie beginnt sofort zu kristallisieren, also fest zu werden. Dabei wird Energie frei, welche das Natriumacetat in Form von Wärme abgibt. Es erwärmt sich dabei um etwa 35 °C.

Und so geht das Experiment:

Schüttet das Natriumacetat-Trihydrat in den Gefrierbeutel und gebt vier Esslöffel Wasser hinzu. Wickelt die offene Seite der Tüte um den Stiel des Kochlöffels und klemmt sie mit drei Wäscheklammern fest. Legt den Kochlöffel so über den Kochtopf mit Wasser, dass die Chemikalie im Beutel im Wasser hängt. Stellt den Herd an und wartet, bis das Wasser zu kochen beginnt. Stellt dann den Herd ab, denn es reicht etwa 70 °C warmes Wasser. Ist der Inhalt des Beutels komplett flüssig, hebt ihr ihn heraus und stellt ihn vorsichtig in eine Schüssel. Wartet etwa 1 Stunde, bis sich die Flüssigkeit im Beutel abgekühlt hat. Öffnet dann den Beutel und taucht den Löffel in die flüssige Chemikalie.
ACHTUNG: Die Chemikalie soll nicht in Augen oder Mund gelangen. Wenn doch, mit viel Wasser ausspülen. Und nach dem Experiment Hände waschen.

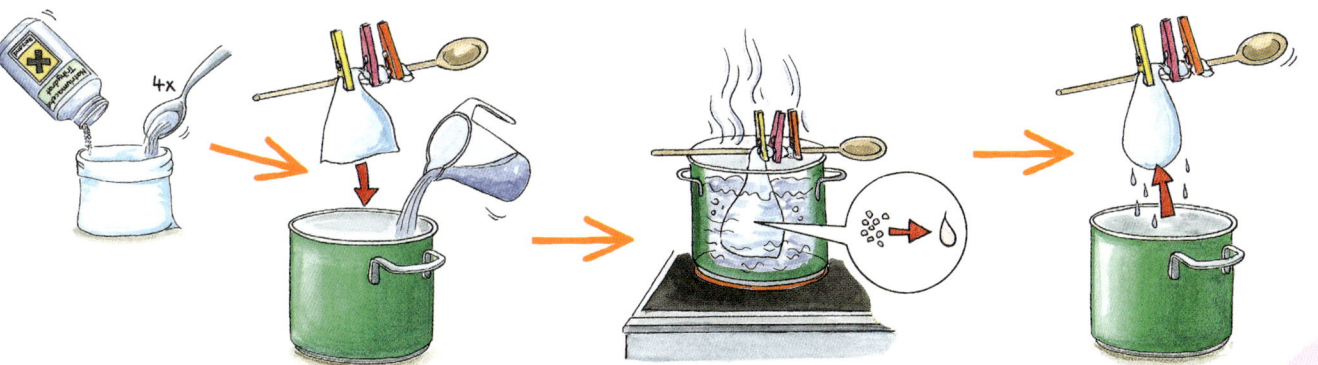

Was ist passiert? Und wie kommt es dazu?

Sofort wird es um den Löffel weiß. Wie ein Schimmelpilz wächst etwas Weißes und dehnt sich aus. Die Flüssigkeit kristallisiert rasch und wird fest. Das fühlt ihr, wenn ihr von außen an den Beutel fasst: Der Inhalt ist hart und – sehr warm! Natriumacetat hat einen Schmelzpunkt von 58 °C. Deshalb reichen schon 70 °C, um es zu schmelzen. Beim Abkühlen vergisst das Natriumacetat allerdings, wieder fest zu werden. Dadurch hat es Energie gespeichert. Erst bei einer Störung (dem Löffel!) beginnt es zu kristallisieren und gibt dabei die in ihm gespeicherte Energie wieder ab.

Übrigens: Ist die Masse ganz abgekühlt, könnt ihr sie erneut ins Wasserbad hängen und mit Wärme »aufladen«. Es ist ein chemischer Wärmeakku, der Wärme speichert wie ein elektrischer Akku Strom. Und wenn ihr das Natriumacetat nicht mehr braucht, gebt es einfach in den Hausmüll.

Wärmekissen selbst gemacht

Was bedeutet das für uns Menschen?

Den gleichen Effekt wie beim Wärmekissen gibt es auch bei Wasser, und zwar gleich zweimal. Wasser kann bis –70 °C flüssig sein, wenn es ganz rein ist und behutsam abgekühlt wird. Dann spricht man von »Unterkühlung« und es reicht eine kleine Störung – wie etwa eine Erschütterung – und das Wasser gefriert sofort.

Beim »Siedeverzug« dagegen kann Wasser noch über 100 °C flüssig sein. Auch hier reicht eine kleine Störung, damit es schlagartig zu sieden beginnt und verdampft. Das kann in der Mikrowelle passieren. Ein Glas mit heißem Wasser explodiert dann förmlich, wenn man einen Löffel eintaucht. Das ist ganz schön gefährlich!

Ganz schön spannend!

Wärme kann man messen – und auch sehen. Sogenannte Wärmebildkameras sind empfindlich für Wärmestrahlung, auch Infrarotlicht genannt. Das, was diese Kameras sehen, muss aber übersetzt werden, denn Infrarotlicht hat ja keine »Farbe«. Deshalb werden den gemessenen Temperaturen verschiedene Farben zugeordnet. Rot steht für heiß, Gelb für warm, Grün für lauwarm und Blau für kalt. Bei der Thermografie wird mit einer Wärmebildkamera nur die Wärmestrahlung etwa eines Hauses aufgenommen, um zu sehen, ob es gut isoliert ist. Rote Bereiche zeigen, dass dort viel Energie abgestrahlt wird

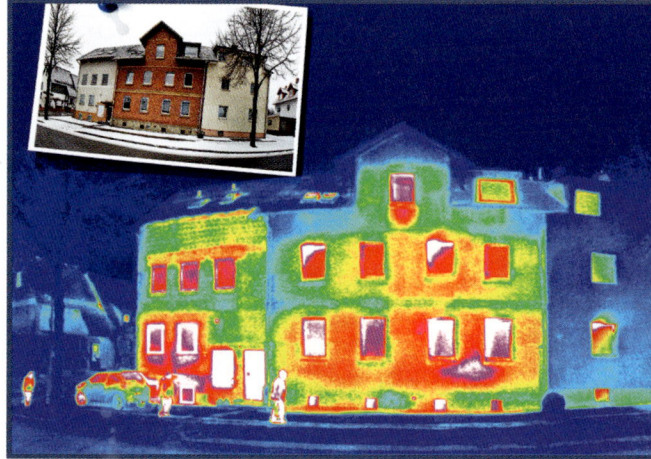

und damit verloren geht. Grüne und blaue Bereiche zeigen, dass das Haus hier nach außen ziemlich kalt und damit gut isoliert ist.

Schon gewusst?

Temperaturen können beliebig hoch sein, aber nicht beliebig niedrig. Denn es gibt eine untere Grenze: den absoluten Nullpunkt, der bei 0 Kelvin liegt – also bei –273,15 °C! Nichts im Universum kann kälter werden. Wissenschaftler messen daher meist nicht in »Grad Celsius«, sondern in »Kelvin«. Die Temperaturskala des Lord Kelvin of Largs (1824 –1907) beginnt beim absoluten Nullpunkt und hat die gleiche Einteilung wie bei Celsiusgraden. Wasser gefriert demnach bei 273,15 K(elvin) (= 0 °C) und kocht bei 373,15 K (= 100 °C).

Wissenschaftlern auf die Finger geguckt

Im Sommer ist es zu heiß, im Winter zu kalt. Wie schön wäre es, etwas Wärme aus dem Sommer in den Winter mitzunehmen. Dafür müsste die Wärme gespeichert werden. Doch Wärmeenergie ist extrem schwer zu speichern. Wissenschaftler haben dazu sogenannte Adsorptionsspeicher entwickelt. In deren Tanks befindet sich ein Material, das sich erwärmt, wenn es nass wird. Um im Winter Wärme zu bekommen, muss also nur Wasser eingefüllt werden. Im Sommer wird der Tank dann mit Sonnenwärme wieder getrocknet. Der trockene Speicher ist dann wieder »geladen« wie eine Batterie und bereit für den nächsten Winter. Leider ist das Speichermaterial – Zeolith, eine mineralische Verbindung – sehr teuer. Und um nennenswert Wärme zu gewinnen, braucht man Riesentanks.

Ganz schön ausgefuchst

Ein riesiges »Wärmekissen« soll in Dortmund Schwimmbäder und Gebäude heizen. Der Trick: Die Wärme wird in einem Lkw-Container gespeichert, der mit Natriumacetat gefüllt ist. Zum Aufladen wird der Container dorthin gefahren, wo viel Wärme anfällt, die sonst nutzlos verpufft – etwa zu Kraftwerken, Stahlwerken oder Kokereien. Mit dieser Wärme wird das Natriumacetat im Innern erwärmt und dadurch verflüssigt. Dann wird der Container beispielsweise zu einem Schwimmbad gefahren und dort an die Heizung angeschlossen. Das Natriumacetat wird zum Kristallisieren gebracht und die entstehende Wärme heizt das Schwimmbadwasser.

Für kleine Forscher

Stellt zwei Kochtöpfe auf den Herd. Den einen füllt ihr mit Wasser, den anderen mit Eiswürfeln, also gefrorenem Wasser. Lasst euch von einem Erwachsenen beide Herdplatten auf höchste Stufe schalten und beobachtet, was passiert. Messt mit einem Thermometer die Temperaturen in den beiden Töpfen und vergleicht sie. Ihr werdet feststellen, dass das flüssige Wasser langsam immer wärmer wird, während das Wasser im Topf mit den Eiswürfeln so lange bei 0 °C stehen bleibt, bis das letzte Eis geschmolzen ist. Erst dann erhitzt es sich langsam. Das liegt daran, dass die Wärme und damit Energie der Herdplatte erst einmal dafür benötigt wird, das Eis zu schmelzen, also vom festen in den flüssigen Zustand zu bringen. Diese Energie ist dann im flüssigen Wasser gespeichert.

34

Wie funktioniert eine Batterie?

Experiment: Gummibärchenbatterie

Schwierig-
keitsstufe:

M

Versuchsdauer:
30 Minuten

**Was steckt dahinter?
Schaut selbst! Ihr braucht dazu:**

- 1 Stück Aluminiumfolie
- 1 5-Cent-Stück
- 1 Kopf- oder Ohrhörer
  Wurst, Brause, Gummibärchen, Obst

Eine Batterie hat zwei Pole, einen Pluspol (+) und einen Minuspol (−). Damit Strom fließt, braucht ihr einen Stromkreis, der beide Pole leitend miteinander verbindet. Dann fließt Strom vom Minus- zum Pluspol.

In der Batterie sind Elektroden aus Metall oder Kohle, die von einer salzigen oder sauren Lösung umgeben sind. Solange die Batterie geladen ist, herrscht ein Ungleichgewicht zwischen den beiden Polen, die sogenannte Spannung. Ist die Batterie entladen, hat der Strom dieses Ungleichgewicht ausgeglichen – die Batterie hat nun keine Spannung mehr, sie ist »leer«.

Und so geht das Experiment:

Legt die Aluminiumfolie auf den Tisch und darauf beispielsweise ein Gummibärchen, das ihr mit Spucke etwas anfeuchtet, oder ein Stück Brause, eine Apfel- oder Zitronenscheibe oder was euch sonst in die Finger kommt. Darauf legt ihr dann das 5-Cent-Stück, und zwar so, dass es über den Rand von Gummibärchen, Brausebrocken, Apfel- oder Zitronenscheibe hinausragt. Jetzt steckt ihr die Ohr-hörer in die Ohren bzw. setzt den Kopf-hörer auf, nehmt den Stecker des Kopf- oder Ohr-hörers und stellt seine Spitze direkt neben der Münze auf die Aluminiumfolie. Schiebt ihn direkt an die Münze, sodass diese einen der beiden Ringe des Steckers berührt.

Was ist passiert?
Und wie kommt es dazu?

Ihr hört es auf einem Ohr knacken! Bei Apfel- oder Zitronenscheibe sofort – beim Gummibärchen und bei der Brause erst, wenn ihr sie (mit Spucke) befeuchtet habt. Jetzt habt ihr die Urform einer Batterie, ein sogenanntes »galvanisches Element«, das Strom erzeugt. Es besteht immer aus zwei unterschiedlich edlen Stoffen, wie hier zwei Metallen, nämlich Alumi-nium (unedler) und Kupfer (edler), die über etwas Feuchtes miteinander in Kontakt stehen. Das kann der saure Apfel- oder Zitronensaft sein, aber auch eure Spucke. Und genauso wie eure Gummibärchenbatterie funktionieren auch die Batterien für eure Geräte: in-nen drinnen sind zwei unterschiedliche Stoffe, die über etwas Feuchtes verbunden sind.

Gummibärchenbatterie

Was bedeutet das für uns Menschen?

Elektrizität hat unser Leben verändert – früher musste man beispielsweise Geschirr und Wäsche mit der Hand waschen, doch seit Beginn des 20. Jahrhunderts haben wir dank Elektrizität Energie überall verfügbar und in unseren Häusern Spülmaschinen, Staubsauger, Toaster und vieles mehr. Durch simple Metallleitungen transportieren wir mühelos große Mengen Elektrizität überallhin.

Und dank Batterien haben wir elektrische Energie immer dabei: im Handy, im Notebook, im MP3-Spieler, in der Taschenlampe usw. Elektrische Energie ist vielfältig und lässt sich auch in jede andere Form von Energie umwandeln: in Bewegungsenergie wie bei der Bohrmaschine, in Wärme wie beim Herd oder in Licht wie in Lampen.

Ganz schön spannend!

Elektrizität ist nützlich, aber auch gefährlich. Schon bei einer 9-Volt-Batterie steckt ganz schön Spannung dahinter, das merkt ihr, wenn ihr eure Zunge gleichzeitig an beide Kontakte haltet und es kräftig bitzelt. Hinter der Steckdose steckt jedoch 26-mal so viel Spannung, und das kann tödlich sein. Denn unser Körper benutzt auch Elektrizität. In den Nervenbahnen werden winzig kleine elektrische Impulse weitergeleitet, die etwa den Muskeln sagen, was sie tun sollen. Ist man unvorsichtig und kommt mit dem Strom aus der Steckdose in Kontakt, können die Muskeln so stark verkrampfen, dass sie die Knochen in Armen und Beinen brechen. Der wichtigste Muskel aber ist das Herz. Es kann bei einem Stromschlag außer Takt geraten und aussetzen. Das ist tödlich.

Schon gewusst?

Für Elektrizität gibt es zwei wichtige Kenngrößen, die ihr sicher schon einmal gehört habt: Strom und Spannung. Wenn ihr euch die Batterie als einen Wasserfall vorstellt, dann entspricht die Spannung der Höhe des Wasserfalls. Der Strom ist die Menge des Wassers, die fällt. Je höher der Wasserfall, also die Spannung, desto mehr Karacho hat das Wasser, das herunterfällt, also der Strom.
Eine Batterie entleert sich mit der Zeit. Dabei sinken Spannung und Strom. Das ist, als ob der Wasserfall immer kleiner wird. Am Ende, wenn die Batterie entladen ist, ist die Spannung null und der Wasserfall versiegt.

Gummibärchenbatterie

Wissenschaftlern auf die Finger geguckt

Ohne mobile elektrische Geräte sind wir heute (fast) aufgeschmissen. Was ist etwa, wenn der Handy-Akku leer und kein Stromanschluss in der Nähe ist? Deshalb tüfteln Wissenschaftler daran, dass wir bald mit unserem Körper Strom gewinnen können. Erste Beispiele gibt es schon: Piezokristalle im Schuh erzeugen bei jedem Schritt Elektrizität, Rucksäcke mit Solarzellen darauf fangen das Sonnenlicht ein und kleine Thermoelemente in der Kleidung stellen mit der Wärme unseres Körpers Strom her. Straßen mit Elektronik im Asphalt könnten darüberfahrende Autos zur Energieerzeugung nutzen und längst gibt es schon Tanzflächen in der Disco, die aus den Bewegungen der darauf herumhüpfenden Tanzenden den Strom für das Disco-Flackerlicht gewinnen.

Für kleine Forscher

Wenn ihr euch einen Löffel und einen Streifen Aluminiumfolie an die Zunge haltet, habt ihr in eurem Mund ein galvanisches Element. Doch so fließt kein Strom, denn die beiden Pole eurer »Zungenbatterie« sind noch offen. Erst wenn ihr Löffel und Folie vor dem Mund miteinander verbindet und sich beide außerhalb eures Mundes berühren, fließt ein Strom, denn ihr habt einen Kurzschluss hergestellt. Das könnt ihr sogar schmecken! Denn auf eurer Zunge bitzelt es nicht nur, sondern es schmeckt auch etwas sauer. Auf diese Weise könnt ihr völlig ungefährlich Strom spüren.

Ganz schön ausgefuchst

Die Schütteltaschenlampe wird vor Gebrauch kräftig durchgeschüttelt. Dabei wird ein Magnet im Inneren hin und her geschleudert. Er saust dabei durch eine Kupferspule – und das erzeugt einen Stromgenerator. Je länger ihr schüttelt, desto öfter saust der Magnet durch die Spule und erzeugt dabei ein bisschen Strom. Der wird von kleinen Akkus gespeichert, und schaltet ihr nach getaner Schüttelarbeit die Lampe ein, leuchtet die Leuchtdiode darin eine ganze Weile, auf jeden Fall aber länger, als ihr geschüttelt habt! Andere Taschenlampen, aber auch kleine Radios haben eine Drehkurbel, mit der man sie aufzieht. Dabei wird innen eine Feder gespannt, die nach dem Loslassen einen Dynamo antreibt und Strom erzeugt.

35 Wieso fällt ein Seiltänzer nicht vom Seil?

Experiment: Gleichgewicht halten

Schwierig-
keitsstufe:

L

Versuchsdauer:
10 Minuten

Solange sich Seiltänzer an ein paar Regeln halten, können sie nicht vom Seil fallen.
Ihre Körpermitte, also ihr Schwerpunkt,
ist stets über dem Seil, weshalb sie ihr Gewicht genau ausbalancieren müssen. Das geht
besser, wenn sie die Arme ausbreiten, weil
dann etwas Gewicht vom Körper weg ist. Am
allerbesten geht es jedoch mit einer langen
Stange. Damit verteilen die Seiltänzer noch
mehr Gewicht nach links und rechts.

**Was steckt dahinter?
Schaut selbst! Ihr braucht dazu:**

- 1 Saftflasche
- 1 Spazierstock oder Regenschirm
  mit gebogenem Griff

Das macht den Balanceakt auf dem Seil sehr
viel stabiler, denn schon kleine Änderungen in
der Haltung des Stabes können Unsicherheiten
im Gleichgewicht korrigieren.

Es ist wirklich unglaublich einfach: Steckt den gebogenen Griff vom Spazierstock oder Schirm in die Flasche. Dann streckt ihr Zeige- und Mittelfinger aus, stellt die Flasche mit der Unterseite darauf und lasst sie langsam los.

Was ist passiert?
Und wie kommt es dazu?

Die Flasche balanciert ganz schräg auf den Fingern. Der allergrößte Teil der Flasche ragt sogar darüber hinaus, trotzdem fällt sie nicht hinunter, sondern steht in dieser waghalsigen Position ziemlich fest und stabil. Unglaublich! Unglaublich?

Alleine würde die Flasche natürlich nie so auf den Fingern stehen bleiben. Erst im Zusammenspiel mit dem Stock oder Schirm ist das möglich. Das hängt mit dem Schwerpunkt zusammen. Das ist der Punkt, in dem ihr euch das ganze Gewicht eines Gegenstandes vereint vorstellen könnt. Im Schwerpunkt kann man einen Gegenstand mühelos balancieren. Bei der Flasche wäre das nicht ganz so einfach, denn ihr Schwerpunkt liegt im Flaschenbauch. Schirm und Flasche gemeinsam bilden jedoch einen neuen Körper. Dessen Schwerpunkt liegt nun außerhalb von Stock und Flasche, also in der Luft, etwas unterhalb des Punktes, wo ihr die Flasche haltet (•). Um zu fallen, müsste die Flasche durch eure Finger hindurchfallen, was natürlich nicht möglich ist. Deshalb bleibt die Flasche auf dem Finger kleben.

Was bedeutet das für uns Menschen?

Akrobaten lassen uns immer wieder staunen, in welchen Positionen sie stabil sind, die für uns schier unmöglich scheinen. Dabei ist schon das Gehen auf zwei Beinen eine ziemliche Leistung. Kleinkinder üben viele Monate, bis sie auf zwei Beinen gehen können. Und wenn man dann stolpert, fällt man leicht wieder auf alle viere. Eine ausgeklügelte Steuerung unseres Hirns macht es möglich, dass wir sicher auf zwei Beinen stehen und gehen. Wie schwierig das ist, wissen Forscher, die Roboter entwickeln. Einen Humanoiden – einen menschenähnlichen Roboter – stehen, gehen und laufen zu lassen, ist superknifflig.

Ganz schön spannend!

Fuchs, Eichhörnchen, Katze oder Hund – viele Tiere haben einen Schwanz, der fast so lang ist wie ihr Körper. Er ist für die Tiere das, was die Stange für den Seiltänzer ist: ein Gleichgewichtsorgan. Mithilfe ihres Schwanzes können Tiere weit springen und halten dabei perfekt den Kurs. Bei einer Katze etwa dreht sich der Schwanz wie ein Propeller, wenn sie fällt. Das ist der Grund, warum sie ihr Gleichgewicht wiederfindet, immer auf die Füße fällt und dadurch den Fall besser auffangen kann.

Schon gewusst?

Große Motorräder sind unglaublich schwer und die Fahrer haben Mühe, ihr Gefährt im Stillstand vor dem Umkippen zu bewahren. Trotzdem brettern sie damit durch die Gegend. Denn sobald die Maschinen fahren, verändern sie sich, werden flink und vor allem stabil. Wie beim Fahrrad bleiben drehende Räder aufrecht stehen. Die Räder »wehren« sich richtig, aus der Spur zu kommen. Je schneller sie sich drehen, desto größer ist der Drehimpuls und desto stabiler sitzen die Fahrer im Sattel. Je langsamer Motorräder fahren, desto wackeliger sind sie. Deswegen sind Anfahren und Stehenbleiben die schwierigsten Momente beim Motorradfahren.

Wissenschaftlern auf die Finger geguckt

Katzen haben noch einen ganz anderen Trick auf Lager. Sie nutzen selbst beim Trinken ein bestimmtes Gleichgewicht, nämlich das zwischen Massenträgheit und Schwerkraft. Forscher in den USA haben tatsächlich herausgefunden, dass die Zungenspitze von Katzen das Wasser kaum berührt hat, bevor eine Katze die Zunge ins Maul zurückzieht. Durch das leichte Berühren des Wassers und das schnelle Zurückziehen entsteht zwischen Zunge und Wasseroberfläche eine Wassersäule, die aufgrund der Massenträgheit kurz stehen bleibt. Kurz bevor die Säule wegen der Erdanziehung zusammenbricht, schnappt die Katze blitzschnell zu und hat den oberen Teil der Wassersäule im Maul. Dabei behält sie sogar ein trockenes Kinn, stellten die Wissenschaftler überrascht fest.

Ganz schön ausgefuchst

Wissenschaftler wissen, dass das »ökologische Gleichgewicht« in der Natur ganz wichtig ist. Ein Paradebeispiel ist das Räuber-Beute-Gleichgewicht von Polarfuchs und Schneehase, das Biologen ausführlich untersucht haben. Vermehren sich die Schneehasen gut, weil sie im arktischen Sommer viel zu fressen finden, gibt es auch mehr Polarfüchse, die sich von ihnen ernähren. So sorgen die Füchse dafür, dass es nicht zu viele Hasen gibt. Haben die Schneehasen einen schlechten Sommer, gibt es weniger von ihnen, sodass auch die Zahl der Polarfüchse zurückgeht, weil nicht mehr genug Hasen zum Fressen da sind. So sind Räuber und Beute sehr abhängig voneinander – viel abhängiger, als ihnen wahrscheinlich lieb ist.

Für kleine Forscher

Verabredet euch mit einem guten Freund oder einer guten Freundin. Stellt euch mit dem Rücken und vor allem den Füßen ganz dicht aneinander. Versucht jetzt, euch nach vorne zu beugen. Na, klappt das?

Ihr könnt euch auch mit dem Gesicht zueinander stellen, wobei sich eure Zehenspitzen berühren. Könnt ihr euch jetzt auf die Zehenspitzen stellen?

In beiden Fällen geht es nicht. Warum? Weil wir Menschen ständig unser Gleichgewicht verändern, wenn wir uns bewegen. Beim Beugen nach vorne bewegen wir den Po nach hinten, damit der Bauchnabel (dort ist etwa unser Schwerpunkt) über den Füßen liegt und wir nicht umkippen. Stellen wir uns auf die Zehenspitzen, stellen wir den Oberkörper schräg nach vorne. Dann ist der Bauchnabel – der Schwerpunkt – über den Zehenspitzen.

36 Wie legen Archäologen Fundstücke frei?

Experiment: Ausgrabung am Küchentisch

Schwierig-
keitsstufe:

E

Versuchsdauer:
1 Tag

Was steckt dahinter? Schaut selbst! Ihr braucht dazu:

- 2 Packungen Spachtelmasse aus dem Baumarkt
- 2 flache Schüsseln
- Frischhaltefolie
- 2 Löffel
- 2 Schraubenzieher
- 2 kleine Hämmer
- 2 Malpinsel
- Kleinteile wie Murmeln
- 1 Freund oder Freundin
- 1 Erwachsenen

Ausgrabungsfelder von Archäologen können riesig sein. Sie arbeiten mit Hacke und Spaten, aber genauso gut mit Besen und Pinsel. Denn Archäologen sind Feinarbeiter und sehr, sehr pingelig. Wie die Kriminalpolizei an einem Tatort arbeiten Archäologen ganz exakt und achten peinlich genau darauf, keine Spuren zu verwischen. Mit der Kamera wird die Grabung dokumentiert und die Lage einzelner Funde festgehalten. Mit dem Pinsel werden Gegenstände schließlich freigelegt und gereinigt, bevor sie weiter untersucht werden.

→ Und so geht das Experiment:

Ihr seid jetzt selbst einmal Archäologen. Kleidet die Schüsseln innen mit Frischhaltefolie aus, die Folie sollte am Rand etwas überstehen. Rührt die Spachtelmasse an und gebt davon so viel in die Schüssel, dass der Boden gerade bedeckt ist. Dann legt ihr einige kleine Gegenstände auf die Spachtelmasse: Murmeln, einen Löffel, eine (alte) Zahnbürste ... Der Partner darf aber nicht sehen, was es ist! Zum Schluss deckt ihr die Gegenstände mit der restlichen Spachtelmasse zu, sodass von ihnen nichts mehr zu sehen ist. Wartet, bis die Spachtelmasse trocken, fest und hart geworden ist.

Dann tauscht ihr eure Schüsseln. Hebt nun mit der Frischhaltefolie die feste Spachtelmasse aus der Schüssel und legt sie mit der Folie nach oben vor euch auf den Tisch, den Rasen oder die Balkon- bzw. Verandafliesen und zieht die Folie ab. Dann macht ihr euch ans Werk: Den Schraubenzieher haltet ihr mit der Spitze auf die Spachtelmasse. Mit dem Hammer klopft ihr gaaanz vorsichtig drauf, sodass etwas Spachtelmasse abspringt. Was lose ist, könnt ihr wegpusten oder wegpinseln. Wenn ihr auf einen harten Gegenstand trefft, heißt es, besonders vorsichtig zu sein, um ihn nicht zu beschädigen oder zu zerkratzen.

Was ist passiert? Und wie kommt es dazu?

Das Freilegen ist typische Archäologenarbeit und es wird euch bestimmt schnell klar, wie vorsichtig und geduldig ihr vorgehen müsst, damit eure Fundstücke keinen Schaden nehmen. Kratzt und pinselt die freigelegten Gegenstände vorsichtig sauber und spült sie zum Schluss mit Wasser ab. Nach dem Trocknen könnt ihr sie genau betrachten: Wie gut habt ihr gearbeitet? Sind Kratzer oder größere Macken zu erkennen?

Was bedeutet das für uns Menschen?

Archäologen interessieren sich für die Spuren unserer menschlichen Vorfahren. Dazu gehören Bauwerke wie die ägyptischen Pyramiden, Alltagsgegenstände und Aufzeichnungen aus vergangenen Zeiten. Eine berühmte archäologische Ausgrabungsstätte ist Pompeji in Italien, das im Jahr 79 beim Ausbruch des Vulkans Vesuv verschüttet wurde.

An solchen Orten kann man Rückschlüsse über das Leben und Denken der Menschen damals gewinnen und mehr über besondere Ereignisse erfahren. Denn nur so können wir lernen, wie Menschen zusammengelebt haben. »Heute ist das gestern von morgen«, sagt ein Sprichwort. Und so ist unser Leben heute die Vorgeschichte unserer Nachfahren von morgen und übermorgen. Und so werden die in den Überresten unserer heutigen Zeit wühlen, um etwas mehr über uns herauszufinden.

Ganz schön spannend!

Die Zeit hat in der Erde jede Menge Spuren hinterlassen – von Menschen, aber auch von Tieren und Pflanzen. Paläontologen blicken noch viel weiter zurück und untersuchen die Spuren von Tieren und Pflanzen aus der Urgeschichte der Erde, als es noch keine Menschen gab. Eine berühmte Ausgrabungsstätte ist das Weltkulturerbe »Grube Messel« in Hessen. In dieser Ölschiefergrube sind viele Fossilien fantastisch gut konserviert, wie Insekten, Fische, Amphibien, Vögel und Säugetiere, die hier vor 47 Millionen Jahren lebten. Weltberühmt sind das »Messeler Urpferdchen« – und »IDA«, das komplett erhaltene Fossil eines Primaten, also eines Vorläufers von uns Menschen.

150

Schon gewusst?

Eine der größten archäologischen Herausforderungen unserer Zeit ist die Bergung und Rettung des Kölner Stadtarchivs, das am 3. März 2009 aufgrund von U-Bahn-Bauarbeiten einstürzte. Dabei kamen zwei Menschen ums Leben. Zudem wurden Zehntausende wertvolle Dokumente verschüttet und sehr stark beschädigt. Diese alten Urkunden, Briefe und Aufzeichnungen müssen geborgen werden. Viel aufwendiger ist aber der zweite Schritt, nämlich das Restaurieren. Das wird noch Jahrzehnte dauern und viel Mühe und Geld kosten.

Wissenschaftlern auf die Finger geguckt

Wenn Archäologen etwas gefunden haben wie etwa ein Skelett, wollen sie als Erstes wissen, wie alt ihr Fund ist. Das lässt sich gut mithilfe von Radioaktivität bestimmen, zum Beispiel mit der sogenannten »Kohlenstoff-14-Methode«, auch »Radiokarbondatierung« genannt.

Ein kleiner Teil des Kohlenstoffs, aus dem Pflanzen und Tiere bestehen, ist nämlich radioaktiv. Er gelangt mit der Nahrung in den Körper. Mit dem Tod des Tiers zerfällt der vorhandene radioaktive Kohlenstoff. Da man weiß, wie viel Kohlenstoff-14 ein lebender Organismus hat, kann man ausrechnen, wie lange ein Körper tot ist, wenn man die restliche Radioaktivität misst.

Für kleine Forscher

Nehmt euch ein Blatt Papier und malt oder schreibt etwas darauf. Dann zerreißt ihr es in kleine Stückchen. Mischt sie kräftig. Ob es euch nun gelingt, die ursprüngliche Seite wiederherzustellen, also zu rekonstruieren? Na, klappt's? Wie lange habt ihr gebraucht?

Stellt euch vor: In Berlin stehen 16 000 Säcke mit zerrissenen Seiten. Es sind Akten der sogenannten Staatssicherheit (»Stasi«) der ehemaligen DDR, die kurz vor dem Ende der DDR 1989 noch schnell von Stasimitarbeitern vernichtet wurden. Heute werden sie mit Computerhilfe zusammengesetzt. Ein speziell dafür entwickeltes Computerprogramm scannt die einzelnen Papierfetzen und fügt sie am Bildschirm zu ganzen Seiten zusammen.

Ganz schön ausgefuchst

Wo hat einmal ein Schloss oder eine Burg gestanden? Das lässt sich vom Flugzeug aus erkennen und fotografieren. Bei der »Luftbildarchäologie« lässt sich sehen, wo einmal Mauern standen, weil hier weniger wächst, etwa das Gras dünner ist. Man kann aber auch mithilfe anderer Methoden nach Mauerresten suchen, zum Beispiel mit »geoelektrischen« Messungen. Dabei wird Strom durch den Boden geleitet und an vielen Punkten gemessen. So entsteht ein Stromraster, das den Verlauf alter Mauern und Burggräben zeigt.

37 Wie entstehen Wolken?

Experiment: Wolke in der Flasche

Schwierig-
keitsstufe:
E
Versuchsdauer:
10 Minuten

Was steckt dahinter?
Schaut selbst! Ihr braucht dazu:

- 1 »weiche« (flexible) Getränkeflasche aus Kunststoff mit Verschluss
- etwas Wasser
- 1 Streichholz
- 1 Erwachsenen

Wolken bestehen aus winzigen Wassertröpfchen – 50 Stück von ihnen sind zusammen 1 Millimeter groß. Sie entstehen, wenn Wasserdampf von der Erde aufsteigt und in großer Höhe kondensiert, also wieder flüssig wird. Dann verdichten sie sich zu Wolken und werden sichtbar. Jetzt genügen kleine Auslöser und aus der Wolke fallen Wassertropfen zu Boden – es regnet. Dabei sammeln sich die Tröpfchen an kleinsten Teilchen in der Luft und bilden größere Tropfen, die dann so schwer sind, dass sie zur Erde fallen.

Und so geht das Experiment:

Füllt einen Fingerbreit Wasser in die Kunststoffflasche, schraubt den Verschluss drauf
und schüttelt das Wasser darin hin und her.
Dann schraubt ihr die Flasche auf. Jetzt bittet ihr euren erwachsenen Assistenten, ein
Streichholz anzuzünden, kurz brennen zu
lassen, es auszupusten und sofort (!) in die
Flasche fallen zu lassen, sodass der Rauch
in die Flasche kommt. Schließt die Flasche
fest zu und haltet sie mit beiden Händen
senkrecht vor euch. Drückt sie kräftig und
lasst wieder los. Das macht ihr mehrmals
hintereinander.

Was ist passiert?
Und wie kommt es dazu?

Nachdem ihr die Flasche zwei- bis dreimal gedrückt habt, wird es in
der Flasche weiß, wenn ihr sie loslasst. Es hat sich Nebel darin gebildet. Man könnte auch sagen: Ihr habt eine Wolke in die Flasche gezaubert. Herzlichen Glückwunsch!

Wie das kommt? Wenn ihr das Wasser in der Flasche schüttelt, wird
nicht nur die Flasche innen nass, sondern auch die Luft darin feucht.
Die Luftfeuchtigkeit bleibt auch in der Flasche, wenn ihr sie kurz öffnet. Durch das Streichholz kommt aber Rauch dazu, winzige Partikel,
sogenannte Aerosole. Drückt ihr nun die Flasche, wird die Luft darin
etwas wärmer und gibt einen Teil dieser Wärme an die Umgebung ab.
Lasst ihr los, wird es in der Flasche etwas kälter als vorher. Durch euer
Pumpen, das Drücken und Loslassen der Flasche, kühlt ihr sie also etwas ab. Dieser Temperaturunterschied reicht schon aus, um die mit
Wasserdampf gesättigte Luft darin an den Rauchteilchen zu Tröpfchen
kondensieren zu lassen.

Was bedeutet das für uns Menschen?

 Das Wetter auf der Erde ist eine gigantische Maschine, die ihre Energie von der Sonne erhält. Die Sonne erwärmt die Erde, dabei verdunstet Wasser und steigt in die Atmosphäre auf, wo sich der Dampf zu Wolken verdichtet. Das funktioniert wie eine erdumspannende Pumpe, die Wasser vor allem aus den Meeren hochpumpt und beim Verdunsten reinigt. Dieses Wasser wird als Wolken durch den Wind beispielsweise über Land transportiert, wo es als Regen zu Boden fällt. So lästig das Wetter sein mag, es macht das Leben auf unserem Planeten erst möglich.

Ganz schön spannend!

Der Klimawandel ist ein Schlagwort unserer Zeit. Und mehr als das. Es ist die größte Herausforderung in der Geschichte der Menschheit, denn unsere Existenz steht auf dem Spiel. Grob gesagt wird es auf der Erde immer wärmer. Wie passt dann dazu, dass wir so harte Winter haben? Weil es nicht immer und überall wärmer wird, sondern nur im Jahresdurchschnitt: Wir werden superheiße Sommer bekommen und kalte Winter. Denn wenn etwas aus dem Gleichgewicht gerät, nehmen auch die Extreme zu – also Hitze- und Kältewellen, aber auch Stürme an Land und auf See wie die riesigen Wirbelstürme in der Karibik, die Hurrikane. Im Durchschnitt wird die Temperatur steigen und die Staaten der Erde bemühen sich, diesen Anstieg auf nur 2 °C zu beschränken. Das klingt nach wenig. Aber wenn ihr 2 Grad mehr Körpertemperatur habt, dann habt ihr schon ordentlich Fieber.

Schon gewusst?

Es gibt Effekte, die scheinbar widersprüchlich sind. Wäsche etwa trocknet auch, wenn es regnet. Denn Luft hat erst bei 100 Prozent Luftfeuchtigkeit so viel Wasser aufgenommen, dass sie gesättigt ist. Bis dahin kann immer noch Wasser verdunsten, also von der umgebenden Luft aufgenommen werden. Oder: Schnee verschwindet auch bei Frost. Hier ist ein außerordentlich interessantes Phänomen am Werk, nämlich die sogenannte Sublimation. Dabei wird ein Aggregatzustand übersprungen und gefrorenes Wasser – also Eis – verdampft sofort, ohne vorher erst flüssig zu werden.

Wissenschaftlern auf die Finger geguckt

Unser Wetter ist mit das Komplizierteste, was wir kennen. »Wenn ein Schmetterling in China mit den Flügeln schlägt, kann es bei uns regnen«, lautet ein beliebter Vergleich. Das Wetter hat viele Ursachen und auch kleine können große Auswirkungen haben. Trotzdem gelingt es Wissenschaftlern immer besser, die Zusammenhänge zu verstehen, und so können Meteorologen das Wetter für mehrere Tage vorhersagen, um etwa Unwetterwarnungen auszugeben.

Beim Deutschen Wetterdienst (DWD) in Offenbach am Main steht einer der leistungsfähigsten Wetterrechner. Er kann 100 Billionen (das sind 100 Millionen Millionen!) Rechenoperationen in der Sekunde erledigen und besitzt damit die Rechenkraft von 30 000 Heimcomputern.

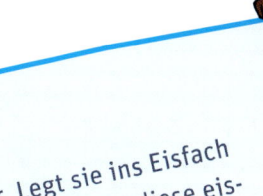

Für kleine Forscher

Füllt eine Kunststoffflasche zur Hälfte mit Wasser. Legt sie ins Eisfach und wartet, bis das Wasser innen zu Eis gefroren ist. Nehmt diese eiskalte Flasche mit ins Badezimmer, wenn dort jemand duscht, und stellt sie auf das Waschbecken. Schon nach kurzer Zeit hat sich um die Flasche eine Wasserpfütze gebildet. Klar, das Wasser aus der feuchten Badezimmerluft kondensiert an der kalten Flasche, wird also flüssig und läuft an ihr hinunter. Stellt diese Flasche einmal bei nassem und einmal bei trockenem Wetter auf die Fensterbank. Was seht ihr? Wie stark unterscheiden sich die Pfützen?

Ganz schön ausgefuchst

Sonne, wenn der Regen uns stört, und Regen, wenn unsere Äcker Wasser brauchen. Lässt sich das Wetter in unserem Sinn beeinflussen? Können wir bald Wolken gezielt irgendwo abregnen lassen? Geforscht wird daran viel, doch zuverlässig funktioniert das noch nicht. Mit Silberjodid zum Beispiel können Wolken geimpft werden. Die winzigen Silberjodidkristalle werden dazu per Flugzeug in die Wolken gebracht, wo sie Kristallisationskeime bilden, an denen sich das Wasser verflüssigt und Tröpfchen bildet, die schließlich zur Erde fallen. Leider – oder zum Glück – ist Silberjodid zu teuer, um es öfter einzusetzen.

38

Wieso sind Bienenwaben sechseckig?

Experiment: Der Trick mit dem Sechseck

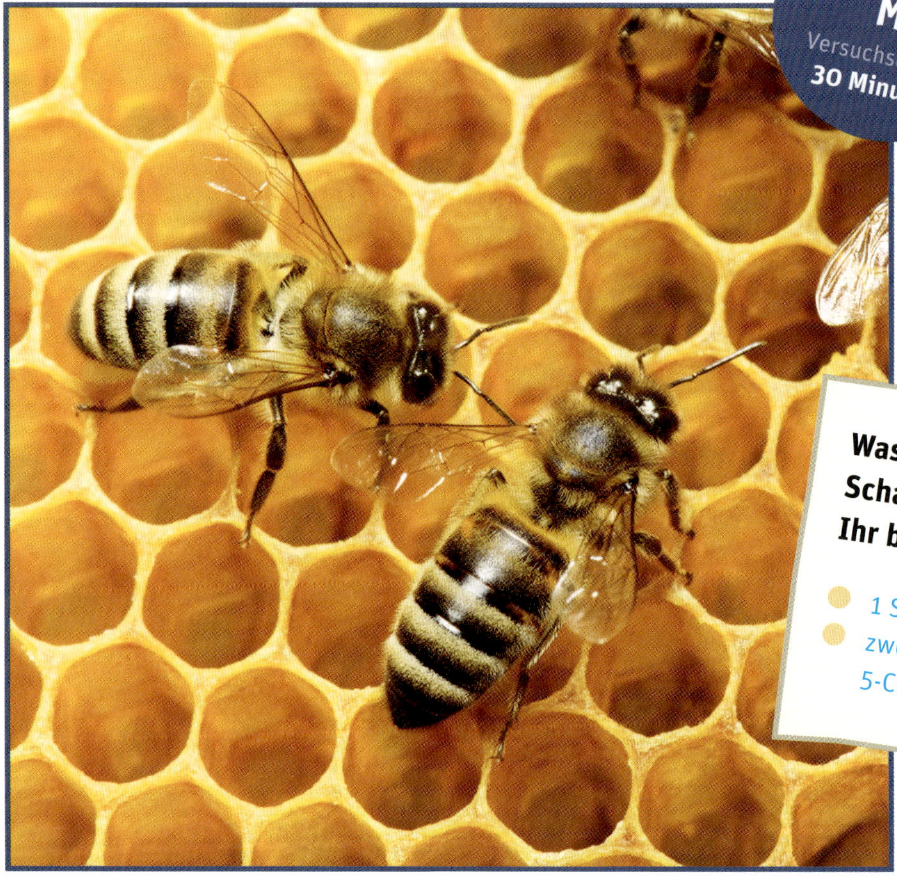

Was steckt dahinter? Schaut selbst! Ihr braucht dazu:

- 1 Schnürsenkel
- zwei Handvoll 5-Cent-Stücke

Jeder kennt Bienenwaben und weiß, dass sie sechseckig sind. Dabei sind sie das zuerst gar nicht! Denn die Arbeiterinnen bauen runde Röhrchen aus Wachs, die dicht aneinanderliegen. Bei der Temperatur im Bienenstock von rund 40 °C wird das Wachs dann weich und verformt sich – von ganz alleine

rutscht es zu Sechsecken zusammen. Das ist zugleich die sparsamste Form, denn so teilt jede Wabe ihre Wände mit den benachbarten Waben und es gibt zwischen den Röhren keine Lücken. Sind Bienen nun einfach wahnsinnig schlau oder haben sie schlicht Glück? Das könnt ihr für euch selbst entscheiden.

Und so geht das Experiment:

Nehmt einen Schnürsenkel und knotet die Enden aneinander. Legt nun mit dem Schnürsenkel einen Kreis. Dann nehmt ihr die 5-Cent-Stücke und legt sie so in den Kreis, dass möglichst viele hineinpassen. Zählt die Münzen und notiert euch die Zahl. Legt dann mit demselben Schnürsenkel nacheinander ein Dreieck, Viereck sowie ein Sechseck. Wie viele 5-Cent-Stücke passen in diese Formen? Notiert auch hier die Anzahl. Das Besondere an diesen Vielecken ist, dass sie alle denselben Umfang haben, denn es ist ja immer derselbe verknotete Schnürsenkel. Wo passen die meisten Geldstücke hinein?

Was ist passiert? Und wie kommt es dazu?

Die meisten Geldstücke fasst das Sechseck! Das könnt ihr auf Anhieb sehen, denn die Lücken, also die freien Stellen, die nicht von Münzen bedeckt sind, sind im Sechseck (Hexagon) am kleinsten. Im Dreieck sind sie am größten, im Viereck schon kleiner und im Sechseck ganz gering. Und im Kreis?

Auf jeden Fall lässt sich mit Sechsecken am einfachsten eine Fläche möglichst regelmäßig bedecken – ganz ähnlich wie im Bienenstock.

Was bedeutet das für uns Menschen?

Wabenstrukturen sind auch uns Menschen geläufig. Wir verwenden sie dort, wo wir mit wenig Material stabile Sachen bauen wollen. Moderne Türen etwa sehen schick aus, bestehen aber nur außen aus Holz. Zwischen den beiden Holzplatten befindet sich oft eine Schicht aus Wabenkarton. Sie sorgt dafür, dass die Türe stabil, dabei aber nicht zu schwer und zu teuer ist. Auch in Flugzeugen, wo leichte, aber stabile Konstruktionen benötigt werden, kommen Wabenstrukturen zum Einsatz, ebenso wie in erdbebensicheren Gebäuden. Inzwischen gibt es sogar Ziegelsteine mit Wabenstruktur. Die Löcher im Steininneren sehen aus wie die Bienenwaben in einem Bienenstock. Dadurch wird der Stein viel leichter und ist trotzdem stabil.

Ganz schön spannend!

Basalt ist ein Vulkangestein, das ursprünglich einmal flüssige Lava war. Wenn diese erkaltet und erstarrt, können bizarre Formen entstehen. Denn beim Abkühlen zieht sich die Lava zusammen und bricht dabei der Länge nach auf, sodass sich lange Basaltsäulen bilden. Und das Erstaunliche ist: Diese Säulen sind sechseckig! Es ist auch bei Gestein die günstigste Form, aufzureißen.

Übrigens kannst du ganz Ähnliches sehen, wenn Schlamm trocknet. Auch er reißt häufig zu sechseckigen Schollen auf.

Schon gewusst?

Obwohl sie ganz klein sind und schrecklich stechen können, sind Bienen sehr wichtige Tiere, denn sie sind für die Bestäubung und damit für die Fortpflanzung der meisten Pflanzen verantwortlich, vor allem der Pflanzen, die wir Menschen für unsere Nahrung brauchen. Ohne Bestäubung gibt es keine Früchte und ohne Früchte keine Nahrung, das ist ganz einfach. Milliarden von Insekten bestäuben die Pflanzen auf unserem Planeten und sorgen damit dafür, dass diese Früchte bilden können. Ein Großteil dieser Bestäubung geht auf das Konto der Bienen, denn sie sind darauf spezialisiert. Deswegen ist die Imkerei, also die Bienenzucht, nur in zweiter Linie dafür wichtig, Honig und Wachs zu gewinnen. Vor allem profitieren die Pflanzen und damit wir Menschen von der Zucht der fleißigen Insekten.

Wissenschaftlern auf die Finger geguckt

Es fing mit einem Missgeschick an, als Frank Mirtsch vor etlichen Jahren ein Versuchsaufbau mit einer Metallröhre kaputtging. Doch was entdeckte der Wissenschaftler auf dem Metall? Waben! Die Metallröhre hatte ein Wabenmuster aufgedrückt bekommen. Mirtsch sah dies und forschte weiter. Er entwickelte die sogenannte »Wölbstruktur«, mit der dünne Materialien noch dünner und gleichzeitig stabiler sein können. Inzwischen sind Bleche mit seiner Wölbstruktur im Dach des Sportpalastes von Odessa in der Ukraine zu sehen, in Autos eingebaut oder werden als Lampenreflektoren verwendet. Die bekannteste Anwendung dürfte allerdings eine Waschmaschinentrommel mit Wölbstruktur sein: Wenn man in die Trommel schaut, sieht man ein Wabenmuster auf dem Blech. Dies sieht nicht nur futuristisch aus, sondern ist auch zukunftsweisend: Mit Wölbstruktur wird die Waschtrommel leichter, man benötigt weniger Material für die Herstellung und sie verbraucht weniger Energie beim Drehen.

Für kleine Forscher

Schaut euch mal einen klassischen Fußball genau an: Auch er weist Waben auf. Wenn ihr euch die Lederstücke, aus denen er gefertigt ist, anguckt, seht ihr, dass es »nur« Fünf- und Sechsecke sind. Um ganz genau zu sein: 20 Sechsecke und 12 Fünfecke bilden 60 Ecken und 90 Kanten. Einen Fachbegriff gibt es dafür auch: Ein Fußball ist ein sogenannter Ikosaederstumpf. Trotz des unhandlichen Namens lässt sich damit sehr elegant Fußball spielen!

Ganz schön ausgefuchst

Das »Afrika-Haus« hat ein Wohnzimmer, ein Schlafzimmer, dazu eine Küche, eine Toilette und eine Dusche. Und es besteht aus ... Papier! Damit das Papier stabil genug ist, wird es zu Waben geformt und mit flüssigem Kunststoff getränkt. So entstehen fünf Zentimeter dicke Platten, die enorm stabil sind, einfach zusammengesteckt werden und mit denen sogar mehrere Stockwerke gebaut werden können. Gedacht ist das »Afrika-Haus« für die Ärmsten der Erde, die in menschenunwürdigen Behausungen in Slums leben. Ihnen könnte seine Entwicklung zu einem etwas besseren Leben verhelfen, hofft der Erfinder Gerd Niemöller.

39

Warum gibt es am Bahnsteig eine Linie, hinter die man zurücktreten muss, wenn ein Zug einfährt?

Experiment: Riesenpuster

Schwierig-
keitsstufe:

M

Versuchsdauer:
10 Minuten

**Was steckt dahinter?
Schaut selbst! Ihr braucht dazu:**

- 2 Kunststofftüten oder -säcke aus dünnem Kunststoff
- 2 Freunde oder Freundinnen

Ein fahrender Zug bohrt sich durch die Luft. Dabei reibt seine Außenhülle an der Luft und zieht gleichzeitig Luft mit sich. Das spürt ihr als ordentlichen Luftzug, wenn der Zug einfährt. Noch krasser ist es bei einer Zugdurchfahrt, wenn ein Zug mit vollem Tempo am Bahnsteig vorbeirast. Steht ihr zu nah an der Bahnsteigkante, könnte es passieren, dass euch der Luftzug umwirft oder euer Gepäck durch die Gegend wirbelt. Das wäre gefährlich für alle Beteiligten. Deshalb gibt es diese Linie am Bahnsteig. Sie sagt: »Abstand halten, damit euch der Luftzug in Ruhe lässt.«

Und so geht das Experiment:

Macht einen Wettbewerb und bittet zwei Freunde oder Freundinnen, gegeneinander anzutreten und in 30 Sekunden eine Tüte aufzublasen. Nach eurem Kommando »Auf die Tüte – fertig – los!« fangen beide wie die Weltmeister an zu pusten. Trotzdem werden sie in der halben Minute, die sie Zeit haben, ihre Tüten nicht nennenswert mit Luft füllen können. Nun seid ihr dran: Presst die Tüte nicht direkt an euren Mund, sondern haltet sie eine Handbreit vom Mund entfernt. Außerdem knüllt ihr die offene Seite nicht zu einem Loch zum Durchpusten zusammen, sondern haltet sie eine Handbreit offen. Um sicherzugehen, dass ihr den Wettbewerb gewinnt, solltet ihr das vorher gut üben.

Was ist passiert? Und wie kommt es dazu?

Mit eurer Puste blast ihr die Kunststofftüte im Handumdrehen auf. Zwei, drei Puster mit dem richtigen Abstand zur Tüte reichen aus, um sie ziemlich prall mit Luft zu füllen. Eure Freunde werden staunen.

Dahinter steckt die Strömungslehre, eines der anspruchsvollsten Fächer in der Wissenschaft. In dem Moment, in dem ihr in die Tüte pustet, reißt der Luftstrom aus eurem Mund weitere Luft mit. Denn wenn Gase wie Luft oder Flüssigkeiten wie Wasser schnell strömen, entsteht ein Unterdruck, der weitere Luft (bzw. Wasser) ansaugt. Auf diese Weise strömt beim Tüteaufpusten mehr Luft in die Tüte als nur die aus eurem Mund. Das ist praktisch, denn es erspart euch viel Arbeit und es geht schneller als bei euren Wettkampfpartnern. Ihr seht also: Nicht nur ein fahrender Zug, sondern auch strömende Luft kann Luft mitreißen.

Was bedeutet das für uns Menschen?

Der gleiche Effekt, der euch hilft, die Tüte schneller mit Luft zu füllen, hat oft auch unerwünschte Folgen: Zum Beispiel lässt ein Luftzug Türen mit einem lauten Krachen zuknallen, er hebt bei Stürmen Dächer ab oder er stülpt Regenschirme um.

Und auch Schiffe müssen auf genügend Abstand achten, wenn sie aneinander vorbeiwollen. Sonst kann es nämlich passieren, dass sie aneinandergeraten und die Schiffskörper mit Wucht zusammenknallen. Auch hier sorgt eine Strömung dafür, dass die Schiffe zueinander hingezogen werden: die Wasserströmung zwischen den Schiffen. Solche Strömungen, ob in Luft oder Wasser, können einen starken Sog erzeugen – und die Stärke des Sogs steigt mit der Geschwindigkeit der Strömung.

Ganz schön spannend!

Der gleiche Effekt, der euch hilft, die Tüte schneller mit Luft zu füllen, kann euch auch in die Luft heben – im Flugzeug nämlich. Die Tragflächen von Flugzeugen sind so geformt, dass die Luft an der Oberseite schneller vorbeiströmt als an der Unterseite des Flügels. Dadurch entsteht über dem Flügel ein Unterdruck, der den Flügel nach oben zieht. Gleichzeitig entsteht unter dem Flügel Überdruck, der den Flügel nach oben drückt. Der Flugzeugflügel wird also gleichzeitig von oben gezogen und von unten gedrückt und so wird der Flugzeugrumpf mit den Passagieren in die Höhe gehoben.

Wissenschaftlern auf die Finger geguckt

Weil Strömungen ungeheuer kompliziert und damit schwer zu berechnen sind, baut man sie manchmal besser nach. Zum Beispiel im Wasserbaulabor der Universität Siegen. Dort werden ganze Flussläufe detailgetreu nachgebaut. Die Modelle sind dann so groß wie Wohnungen. Mit großen Pumpen wird Wasser an der einen Seite hineingepumpt. Von dort aus fließt es durch das Modell. Dabei tritt der Modellfluss auch mal über die Ufer, wenn etwa starker Regen und Hochwasser simuliert werden. So sollen Extremsituationen in der Wirklichkeit vorhergesagt und Maßnahmen zur Abhilfe getestet werden.

Für kleine Forscher

Welche Kraft ein Luftzug hat, könnt ihr sehen, wenn ihr zwei aufgepustete Luftballons nehmt. Bindet Schnüre an die Tüllen und lasst die Ballons an den Schnüren so dicht nebeneinander hängen, dass gerade noch ein Finger dazwischen passt. Wenn ihr jetzt zwischen den Ballons hindurchpustet, seht ihr, dass sie von der Luft nicht auseinandergedrückt werden, wie man meinen könnte. Ganz im Gegenteil, sie bewegen sich aufeinander zu. Die Luft, die zwischen den Ballons hindurchströmt, erzeugt einen Luftsog, einen Unterdruck, der die beiden Luftballons aufeinander zubewegt.

Ganz schön ausgefuchst

Manchmal würde man gerne … ja könnte man glatt die Wände hochgehen. Das ist nichts als ein Spruch. Wirklich? Das »Climb Car« (auf Deutsch »Kletterauto«) kann wirklich die Wände hochgehen bzw. -fahren! Es hat einen Ventilator an Bord, der Luft ansaugt und an der Unterseite des Autos herauspustet. Dadurch hebt das Auto nicht ab, im Gegenteil, es saugt sich an seiner Unter-lage fest. So fährt es nicht nur ganz normal auf dem Boden, sondern – mit eingeschaltetem Ventilator – auch an den Wänden und sogar kopfüber an der Zimmerdecke entlang. In intelligentem Spielzeug steckt immer auch eine Portion Wissenschaft.

40 Warum falle ich im Bus fast hin, wenn er plötzlich bremst? Und warum muss ich mich im Auto anschnallen?

Experiment: Der Leichter-schwerer-Aufzug

Was steckt dahinter? Schaut selbst! Ihr braucht dazu:

- 1 Körperwaage
- 1 Aufzug
- 1 Freund oder Freundin

Solange der Bus gleichmäßig fährt, ist alles in Ordnung. Doch beim Losfahren oder Abbremsen kann man den Halt verlieren. Schuld ist die »Massenträgheit«. »Massenfaulheit« wäre wohl angebrachter, denn kein Körper mag Veränderungen. Ein ruhiger Körper mag nicht beschleunigt werden, ein bewegter Körper nicht stehen bleiben. Das merkt ihr, wenn der Bus losfährt und ihr nach hinten gezogen werdet, oder wenn ihr beim Bremsen nach vorne gedrückt werdet, weil sich die Masse eures Körpers träge verhält und weiter»fahren« will. Aus dem gleichen Grund schnallt ihr euch im Auto an, damit ihr etwa bei einem Auffahrunfall nicht nach vorne geschleudert werdet, nur weil die Masse eures Körpers noch nicht gemerkt hat, dass es nicht weiter vorwärtsgeht …

Nehmt eine Körperwaage und sucht euch einen Aufzug. Vielleicht wohnt eine Freundin oder ein Freund in einem Hochhaus, das einen Aufzug hat? Stellt die Waage in die Aufzugskabine und einer von euch stellt sich drauf. Notiert euch das Gewicht, das die Waage anzeigt. Jetzt wird's spannend: Ihr startet den Aufzug und fahrt zuerst nach oben. Behaltet die Skala der Waage scharf im Auge. Was zeigt sie zu Beginn der Fahrt an? Was am Ende? Fahrt als Nächstes abwärts. Was zeigt die Waage nun an? Notiert die Werte. Wenn ihr experimentierfreudig seid, probiert verschiedene Aufzüge aus, alte, neue, schnelle, langsame. Und nehmt auch einmal einen schweren Erwachsenen als Versuchsperson.

Was ist passiert? Und wie kommt es dazu?

Steht der Aufzug, zeigt die Waage euer Körpergewicht wie zu Hause auch. Setzt sich der Aufzug allerdings nach oben in Bewegung, geschieht etwas Merkwürdiges: Ihr werdet für kurze Zeit etwas schwerer. Hält er an, werdet ihr kurzzeitig leichter. Fährt der Fahrstuhl nach unten, ist es genau umgekehrt. Zuerst werdet ihr leichter, dann beim Abbremsen schwerer.

Der Grund dafür ist die »Massenträgheit«. Sie wirkt jeder Veränderung entgegen. Fährt der Aufzug nach oben, will der Körper zunächst stehen bleiben und drückt auf den Boden und damit auf die Waage. Fährt der Aufzug runter, will der Körper oben bleiben und »hüpft« etwas von der Waage. Genau umgekehrt ist es, wenn der Aufzug abbremst.

Was bedeutet das für uns Menschen?

Prallen Motorradfahrer gegen ein Hindernis, können sie durch die Luft geschleudert werden – wegen der Massenträgheit, denn der Körper hat den Schwung der vollen Fahrt. Viel angenehmer ist das Gefühl, im startenden Flugzeug in den Sitz gedrückt zu werden, wenn die Triebwerke Gas geben und das Flugzeug um euch Fahrt aufnimmt. Doch es gibt auch unangenehme Momente, zum Beispiel wenn das Flugzeug in sogenannten »Luftlöchern« plötzlich absackt. Wenn diese Löcher tief sind, könnt ihr aufgrund der Massenträgheit an die Kabinendecke stoßen – wenn ihr nicht festgeschnallt seid.

Auch auf Booten wappnet man sich gegen die Massenträgheit – deshalb sind fast alle Gegenstände befestigt, weil sie bei hohem Seegang durch die Gegend geworfen würden. Und die Tische haben kleine Geländer, damit das Geschirr nicht runterrutschen kann.

Ganz schön spannend!

Wenn die Erde bebt, bleibt nur einer ruhig: der Seismograf. Das Messinstrument besteht aus einem großen Betongewicht, das an einer Feder aufgehängt ist. An dem Gewicht ist ein Stift befestigt, dessen Spitze auf eine Papierrolle schreibt, die sich unter ihm dreht. Ist alles ruhig, hinterlässt der Stift auf dem Rollenpapier einen langen Strich. Bebt die Erde, wackelt auch die Papierrolle hin und her, während das Gewicht und der daran befestigte Stift – dank Massenträgheit – ruhig bleiben. Auf der sich drehenden Papierrolle entsteht dabei ein Seismogramm: ein heftiges Zickzackgekrakel. Ganz so als würdet ihr einen Stift ruhig halten, während sich der Tisch mit dem Schreibpapier unter dem Stift hin und her bewegt.

Schon gewusst?

Im Weltall herrscht Schwerelosigkeit. Kein Gegenstand hat mehr ein Gewicht. Sind wir damit im Weltall alle Sorgen los? Keineswegs! Denn die geheimnisvolle Massenträgheit gibt es auch in der Schwerelosigkeit des Weltalls. Um dort eine Raumsonde oder eine Rakete abzubremsen, ist Energie nötig, denn die Massenträgheit muss überwunden werden und dafür muss genügend Treibstoff an Bord sein. Genauso zur Beschleunigung. Das Gute: Bei gleichbleibender Geschwindigkeit verbraucht ein Raumfahrzeug keinen Treibstoff, sondern fliegt antriebslos weiter. Denn weil der Weltraum luftleer ist, gibt es dort keinen Luftwiderstand und damit keine Reibungsverluste, die es bremsen könnten.

Der Leichter-schwerer-Aufzug

Wissenschaftlern auf die Finger geguckt

Das Auto fährt mit vollem Karacho gegen die Betonwand und der Kopf knallt mit voller Wucht auf das Lenkrad. Und das im Dienst der Wissenschaft! Gott sei Dank ist es der Kopf eines Dummys, einer Testpuppe in Menschengröße. Solch ein Crashtest im Prüflabor zeigt Wissenschaftlern und Ingenieuren, welche Kraft die Massenträgheit haben kann. Denn wenn das Fahrzeug plötzlich abgebremst wird, weil es irgendwo aufprallt, zieht die Massenträgheit uns weiterhin nach vorne. Wie im Bus, wenn er bremst, nur dass Autos meistens schneller fahren. Deshalb brauchen wir funktionierende Sicherheitsgurte und Airbags, um diese Kraft aufzufangen und uns zu schützen.

Diese Kräfte sind enorm: Ein Aufprall mit 50 km/h entspricht einem Sprung aus 10 Metern Höhe, bei 100 km/h sind es schon 40 Meter und bei 150 km/h sogar 90 Meter.

Für kleine Forscher

Im Experiment habt ihr die Massenträgheit im Aufzug beim Auf- und Abfahren untersucht, also bei einer senkrechten Bewegung. Wie sieht es bei einer waagerechten Bewegung aus? Das könnt ihr im Auto, in Bus oder Bahn mit einem Jo-Jo untersuchen. Wickelt es ab, lasst es am Faden baumeln und beobachtet, wie es sich bei der Fahrt verhält. Was macht es, wenn Auto, Bus oder Bahn anfahren, und was, wenn gebremst wird? Wie weit schlägt das Jo-Jo aus und in welche Richtung? Wohin zeigt es bei einer Rechtskurve? Und wohin bei einer Linkskurve?

Ganz schön ausgefuchst

In Taipeh, der Hauptstadt von Taiwan, steht eines der höchsten Gebäude der Welt: das »Taipei 101«. Es hat 101 Stockwerke und ist knapp über einen halben Kilometer hoch. In der 88. Etage hängt der »Tuned Mass Damper« (TMD), eine 660 Tonnen schwere, vergoldete Stahlkugel. Dieser größte Stabilisator der Welt hängt an acht Stahlseilen, von denen jedes 5 Zentimeter dick ist. Wenn die Erde bebt und das Gebäude zum Schwanken bringt, beruhigt die Riesenkugel das Haus, indem sie dank ihrer gewaltigen Massenträgheit einfach dort bleibt, wo sie ist, während sich alles drum herum bewegt. Auf diese Weise kann das Hochhaus nicht so stark schwanken wie ohne das tonnenschwere Gewicht. Der TMD nagelt »Taipei 101« sozusagen im 88. Stockwerk in der Luft fest.

41 Tragen Astronauten wirklich Windeln?

Experiment: Durstpulver

Schwierig-
keitsstufe:

S

Versuchsdauer:
30 Minuten

In der Tat tragen Astronauten Windeln, aber natürlich nur in ganz besonderen Situationen. Etwa beim Start, bei der Landung oder bei Weltraumspaziergängen, also immer dann, wenn sie sehr lange nicht einfach »mal eben« zur Toilette gehen können. Zum Beispiel dauert der Start mit Vorbereitung, Abheben und Flug etliche Stunden, in denen die Astronauten festgeschnallt auf ihren Plätzen sitzen müssen. Auf der internationalen Raumstation (ISS) gibt es aber Toiletten, sodass die Besatzung ganz ohne dicke »Windel-Hintern« herumschweben kann.

Was steckt dahinter?
Schaut selbst! Ihr braucht dazu:

- 1 frische Babywindel
- 1 Schere
- 1 großen Bogen Papier (DIN A3 oder Zeitung)
- 1 Trinkglas (0,2 Liter)
- Wasser

Und so geht das Experiment:

Füllt das Glas mit Wasser, faltet das Blatt Papier am besten längs und klappt es wieder auf. Legt es vor euch auf den Tisch, sodass der Knick nach unten zeigt. Schneidet über dem Papier die Windel vorsichtig der Länge nach durch. Es reicht auch, wenn ihr das weiße weiche Vlies innen aufschneidet. Jetzt merkt ihr schon, dass es flust und krümelt. Nun geht es um die kleinen weißen harten Körnchen. Sie sollen alle auf das Papier. Schüttelt die aufgeschnittene Windel, bis alles herausgefallen ist. Sammelt dann die Flocken vom Papier, sodass nur die Körnchen übrig bleiben, faltet das Papier etwas zusammen und schüttet die Körnchen in das Wasserglas. Jetzt schaut genau hin! Nach 5 Minuten kippt ihr das Wasserglas und dreht es langsam um.

Was ist passiert? Und wie kommt es dazu?

Das Wasser bleibt im Glas, es läuft nicht heraus! Es sieht aus, als ob es zu Eis erstarrt ist – es ist jedoch nicht kälter als vorher auch, dafür aber ganz glibberig.

Das Pulver aus der Windel hat das Wasser geliert, verfestigt, indem es das Wasser aufgesaugt hat. Denn in der Windel befindet sich ein Kunststoff-Pulver. Normalerweise saugt Kunststoff kein Wasser auf, dieser aber schon. Es ist ein sogenannter »Superabsorber«. Der Kunststoff heißt so, weil er superviel Flüssigkeit aufsaugt, also »absorbiert«, über 500-mal so viel, wie er selber wiegt! Das macht ihn ungeheuer wirksam, weil er sehr sparsam ist, also nur wenig Material (in der Windel ist etwa 1 Esslöffel davon) dafür benötigt wird. Er schluckt die Flüssigkeit und quillt dabei auf. Unter dem Mikroskop sehen die kleinen Superabsorber-Körnchen aus wie weiße Lakritzschnecken. Im Wasser entrollen sich diese Superabsorber-Schnecken etwas, lassen Wasser in die Zwischenräume und saugen es so auf. So funktioniert das auch bei den Windeln für Astronauten.

Was bedeutet das für uns Menschen?

Superabsorber besteht aus Kunststoff und ist ein künstliches Hydrogel (»hydro« heißt Wasser). Häufiger haben wir mit natürlichen Hydrogelen zu tun, also mit Stoffen, die Wasser binden: zum Beispiel in der Nahrung. Ob Honig, Pudding, Soßen oder Ketchup – überall sind Hydrogele, die Stoffe fest oder zähflüssig machen. Bei Ketchup wird genau auf die richtige Konsistenz geachtet: Es darf nicht so flüssig sein, dass es von der Wurst tropft, muss aber trotzdem flüssig genug sein, dass es im Mund mit der Zunge zerdrückt werden kann.

Auch in Kochpudding ist ein Hydrogel. Er wird durch Stärke fest, ein Stoff, der beim Erhitzen aufquillt und Flüssigkeit aufnimmt. Und auch Soßenbinder bestehen aus Stärke, die beim Erhitzen Bratensaft oder Gemüsesud zu einer dickflüssigen Soße binden.

Sogar wir Menschen bestehen aus natürlichem Hydrogel. Anders könnten wir das Wasser in unserem Körper gar nicht speichern, denn wir bestehen zu rund zwei Dritteln aus Wasser. Ein Mensch, der 70 Kilogramm wiegt, trägt so um die 42 Liter Wasser mit sich herum!

Schon gewusst?

Magier können fast alles. Und doch ist – das wisst ihr – immer ein Trick dabei. Wenn der Magier Wasser verschwinden lässt, nimmt er ein Trinkglas, schüttet Wasser hinein und dreht es um. Das Wasser ist verschwunden. Was ihr nicht seht: Im Glas ist ein Spiegel. Und hinter dem Spiegel ein Zauberpulver. Es heißt »Slush-Powder«, was so viel wie »Matschepulver« heißt. Der Magier gießt das Wasser hinten ins Glas, auf den Slush Powder. Der quillt sofort auf und bindet das Wasser. In dem umgedrehten Glas bleibt er einfach hängen.

Das Pulver könnt ihr übrigens im Internet bestellen.

Ganz schön spannend!

Kunststoff hat die Welt verändert! Er hat viele Vorteile: Er hält lange, ist preiswert herzustellen und kann jede Form annehmen. Das liegt daran, dass Kunststoff flüssig oder fest sein kann. Die meisten Kunststoffe werden erst erhitzt und dabei flüssig. Nun können sie in verschiedene Formen fließen. Oft werden sie auch mit Druck in Formen gespritzt, wie etwa beim »Spritzgussverfahren«.

Ein Nachteil von Kunststoffen ist ihre enorme Langlebigkeit, weil sie schlecht verrotten. Dadurch werden sie zum Müllproblem. Außerdem benötigt ihre Herstellung große Mengen an Erdöl und das steht auf der Erde nicht unbegrenzt zur Verfügung.

170

Wissenschaftlern auf die Finger geguckt

Muss Kunststoff ewig halten? Nein! Einkaufstüten etwa werden meist nur einmal benutzt, danach wandern sie in den Müll. Wie schön wäre es, wenn sie sich dort auflösen würden. Wissenschaftler haben deshalb bereits Becher und Tüten aus verrottbarem Kunststoff entwickelt. Meist ist darin Stärke enthalten. Stärke ist nicht so stabil wie Kunststoff und zersetzt sich schnell. Auch Zelluloseacetat, ein über hundert Jahre alter Biokunststoff, wird gerne für Artikel verwendet, die sogar auf dem Komposthaufen landen dürfen: Bürogeräte wie Kugelschreiber oder Lebensmittelverpackungen für den Supermarkt etwa. Eine intelligente Art, verrottbare Kunststoffe einzusetzen, zeigen Hersteller von Spülmaschinen-Tabs. Manche Tabs sind in eine durchsichtige Folie eingeschweißt, die sich in der Spülmaschine zersetzt, sodass sich das Tab auflösen kann.

Für kleine Forscher

Wie viel Wasser passt in eine Windel? Das könnt ihr herausbekommen. Auf zum großen Windeltest! Lasst Wasser ins Spül- oder Waschbecken ein. Dann nehmt ihr eine Windel und legt sie auf die Küchenwaage. Notiert euch, wie viel die trockene Windel wiegt. Dann taucht ihr die Windel ins Wasserbecken und wartet, bis sie sich komplett vollgesogen hat. Die nasse Windel (sie quillt zu einer Wurst auf) legt ihr vorsichtig auf die Waage. Na, wie viel hat sie geschafft?

Ganz schön ausgefuchst

Trocken sind sie so groß wie Stecknadelköpfe. In Wasser jedoch quellen sie auf und werden in wenigen Stunden so groß wie Murmeln: Kugeln aus Hydrogel, einem Superabsorber-Kunststoff. Diese sogenannten »Hydroperlen« gibt es in verschiedenen Farben. Gedacht sind sie als Dekoration, etwa für Blumenvasen. Dort gibt man sie hinein und steckt anschließend die Schnittblumen dazu. Die Blumen sollen so länger frisch bleiben und in Glasvasen sehen die bunten Perlen besonders hübsch aus, vor allem wenn Licht durch sie hindurchscheint.

42

Warum gibt man Backpulver in den Kuchenteig?

Experiment: Ü-Ei-Explosion

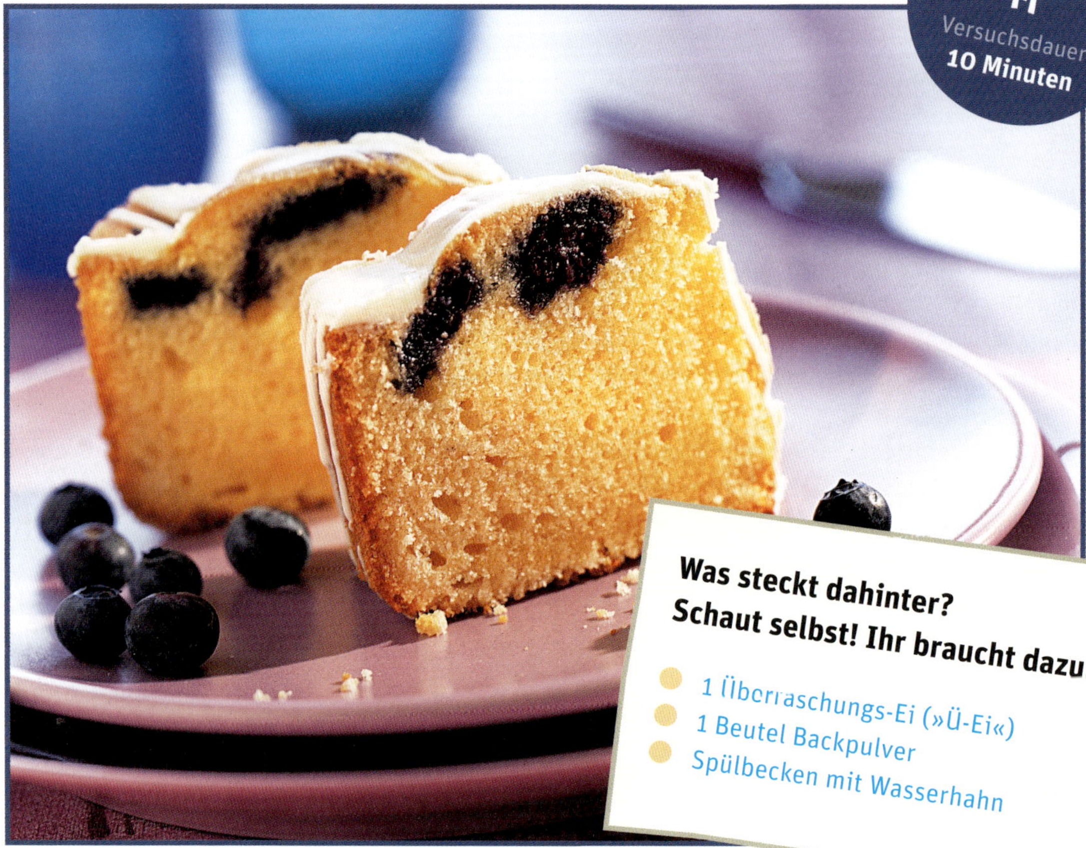

Was steckt dahinter?
Schaut selbst! Ihr braucht dazu:

- 1 Überraschungs-Ei (»Ü-Ei«)
- 1 Beutel Backpulver
- Spülbecken mit Wasserhahn

Es ist ein unscheinbares Tütchen mit ein bisschen weißem Pulver. Doch beim Backen entfaltet das Backpulver eine ungeheure Kraft: Es »treibt« den Teig, es pustet ihn richtig auf. Das könnt ihr nach dem Backen sehen, wenn ihr den Kuchen anschneidet: Er ist durchsetzt mit kleinen Luftbläs-chen. Das ist der einzige Grund, warum der Kuchen beim Backen wächst: Das Backpulver hat ihn vergrößert. Ohne Backpul-ver bliebe der Kuchen klein und hart – und ungenießbar. Mit Backpulver wird er luftig und locker, ist gut zu schneiden und zu kauen. Guten Appetit!

→ **Und so geht das Experiment:**

Öffnet euer Überraschungs-Ei, denn was ihr für dieses Experiment braucht, ist das Kunststoffei im Inneren des Schokoeies. Den Inhalt des Eies könnt ihr beiseitelegen. Füllt in das Kunststoffei einen halben Beutel Backpulver. Dreht den Wasserhahn auf, sodass nur ein ganz schmales Rinnsal herauskommt. So, und jetzt muss alles ganz schnell gehen: Gebt aus dem Wasserhahn so viel Wasser ins Ei, dass das Ei nicht überläuft, schließt schnell den Deckel und stellt das gelbe Ei auf die Spüle. Jetzt heißt es abwarten …

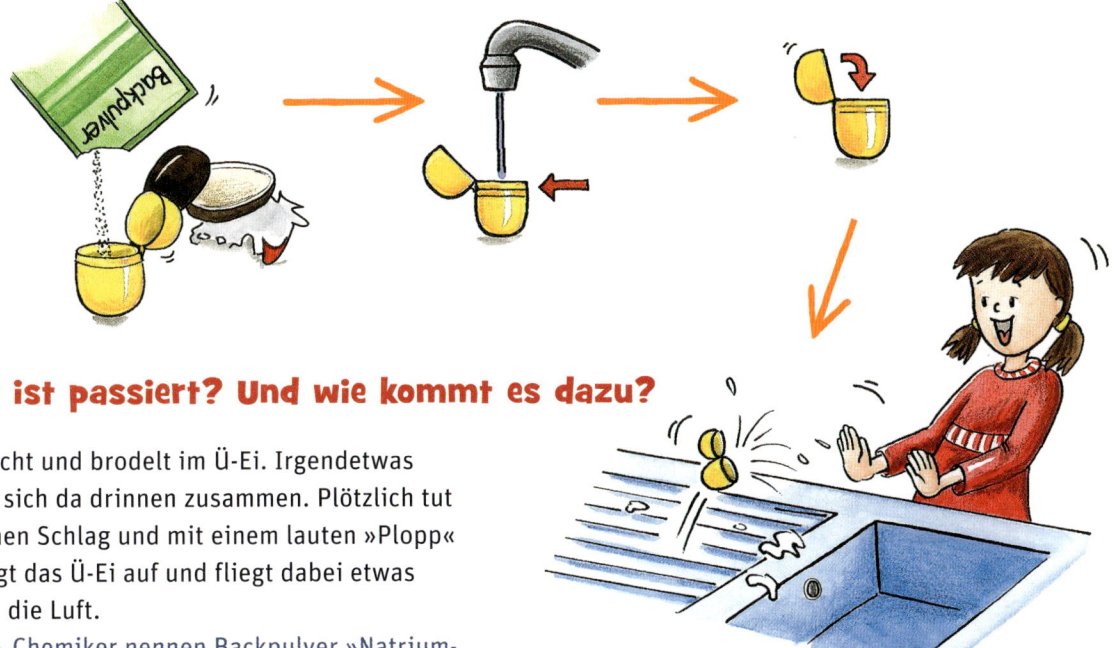

Was ist passiert? Und wie kommt es dazu?

Es zischt und brodelt im Ü-Ei. Irgendetwas braut sich da drinnen zusammen. Plötzlich tut es einen Schlag und mit einem lauten »Plopp« springt das Ü-Ei auf und fliegt dabei etwas durch die Luft.

Chemiker nennen Backpulver »Natriumhydrogencarbonat« und geben ihm die Formel $NaHCO_3$. Backpulver enthält auch ein sogenanntes Säuerungsmittel (z. B. Zitronensäure), also eine schwache Säure, die mit dem Natriumhydrogencarbonat reagiert. Das geschieht, wenn ihr Wasser hinzugebt. Dabei beginnt es, kräftig zu schäumen, denn bei der Reaktion entsteht das Gas Kohlendioxid (CO_2), das auch bei Verbrennungsreaktionen frei wird und aus Schornsteinen und Auspuffen entweicht. Das

Gas braucht aber viel Platz und sprengt, wenn das Plastik-Ei voller Gas ist, dessen Deckel ab. Beim Backen allerdings zersetzt sich Backpulver nicht durch die Zugabe von Wasser, sondern durch die starke Hitze im Ofen und gibt das Gas CO_2 frei, das dann im Teig eingeschlossen wird. In den vielen Löchern im Gebäck ist also nichts anderes als Kohlendioxid, das in kleinen Mengen völlig ungefährlich ist.

Was bedeutet das für uns Menschen?

Explosionen wie bei eurem Ü-Ei sind in großem Maßstab nützlich und gefährlich zugleich. In Steinbrüchen oder unter Tage im Bergbau, bei Tunnelbauarbeiten für Schienenstrecken durch die Alpen oder für U-Bahnen in der Stadt muss viel gesprengt werden. Die Sprengladungen funktionieren wie die Explosion bei eurem Ü-Ei: Die Sprengstoffe verbrennen explosionsartig und erzeugen dabei gewaltige Mengen an Verbrennungsgasen. Wenn diese entstehen, brauchen sie auf einmal sehr viel Platz und drücken mit großer Wucht schweres Gestein zur Seite. Es sind also Gase, die sprengen und die der Sprengstoff erzeugt. Und bei Raketen erzeugen sie einen gigantischen Gasstrom, der die Rakete nach oben befördert. Harmloser hingegen ist die Produktion von Gasen, wenn sie langsam geschieht – etwa durch Backpulver im Kuchenteig, durch Hefe im Brotteig oder bei Brausetabletten für Vitamingetränke oder Medikamente.

Ganz schön spannend!

Explosionen sind gefährlich – und können doch Leben retten. Bei einem Autounfall wird der Fahrer nach vorne geschleudert und landet mit dem Kopf im Airbag. Blitzschnell bläst sich das Schutzkissen vor ihm auf und fängt ihn ab. Nur eine Explosion kann einen Airbag so schnell aufpusten. Deshalb steckt in ihm eine Zündpatrone, die von der Elektronik im Auto ausgelöst wird und explodiert. Die Explosionsgase werden im Airbag aufgefangen und füllen ihn für kurze Zeit ganz prall. Der Airbag für den Fahrer fasst bis zu 80 Liter, der für den Beifahrer vorne etwa 150 Liter Luft (so viel wie eine kleine Badewanne). Aufgeblasen werden Airbags in Hundertsteln von Sekunden. Kurze Zeit später, wenn die Insassen weich darin gelandet sind, haben sich die Luftkissen schon wieder entleert.

Wissenschaftlern auf die Finger geguckt

Was kann passieren, wenn man versucht, ein Herzmedikament zu verbessern? Man entdeckt einen Sprengstoff! So ging es Forschern in Würzburg. Es gab einen ohrenbetäubenden Knall mit einem grellen Lichtblitz, als ihnen zwei hundertstel Gramm des Herzmedikaments um die Ohren flogen. Eine kleine Berührung hatte gereicht, die Explosion auszulösen. Dabei hatten die Chemiker die Substanz nur leicht verändert. Dass sie so gefährlich werden würde, hatten sie nicht gedacht. Fest steht, dass der neue Stoff nicht verwendet werden wird – weder als Herzmedikament noch als Sprengstoff. Der Grund: »Die Substanz kann keiner handhaben«, da sind sich die Wissenschaftler einig.

Für kleine Forscher

Schüttet ein oder sogar zwei Päckchen Backpulver in einen hellen, also einen weißen oder gelben Luftballon. Haltet ihn mit der Tülle nach oben und gebt etwas Wasser hinein. Haltet den Luftballon jetzt zu oder verknotet ihn sogar und wartet ab, was geschieht. Wie weit bläst sich der Luftballon auf? Was könnt ihr innen drin beobachten? Wie lange dauert das? Was bleibt im Luftballon übrig? Und: Wie riecht der Luftballon, wenn ihr die Nase daran haltet?

Ganz schön ausgefuchst

Um Teig luftig zu machen, benutzt man häufig das chemische Treibmittel Backpulver. Etwas natürlicher ist der Hefeteig. Hier werden Pilze unter den Teig gemischt, die sogenannten Hefepilze. Sie mögen den Teig genauso gerne wie wir, knabbern etwas an ihm herum und vermehren sich rasch. Zum Dank pupsen sie und pumpen damit den Teig auf. Das braucht Zeit, deswegen lässt man Hefeteig vor dem Backen »gehen«, wartet also ab, bis die Hefe genug gearbeitet hat. Anschließend wird der aufgegangene Teig gebacken und dadurch fest. Die Hefepilze sterben im Backofen ab. Was die Hefepilze im Hefeteig machen, schaffen Milchsäurebakterien im Sauerteig. Auch sie erzeugen Kohlendioxid.

43

Warum hört sich meine Stimme auf dem Anrufbeantworter so fremd an?

Experiment: Ein Kleiderbügel wird zur Glocke

Was steckt dahinter? Schaut selbst! Ihr braucht dazu:

- 1 Kleiderbügel aus Metall (z. B. Drahtkleider-bügel aus der Reinigung)
- 1 Meter dünnen Bindfaden (z. B. Zwirn)
- 1 Löffel
- 1 Helfer oder Helferin

Viel zu hoch, sehr dünn und kindermäßig hört sich die eigene Stimme an, wenn wir sie einmal aufgenommen anhören. Das klingt fremd und gefällt den wenigsten. Kein Wunder, denn es fehlt die Hälfte. Wir selber hören nämlich nicht nur den Teil unserer Stimme, der aus unserem Mund herauskommt und als Schall zu den Ohren anderer Menschen gelangt. Wir hören auch noch den sogenannten »Knochen-schall«, also den Teil unserer Stimme, der durch den Schädel-knochen vom Mund zu den Ohren wandert. Und der fehlt auf jeder Aufnahme.

Und so geht das Experiment:

Schneidet euch etwa 1 Meter Bindfaden ab, wickelt die Enden um eure beiden Zeigefinger und haltet sie mit den Daumen fest. Ihr könnt die Enden auch an euren Zeigefingern festknoten. Jetzt habt ihr den Faden also zwischen euren beiden Händen hängen. Bittet euren Helfer, den Kleiderbügel auf die Schnur zu hängen. Der Kleiderbügel soll frei hängen und nirgendwo dagegenstoßen – nicht gegen euren Körper und nicht auf den Boden. Bittet euren Helfer, mit dem Löffel gegen den Kleiderbügel zu schlagen. Was hört ihr?

Dann steckt ihr euch die Zeigefinger in die Ohren, wie wenn ihr euch die Ohren zuhaltet. Zum Schluss schlägt euer Helfer wieder mit dem Löffel gegen den Kleiderbügel. Was hört ihr nun?

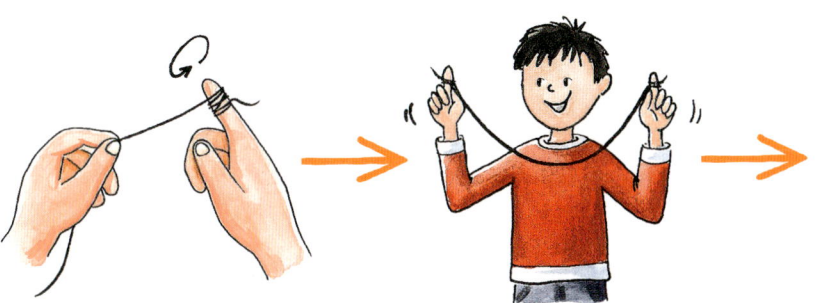

Was ist passiert? Und wie kommt es dazu?

Beim ersten Schlag scheppert der Kleiderbügel und hört sich nicht schön an. Beim zweiten Schlag mit den Fingern in den Ohren klingt er viel schöner! Dahinter steckt die Tatsache, dass Schall an Materie gebunden ist, also an irgendeinen Stoff, der ihn leitet, der ihn transportiert. Das kann Luft sein, aber auch Holz, Metall, Wasser ... das ist völlig egal. Und jeder Stoff transportiert Schall anders. Vielleicht habt ihr im Schwimmbad wahrgenommen, dass sich der Schall unter Wasser ganz anders anhört als über Wasser in der Luft. Genauso ist es hier: Beim zweiten Schlag wird der Schall über den Faden übertragen, und der transportiert andere Anteile des Schalls als die Luft (beim ersten Schlag) – vor allem die tieferen Töne – und gibt sie an eure Finger weiter. Die übertragen den Schall schließlich an eure Ohren, und das hört ihr dank Knochenschall.

Was bedeutet das für uns Menschen?

Dass Schall Materie, also etwas Stoffliches, braucht, um übertragen zu werden, ist vor allem Astronauten bekannt. Denn im Weltall herrscht Vakuum und damit ist dort nichts, was Schall leiten kann. Deshalb ist es außerhalb der Erdatmosphäre totenstill. Leider nicht totenstill ist es in großen Miethäusern. Dort übertragen Decken, Wände, Treppenhäuser und Rohrleitungen des Hauses oft die Geräusche der Nachbarn über mehrere Stockwerke hinweg.

Ein Gegenmittel gegen unerwünschten Schall sind die sogenannten »Mickymäuser«. Das sind Ohrenschützer, die wie große Kopfhörer aussehen. Sie halten den Schall aus der Luft von den Ohren ab und sorgen für Ruhe – etwa am Presslufthammer oder im Maschinenraum eines Schiffes.

Ganz schön spannend!

Sogenannte »Knochenschallkopfhörer« sitzen nicht auf, sondern vor den Ohren auf dem Schläfenknochen. Der Schall versetzt dabei nicht die Luft in Schwingungen, sondern den Schädelknochen. Diese Schwingungen nimmt somit direkt das Innenohr auf – Mittelohr und Trommelfell werden umgangen. Deshalb ruinieren diese Kopfhörer bei lauter Musik nicht das Trommelfell.

Aber Knochenschall kann auch auf anderem Weg genutzt werden: bei Mikrofonen. Wenn es rundherum sehr laut ist – etwa bei Einsätzen der Feuerwehr –, hilft das beste Mikrofon nicht bei der Verständigung, weil der Lärm alles Gesprochene übertönt. Der einzige Ausweg ist, den Ton der Stimme direkt am Körper abzunehmen. Das geht mit sogenannten »Knochenschallmikrofonen«. Sie sitzen oben auf dem Kopf und nehmen den Knochenschall ab, der beim Sprechen erzeugt und durch den Schädelknochen geleitet wird.

Schon gewusst?

Erdbeben und Explosionen verursachen Schallwellen, die Tausende von Kilometern weit zu hören sind. Denn die Erdkruste ist ein prima Resonanzkörper und leitet Schallwellen gut. So können bei uns Erdbeben registriert werden, die auf der anderen Seite der Erdkugel passieren. Auch die Explosionen von Atombomben, die unterirdisch getestet werden, können so genau registriert werden. Das ist wichtig, denn dadurch kann kontrolliert werden, ob sich auch alle Staaten der Erde an das Verbot von Atomwaffentests halten.

Wissenschaftlern auf die Finger geguckt

Seine größten Werke hat der Komponist Ludwig van Beethoven (1770 –1827) geschrieben, als er bereits komplett taub war. Um Musik trotzdem irgendwie wahrzunehmen, klemmte er einen Taktstock unter dem Deckel seines Klaviers fest und biss mit den Zähnen darauf. So übertrugen sich die Schwingungen des Klaviers über den Taktstock auf den Kiefer und damit den Kopf des Musikers.

Etwas Ähnliches versucht die US-Firma »Sonitus Medical«. Sie nutzt die Zähne, um Schall zu übertragen. Ein Mikrofon außen am Kopf funkt seine Aufnahmen an einen Zahnaufsatz, der vibriert und über den Kiefer den Kopf in Schwingungen versetzt. Das könnt ihr euch inetwa so vorstellen, als ob ihr auf euer Handy mit Vibrationsalarm beißen würdet. So kann man über die Zähne hören – mit dem ersten Hörgerät, das im Mund getragen wird!

Für kleine Forscher

Spieluhren sind wunderbare kleine Musikinstrumente. Sie bestehen aus einer Walze mit Stacheln und langen Metallzungen. Dreht sich die Walze, heben die Stacheln die Metallzungen an und lassen sie los. Das ergibt Töne. Habt ihr eine Spieluhr zu Hause? Nehmt sie in die Hand und kurbelt. Ihr könnt die Melodie ganz leise hören. Legt die Spieluhr auf einen Tisch, haltet sie gegen eine Tür oder ein Fenster. Jetzt ist die Melodie viel lauter! Der Untergrund wirkt als Resonanzkörper und verstärkt den Klang.

Ganz schön ausgefuchst

Normale Lautsprecher bringen die Luft zum Schwingen. Raffinierte Lautsprecher gehen einen kleinen Umweg. Fans von Technikspielzeug kennen sicher die kleinen, schweren Resonanzlautsprecher. Hält man sie in den Händen, sind sie sehr leise. Stellt man sie aber auf einen Tisch, Schrank oder ein Regal, werden sie unglaublich laut. Sie versetzen nämlich das Möbelstück in Schwingungen, das dann wiederum die Luft zum Schwingen bringt. Das erzeugt Schall – und den könnt ihr hören. Vibrationslautsprecher sind noch kleiner, sehr leicht und gut mitzunehmen. Heftet man sie an einen Milchkarton, ein Blatt Papier oder eine Fensterscheibe, werden sie richtig laut. Auch sie brauchen etwas, was sie in Schwingungen versetzen kann.

44

Warum darf ein Trinkhalm nicht allzu lang sein?

Experiment: Wie hoch könnt ihr saugen?

Was steckt dahinter? Schaut selbst! Ihr braucht dazu:

- 5 Meter durchsichtigen dünnen Schlauch aus dem Baumarkt
- eine Trinkflasche mit weitem Hals, mit Milch, Saft oder Wasser gefüllt (keine sprudelnden Getränke)
- 1 Helfer oder Helferin
- 1 Treppenhaus
- 1 Zollstock

Was macht ihr, wenn ihr mit dem Trinkhalm trinkt? Ihr saugt damit Flüssigkeit hoch? Nein: Das Getränk wird euch vom Luftdruck in den Mund geschoben. Und das geht so: Steckt ihr den Trinkhalm ins Glas, ist der Luftdruck im Halm und außen herum gleich groß. Wenn ihr aber am Trinkhalm saugt, nehmt ihr den Luftdruck im Halm weg. Nun ist der Luftdruck draußen größer. Er drückt auf die Flüssigkeit im Trinkglas und schiebt sie im Trinkhalm nach oben. Weil der Luftdruck nicht unendlich groß ist, kann er Wasser höchstens 10 Meter nach oben drücken.

Spült den Schlauch vor dem Experiment gut mit Wasser durch. Nun stellt ihr die Trinkflasche im Treppenhaus vor die unterste Treppenstufe. Dann haltet ihr das eine Ende des Schlauchs in die Trinkflasche. Das andere Ende steckt sich einer von euch in den Mund und saugt daran, bis etwas Flüssigkeit im Mund landet. Nun heißt es auf Klettertour gehen. Einer von euch bleibt unten stehen und achtet darauf, dass das eine Ende des Schlauchs in die Flüssigkeit ragt. Der andere saugt am Schlauch und steigt dabei nach und nach die Treppenstufen hinauf. Eins, zwei, drei ...

Was ist passiert?
Und wie kommt es dazu?

Die ersten Stufen sind noch einfach. Doch je höher der Kletterer kommt, desto schwieriger wird es, etwas zu trinken in den Mund zu bekommen. Schließlich geht nichts mehr – auch bei stärkstem Saugen kommt das Getränk zwar noch ein Stück weit nach oben geklettert, schafft es aber nicht mehr bis in den Mund. Wenn ihr mögt, könnt ihr einen Wettbewerb veranstalten, wer von euch am höchsten klettert und trotzdem noch etwas in den Mund bekommt. Die Höhe messt ihr mit dem Zollstock – vom Flüssigkeitsspiegel unten in der Flasche bis hoch zu euren Lippen. Die Länge des Schlauchs spielt dabei nämlich keine Rolle, nur der Höhenunterschied ist wichtig.

Der Luftdruck auf der Erde wird durch die Lufthülle um unseren Planeten, die auf die Erdoberfläche drückt, erzeugt. Weil die Lufthülle nicht unendlich dick ist, ist auch der Luftdruck endlich. An der Erdoberfläche in Meereshöhe kann er Wasser in einem Rohr 9,80 Meter hochdrücken, wenn im Rohr kein Druck ist, also Vakuum herrscht.

Was bedeutet das für uns Menschen?

Auf hohen Bergen ist der Luftdruck geringer – in 5 Kilometern Höhe kann er Wasser nur noch 4,90 Meter hochdrücken und keine 10 Meter mehr, das Trinken aus Trinkhalmen wird also mit zunehmender Höhe schwieriger. Diese Änderung des Luftdrucks mit der Höhe könnt ihr im Alltag spüren: Wenn ihr im Auto einen Berg hochfahrt, nimmt der Luftdruck ab, fahrt ihr ins Tal hinunter, wieder zu. Wenn ihr mit dem Aufzug in einem hohen Gebäude rauf – oder runterfahrt, verändert er sich spür-bar, vor allem in den Ohren. Und wenn ihr versucht, längere Zeit nicht zu schlucken, merkt ihr, wie der Druck in euren Ohren zunimmt. Ganz ähnlich ist es beim Tauchen, auch wenn hier nicht der Luftdruck auf euch wirkt, sondern der Wasserdruck. Weil Wasser aber viel dichter ist als Luft, nimmt der Wasserdruck viel schneller zu, wenn ihr abtaucht. Dann hilft nur: Nase zuhalten und dagegenpusten für den Druckausgleich.

Ganz schön spannend!

Als der Mittlere Westen der Vereinigten Staaten besiedelt wurde, drangen die weißen Farmer in unbekanntes Gelände vor. Was macht man, wenn man irgendwo hinkommt? Man bohrt erst einmal einen Brunnen, um an Wasser zu gelangen. Doch herkömmliche Wasserpumpen funktionierten im Mittleren Westen nicht, weil das Grundwasser tiefer als 10 Meter unter der Erde lag. Da können die Pumpen oben saugen, so viel sie wollen, das Wasser steigt nicht höher als 10 Meter. Wie schafft man es dennoch, Wasser aus größeren Tiefen nach oben zu befördern? Ganz einfach: Man muss die Pumpen unten hinbauen, dort, wo das Wasser ist. Denn hochdrücken lässt sich Wasser weit über 10 Meter.

Wissenschaftlern auf die Finger geguckt

Beim Wetter spielen Schwankungen des Luftdrucks eine große Rolle – aber auch beim Hören, denn »Schall ist nichts anderes als Schwankungen des Luftdrucks«, sagt die Wissenschaft. Warum »hören« wir dann nicht, wenn sich der Luftdruck mit dem Wetter ändert? Weil das sehr langsam geschieht – über Stunden und Tage – und das Ohr den Druckwechsel ausgleicht. Was wir hören, sind dagegen schnelle, aber ganz feine Druckschwankungen – bis zu 20 000 pro Sekunde!

45 Warum ist Schaum so leicht?

Experiment: Seife in der Mikrowelle

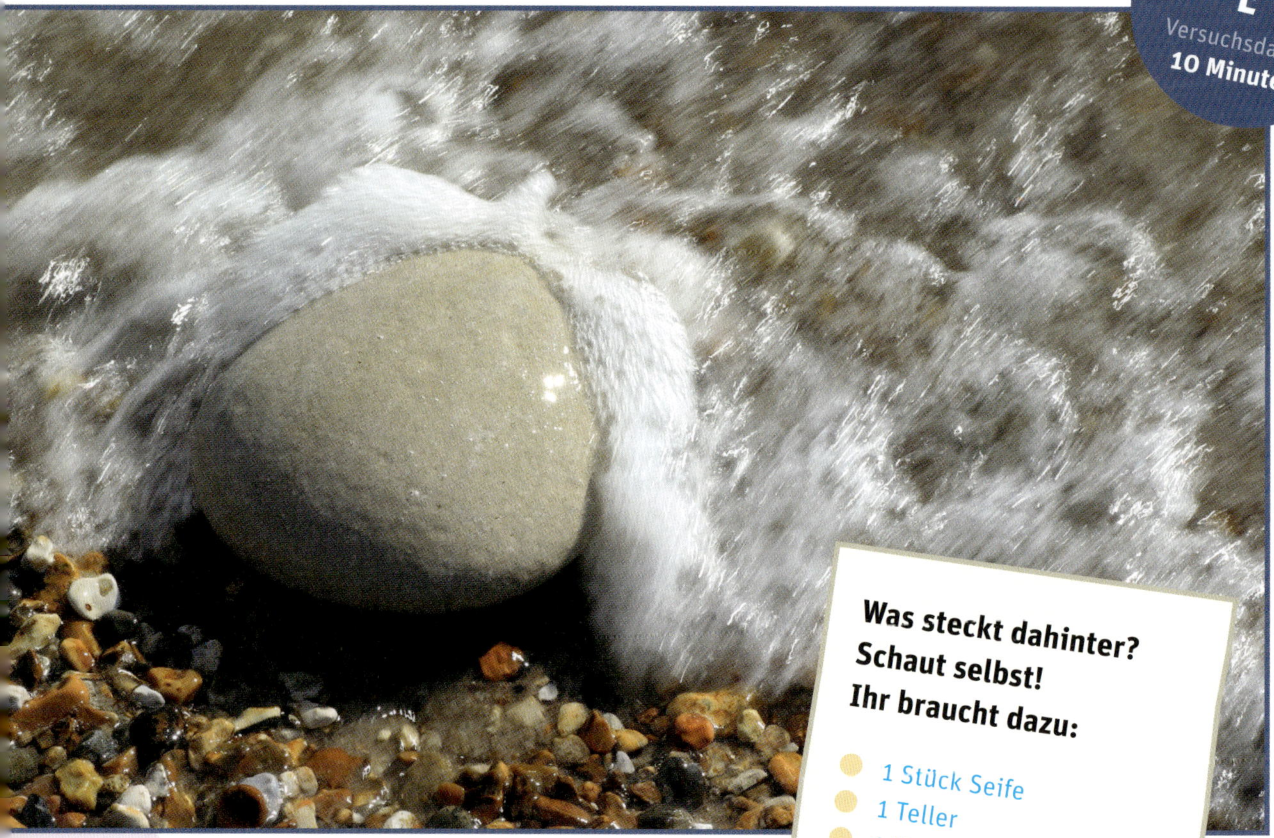

**Was steckt dahinter?
Schaut selbst!
Ihr braucht dazu:**

- 1 Stück Seife
- 1 Teller
- 1 Mikrowellengerät
- 1 Küchenmesser
- 1 Erwachsenen

Schaum besteht aus vielen Bläschen, die meist mit Luft gefüllt sind. Das könnt ihr gut in der Badewanne beobachten, wenn das seifige Schaumbad zum Badeschaum wird. Die Luft, die das einlaufende Wasser unter Wasser zieht, bleibt beim Auftauchen in der Seifenlösung »hängen«. So entstehen viele Luftblasen, die neben- und übereinander liegen und gemeinsam den Badeschaum bilden.

Der Trick: Das Schaumbad besteht aus einer Seifenlösung, deren Bestandteile gut zusammenhalten. So können Luftblasen eingeschlossen werden. Und diese Luft macht den Schaum federleicht.

Und so geht das Experiment:

Legt das Stück Seife auf den Teller und stellt beides in euer Mikrowellengerät. Stellt die höchste Stufe ein und bittet den Erwachsenen, das Gerät unter eurer Aufsicht einzuschalten. Der Teller mit der Seife darauf beginnt, sich in der Mikrowelle zu drehen...

Was ist passiert? Und wie kommt es dazu?

Doch was ist das? Plötzlich bewegt sich die Seife und bekommt große Pickel. Sie bläht sich auf und wächst. Gleichzeitig beginnt es, ziemlich deutlich nach Seife zu riechen. Lasst die Seife nicht zu lange drin, sondern nehmt sie heraus und wartet 5 Minuten, bis sie abgekühlt ist. Dann könnt ihr euren erwachsenen Helfer bitten, die Seife durchzuschneiden. Die Seife hat innen drin viele kleine Luftbläschen. Sie sieht aus wie ein Schwamm oder ein Brot und ist mehr als doppelt so groß wie vorher – je nachdem, wie lange ihr sie im Mikrowellengerät gelassen habt.

Die Seife, die ihr benutzt habt, ist von Natur aus porös, hat also viele kleine Poren, in denen Luft eingeschlossen ist. Außerdem besteht Seife zu einem Gutteil aus Wasser. In der Mikrowelle wird das Wasser erhitzt und verdampft.

Der Wasserdampf sammelt sich in den vielen kleinen Poren und entwickelt einen ziemlichen Druck.

Die Seife wird also von innen heraus auseinandergedrückt. Das geht deshalb so gut, weil die Seife sehr weich und außerdem geschmeidig ist und sich auseinanderdrücken lässt, ohne zu zerbrechen. So lässt sich Schaum herstellen.

Was bedeutet das für uns Menschen?

Schaum ist immer gut, um aus wenig viel zu machen. Dazu gibt es viele Beispiele! Der Spülschwamm besteht aus einem flexiblen Schaum, der in seinen Luftbläschen viel Wasser speichern kann. Beim Rasieren verwendet der Vater Rasierschaum, um mit wenig Seife viel Gesicht zu bedecken. Und viele Menschen lieben beim Sahneschlagen den Sahneschaum, der dabei entsteht. Das Baiser (sprich: »Beseh«) ist ein leckeres Schaumgebäck aus Eischnee und besteht zum Großteil aus Luft. Luft isoliert auch gut. Neoprenanzüge und Schaumstoffmatratzen bestehen aus geschäumtem Kunststoff, und die eingeschlossene Luft schützt besonders gut gegen Kälte und macht den Kunststoff flexibel. Und mit Platten aus einem harten Kunststoffschaum lassen sich Häuser nachträglich isolieren.

Ganz schön spannend!

Das Wiesenschaumkraut kann eigentlich gar nichts für seinen merkwürdigen Namen. Verantwortlich dafür ist die sogenannte Schaumzikade. Das ist ein Insekt, das seine Eier in Wiesenschaumkraut ablegt. Die Larven dieser Zikadenart scheiden eine eiweißhaltige Flüssigkeit aus, die die Zikaden mit Luft aus ihrer Atemhöhle aufschäumen. In dieser Schaumhülle wachsen die Larven heran. Zum einen trocknen sie darin nicht aus und haben es immer warm genug, zum anderen sind sie praktisch unsichtbar und damit vor Feinden geschützt. Wenn ihr im Frühjahr spazieren geht, fallen euch die Schaumnester am Wegesrand, die auch »Kuckucksspeichel« genannt werden, bestimmt ins Auge.

Seife in der Mikrowelle

Wissenschaftlern auf die Finger geguckt

Mit Schaum lassen sich leichte Materialien erzeugen. Deshalb forschen Wissenschaftler daran, auch Dinge aufzuschäumen, denen man das nicht zutraut. Mit Titanschaum lassen sich leichte, aber stabile Knochenprothesen herstellen, die innen wie ein Schwamm aussehen, aber ganz starr sind. Mit ihnen bekommen Menschen leichtere Prothesen, die sich vom Gewicht her nicht mehr so sehr von einem natürlichen Knochen unterscheiden.

Schaum- oder Porenbeton ist aufgeschäumter Beton, der viel leichter ist als herkömmlicher Beton, aber trotzdem fast genauso stabil. Das spart Material und ist deshalb preiswerter.

Für kleine Forscher

Nagellackentferner ist nichts anderes als Aceton, was ein gutes Lösungsmittel ist. Und weißer Kunststoffhartschaum ist nicht lösemittelfest. Das merkt ihr, wenn ihr mit normalem Bastelkleber Hartschaumteile zusammenfügen möchtet. Ist der Kleber lösemittelfrei, hält er die Bauteile nicht richtig zusammen, ist er lösemittelhaltig, »frisst« er das Material an. Deshalb gibt es speziellen Klebstoff, um dieses Material zusammenzufügen. Er klebt gut, ohne etwas anzufressen. Probiert es einmal aus!

Ganz schön ausgefuchst

Schaum isoliert gut! Um ältere Häuser nachträglich zu dämmen, damit sie im Winter wenig Wärme verlieren und im Sommer kühler bleiben, werden die Mauern mit Isolierplatten verkleidet. Die haben gleich mehrere Vorteile: Sie sind leicht, preiswert, isolieren gut und halten lange. Wie kommt es, dass ziemlich dünne Platten aus Kunststoff so gut isolieren? Die Platten bestehen hauptsächlich aus Luft, die in kleinen Bläschen im Material gefangen ist. Und Luft isoliert am besten, weil sie ein Gas ist und Wärme (oder Kälte) schlecht leitet. Um Fenster und Türen abzudichten, wird rundherum Polyurethan-Schaum in die Ritzen gespritzt. Dieser Schaum ist zuerst flüssig, härtet aber an der Luft rasch aus und isoliert gut.

Seife in der Mikrowelle

46 Was ist Rost? Was ist Korrosion?

Experiment: Münze zerfrisst Alufolie

Schwierig-
keitsstufe:
L
Versuchsdauer:
1 Woche

**Was steckt dahinter?
Schaut selbst!
Ihr braucht dazu:**

- 1 kleine Schüssel
- Alufolie
- 1 5-Cent-Münze
- etwas Wasser
- ein wenig Salz

Eisen ist ein hartes Material, trotzdem reagiert es empfindlich auf die Umgebung. Bei Feuchtigkeit verbindet es sich mit Sauerstoff zu rotbraunem Eisenoxid, dem sogenannten Rost. Eisenoxid ist porös und daher nicht annähernd so fest und so stabil wie Eisen. Es ist wasser- und luftdurchlässig, sodass das Eisen unter dem Rost weiterrostet. Der Vorgang des Rostens ist eine spezielle Form von Korrosion. Mit diesem Begriff umschreiben Fachleute alle Veränderungs- und Verschleißprozesse – von Metallen, Holz, Stein und vielen anderen Meterialien.

Legt ein Stückchen Alufolie in die Schüssel und gebt das 5-Cent-Stück darauf. Dann füllt ihr so viel Wasser ein, dass das 5-Cent-Stück bedeckt ist. Zum Schluss gebt ihr noch einige Körnchen Salz aus dem Salzstreuer ins Wasser. Jetzt heißt es abwarten und Tee trinken für diesen Langzeitversuch.

Was ist passiert? Und wie kommt es dazu?

Wenn ihr das 5-Cent-Stück nach 1 Tag anhebt, könnt ihr sehen, dass sich sein Rand auf der Aluminiumfolie abgebildet hat: Dort ist das Aluminium schwarz. Und wenn ihr nach 1 Woche das 5-Cent-Stück aus der Schüssel nehmt, werdet ihr euch wundern: Es hat ein kreisrundes Loch in die Aluminiumfolie gefressen.

Kupfer, Aluminium und Salzwasser bilden gemeinsam ein sogenanntes galvanisches Element – das ist eine einfache Batterie. Dadurch fließt ein geringer Strom zwischen den beiden Metallen. Der löst das Aluminium dort auf, wo es mit dem Kupfer in Kontakt kommt. Das ist vor allem der überstehende Rand der Kupfermünze, der auf dem Aluminium aufliegt. Ist die Aluminiumfolie unter dem 5-Cent-Stück etwas gewölbt und berührt

die Münze deshalb auch an anderen Stellen, entstehen auch dort Löcher in der Alufolie. Das Aluminium ist korrodiert.
Das Wasser aus dem Versuch ist leicht giftig, weil Metall darin gelöst ist. Schüttet es in den Ausguss und reinigt die Schüssel und eure Hände danach gründlich.

Was bedeutet das für uns Menschen?

Dass Dinge nicht ewig halten, können wir am eigenen Körper feststellen: Wenn wir unsere Zähne nicht pflegen, bekommen sie Karies. → Man könnte auch sagen: Sie korrodieren, sie zersetzen sich und werden mit der Zeit zerstört. Kein Fahrrad hält ewig, kein Auto, keine Eisenbahn, kein Flugzeug, kein Haus. Umwelteinflüsse wirken sich auf Gegenstände aus und zerstören sie. Unser Leben lang kämpfen wir Menschen dagegen an. Wir pflegen und reparieren unsere Sachen und sorgen dafür, dass sie möglichst lange funktionieren. Trotzdem lässt sich die Korrosion nicht überall aufhalten. Weil Rohrleitungen, Bohrinseln, Industrieanlagen und Bauwerke korrodieren, entsteht jedes Jahr ein Schaden von 90 Milliarden Euro – allein in Deutschland.

Ganz schön spannend!

→ Er gilt als stabil und haltbar: Beton. Das ist ein genialer Baustoff, weil er fast jede Form annehmen kann, denn zuerst ist Beton flüssig, kann in Form gegossen werden und wird langsam, im Laufe einiger Tage, steinhart. Doch im Beton steckt Metall: Wenn ihr eine größere Baustelle betrachtet, könnt ihr dicke Metallstangen und -matten sehen, die in die gewünschte Form gebogen werden. Sie geben dem Beton seine Stabilität, der drum herum gegossen wird. Gelangt jedoch Wasser durch den Beton zu den Stahlträgern, fangen diese an zu rosten. Rost aber »arbeitet«, denn er braucht zweieinhalb Mal so viel Platz wie das reine Metall und drückt den Beton allmählich auseinander. So können im Beton Risse entstehen und letztlich ganze Betonstücke abplatzen.

Schon gewusst?

Auch ein Schiffsrumpf aus Metall wird im Wasser angegriffen, vor allem im salzigen Meerwasser. Dabei bildet sich – ganz ähnlich wie im Experiment – ein galvanisches Element. Das lässt sich zwar nicht vermeiden, aber vermindern. Dazu werden am Schiffsrumpf sogenannte »Opferanoden« angebracht. Das sind kleine Metallstücke, die sich dann anstelle des Schiffs auflösen, also geopfert werden. Ziemlich raffiniert!

Wissenschaftlern auf die Finger geguckt

Auch in unserem Körper findet Korrosion statt – das merken Menschen, wenn sie älter werden. Die Gelenke etwa verschleißen und müssen im Extremfall gegen künstliche ausgetauscht werden. Wenn eure Großeltern dann neue Hüft- oder Kniegelenke bekommen, müssen sie große Operationen über sich ergehen lassen. Deshalb soll das neue Gelenk möglichst lange halten, am besten lebenslang. Doch im Körper verschleißt oder »korrodiert« auch das beste Ersatzgelenk. Damit das möglichst langsam geschieht, forschen Wissenschaftler daran, besonders harte, widerstandsfähige Oberflächen für die Gelenkköpfe und deren Gegenstücke, die Gelenkpfannen, zu entwickeln.

Für kleine Forscher

Wenn ihr zu Hause Silberbesteck habt, werdet ihr feststellen, dass dies mit der Zeit schwarz anläuft und nach einiger Zeit dreckig und unansehnlich aussieht. Dann könnt ihr die Elektrochemie zu Hilfe nehmen – ganz wie in eurem Experiment: Tut etwas Aluminiumfolie in das Spülbecken und legt das Silberbesteck darauf. Dann streut ihr einen gestrichenen Teelöffel Salz darüber und gebt heißes Wasser hinzu, bis alle Besteckteile mit Wasser bedeckt sind. Nun geschieht etwas Eigenartiges: Wie von Zauberhand verschwindet der schwarze Belag von dem Silber und es glänzt wie neu. Nur die Alufolie leidet. Sie bekommt schwarze Flecken.

Ganz schön ausgefuchst

Die Korrosion von Landschaft nennen Wissenschaftler »Erosion«. So wie Bauwerke von Menschenhand vom Zahn der Zeit angenagt werden, verändern sich ganze Gegenden durch das Wetter. Regenwasser spült Erdboden fort in die Flüsse. Das Flusswasser wäscht das Flussbett aus, sodass sich über viele Jahre hinweg der Flussverlauf ändert. Wind schleift Steine und Felsen wie mit Schmirgelpapier ab, und Hitze und Frost lassen etwa im Gebirge Felsen platzen und als Gesteinslawine zu Tal stürzen. So nutzt sich die Erdoberfläche ab und verändert sich stetig.

Was ist ein Vakuum?

Experiment: Unzertrennliche Pömpel

Schwierig-
keitsstufe:

M

Versuchsdauer:
5 Minuten

**Was steckt dahinter?
Schaut selbst!
Ihr braucht dazu:**

- 2 Pömpel
- 1 Freund oder Freundin

»Vakuum« ist so viel – oder besser: so wenig – wie »nichts«. Eigentlich gibt es mehr »nichts« als »etwas«. Denn der Weltraum ist zum allergrößten Teil leer. Zwischen den Gestirnen ist Vakuum, also nichts. Vakuum ist die Abwesenheit von Materie, von irgendetwas Stofflichem. Streng genommen ist aber das Vakuum nicht ganz leer, denn Strahlung wie etwa Licht kommt hindurch.

Auf der Erde kommt Vakuum natürlicherweise nicht vor. Denn wenn irgendwo ein scheinbar leerer Raum ist, ist er zumindest mit einem Gas wie etwa Luft gefüllt.

Und so geht das Experiment:

Presst die beiden Pömpel so stark wie möglich aufeinander. Gebt dabei acht, dass ihr nicht abrutscht, und arbeitet exakt: Die Ringe der beiden Pömpel sollten möglichst genau aufeinanderliegen.

Jetzt versucht ihr, sie wieder zu trennen. Viel Erfolg!

Was ist passiert? Und wie kommt es dazu?

Erst einmal passiert nichts. Wenn ihr aber die Pömpel auseinanderziehen wollt, merkt ihr: Es geht nicht! Erst bei mehrmaligem Ziehen oder Verdrehen klappt es vielleicht, wenn dabei etwas Luft zwischen die beiden Pömpel gelangt. Schafft ihr es gar nicht, müsst ihr vorsichtig einen Schraubendreher zwischen die Pömpel stecken, damit etwas Luft hineinkommt. Offensichtlich werden die Pömpel aneinandergesaugt, also von einer Kraft zwischen ihnen zusammengezogen. Aber wer zieht dort? Niemand – es ist nämlich genau umgekehrt! Die Pömpel werden aufeinandergedrückt. Und das mit großer Kraft.

Jeder Pömpel für sich ist von Luft umgeben. Der Luftdruck wirkt von jeder Richtung gleich stark auf ihn. Aufeinandergedrückt herrscht in den Pömpeln ein Unterdruck. Er entsteht dadurch, dass die Gummistopfen aufgrund ihres elastischen Materials wieder ihre ursprüngliche Form annehmen wollen. Doch der Luftdruck außen herum drückt stark gegen die Stopfen. Wenn ihr jetzt an den Pömpeln zieht, erhöht ihr den Unterdruck in ihnen und der äußere Luftdruck wirkt noch stärker und presst die Pömpel so stark aufeinander, dass ihr sie kaum noch auseinanderbekommt. Wenn ihr kräftig zieht und dabei den Raum zwischen den Pömpeln stark vergrößert, habt ihr sogar ein Stück Vakuum geschaffen: einen fast luftleeren Raum – ein Stück Weltraum auf der Erde. Glückwunsch!

Was bedeutet das für uns Menschen?

Vakuum spielt in der Wissenschaft wie im Alltag eine wichtige Rolle. Um etwa tiefgekühltes flüssiges Gas zu lagern und zu transportieren, gibt es große Thermosflaschen. Sie haben wie die Thermoskannen in der Küche zwei Wände, zwischen denen Vakuum herrscht, weil Vakuum keine Wärme leitet.

Vakuum ist jedoch nicht gleich Vakuum. Die Saugkraft von Staubsaugern erzeugt ein sogenanntes Grobvakuum. Spezielle Hüllen beispielsweise für Bettwäsche haben eine Öffnung, aus welcher der Staubsauger die Luft heraussaugen kann. Dadurch wird die Wäsche vakuumiert, platzsparend zusammengedrückt und bleibt so länger frisch. Auch Fleischstücke und der »aromafrisch versiegelte« Kaffee sind vakuumverpackt, also luftdicht verschlossen, und halten länger.

In Glühlampen und Leuchtstofflampen herrscht ein geringes Vakuum. Die Glühlampen würden sonst zu heiß und die Leuchtstofflampen gar nicht erst leuchten.

Ganz schön spannend!

Der Ingenieur und Physiker Otto von Guericke (1602–1686) war der zweite Mensch, der auf der Erde ein Vakuum erzeugte. Er hatte die Luftpumpe erfunden, mit der man Luft in etwas hinein- oder aus etwas herauspumpen kann. Er entleerte damit zwei Halbkugeln aus Kupfer, pumpte also die Luft aus ihnen heraus. Vorher hatte er die beiden Kugelhälften aufeinandergelegt und mit einem Lederband abgedichtet. 16 Pferde – acht an jeder

Seite – schafften es 1657 nicht, die beiden Halbkugeln auseinanderzureißen, die der Luftdruck so fest zusammendrückte. Damit hatte er aber auch gezeigt, dass es das »Nichts« gibt und dass die Natur leere Räume zulässt. Dies galt bis dahin als unmöglich.

Wissenschaftlern auf die Finger geguckt

Kein Lebewesen kann unter den Bedingungen des Vakuums im Weltraum überleben! Wirklich keines? Das »Bärtierchen« schon, wie ein deutsch-dänisches Forscherteam herausgefunden hat. Die Forscher setzten im Jahr 2007 in einer Erdumlaufbahn im All einige getrocknete Bärtierchen dem Vakuum, der enormen Kälte von unter −200 °C und der heftigen Strahlung des Weltraums aus. Die bis zu 1,5 Millimeter großen Bärtierchen überlebten und konnten sich anschließend sogar noch fleißig vermehren. »Es bleibt ein Rätsel, wie diese Tiere imstande sind, ihren Körper wiederzubeleben«, staunten die Forscher.

Ganz schön ausgefuchst

Bis vor wenigen Jahren waren Bildschirme mindestens so tief, wie sie breit waren. Sie bestanden aus einer großen, schweren und vor allen Dingen luftleeren Glasröhre. Innen waren Hochspannungsspulen für 12 000 Volt, mit denen aus einem glühenden Draht ein Elektronenstrahl gewonnen wurde. Das funktioniert nur im Vakuum. Der Elektronenstrahl wurde mit Magnetfeldern abgelenkt und erzeugte beim Auftreffen auf eine Leuchtschicht einen Punkt. Viele solcher Punkte schnell hintereinander ergeben ein Bild. Weil in den Bildschirmen ein Vakuum herrschte, kam es immer wieder vor, dass ein Bildschirm implodierte, also in sich zusammenfiel. Eine Implosion ist genauso gefährlich wie eine Explosion, denn dabei fliegen Glassplitter durch die Gegend.

Für kleine Forscher

Nehmt eine leere Spritze ohne Nadel (die bekommt ihr in der Apotheke oder vom Arzt), haltet die Öffnung mit dem Finger zu und zieht den Kolben heraus. Jetzt habt ihr darin ein echtes Vakuum erzeugt und eure Spritze wird zur Vakuumpumpe. Sie saugt die Luft. Wenn ihr den Kolben jetzt loslasst, saust er zurück. Macht euch dabei klar, dass der Kolben nicht in die Spritze hineingezogen, sondern durch den Luftdruck um die Spritze und um uns herum hineingedrückt wird. Es ist also keine Kraft in der Spritze, sondern eine Kraft um die Spritze herum, die den Kolben hineinschiebt.

Was verrät ein Fingerabdruck?

Experiment: Detektivarbeit

Schwierig-
keitsstufe:

L

Versuchsdauer:
15 Minuten

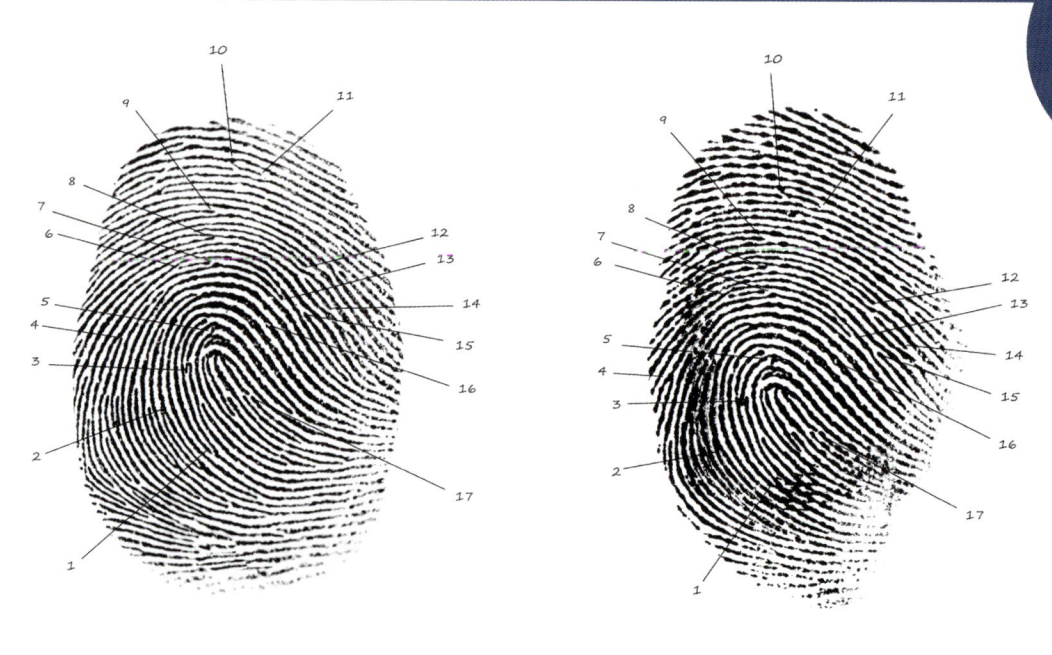

Jeder Finger und jeder Fingerabdruck ist einzigartig. Das Muster auf euren Fingern gibt es sonst nirgendwo auf der Welt. Der Abdruck, den eure Finger auf Gegenständen hinterlassen, passt nur zu euch. Deshalb beweisen Fingerabdrücke, dass jemand etwa an einem Tatort war, wo zum Beispiel etwas gestohlen wurde. Der Fingerabdruck alleine hilft allerdings nur weiter, wenn man ihn einer Person zuordnen kann. Deshalb gibt es Datenbanken, in denen Tausende von Fingerabdrücken gespeichert sind und auf Knopfdruck mit frischen Spuren verglichen werden können.

Was steckt dahinter? Schaut selbst! Ihr braucht dazu:

- 1 Bleistift mit weicher Mine
- 1 Nagelfeile
- 1 kleine Schale
- 1 feinen, weichen Pinsel
- 1 Lupe
- 1 Trinkglas

> Und so geht das Experiment:

Bevor man Fingerabdrücke untersuchen und vergleichen kann, muss man sie erst einmal nehmen. Und das macht ihr jetzt!
Nehmt eine Nagelfeile und reibt mit dem Bleistift auf der rauen Fläche entlang.
Dabei zerreibt ihr die Bleistiftmine, die aus Grafit besteht, zu einem feinen Pulver, das ihr in einer kleinen Schüssel sammelt. Jetzt schnappt ihr euch ein Trinkglas und fasst es fest an. Nun sind eure Fingerabdrücke auf dem Glas, aber noch nicht sichtbar. Um sie sehen zu können, nehmt ihr den Pinsel und bringt mit ihm etwas Grafitpulver auf dem Glas auf. Überschüssiges Pulver pustet ihr vorsichtig weg. Zum Schluss nehmt ihr die Lupe und studiert das Glas.

Was ist passiert?
Und wie kommt es dazu?

Wenn ihr genau hinschaut, könnt ihr eure Fingerabdrücke erkennen. Das Grafitpulver hat sie sichtbar gemacht, indem es an den Fingerabdrücken hängen geblieben ist. Diese sind nun schwarz. Ihr könnt das verschlungene Muster eurer Finger gut erkennen. Im Grunde ist es Hautfett, das an allem kleben bleibt, was wir berühren. Und Grafit wiederum bleibt an Hautfett hängen.

Was bedeutet das für uns Menschen?

Seit der Einführung des Fingerabdruckverfahrens, der »Daktyloskopie«, können Verbrechen viel besser aufgeklärt werden, weil der Fingerabdruck ein unverwechselbares Merkmal eines jeden Menschen ist. Mit modernen Methoden ist aber auch noch Weiteres möglich. Inzwischen werden Fingerabdrücke nicht mehr mit Stempelfarbe und Löschpapier abgenommen, sondern per Computer mit elektronischen Lesegeräten, bei denen man die Finger auf eine kleine Glasscheibe legt. Fingerabdrücke, die an einem Tatort entdeckt wurden, können so per Computer in kürzester Zeit mit Tausenden gespeicherter Fingerabdrücke abgeglichen werden.

Ganz schön spannend!

Schon eine achtlos weggeworfene Zigarette am Tatort kann den Täter dingfest machen. Denn am Zigarettenfilter klebt die Spucke des Täters und Zellreste darin liefern seinen »genetischen Fingerabdruck«, der in den Körperzellen jedes Menschen steckt. Auch der ist bei jedem Menschen anders, also einzigartig. Mit dem »genetischen Fingerabdruck« lassen sich noch Jahre später Kriminalfälle aufklären. Die Polizei hat in ihren sogenannten Asservatenkammern alte Spuren von Tatorten aufgehoben, die sie heute systematisch auswertet. Was vor 30 Jahren nicht möglich war, kann jetzt nachgeholt werden: So kann eine vor Jahren fallen gelassene Zigarettenkippe für den Täter rückwirkend zur Falle werden. Sie wird analysiert, mit einer Gendatei verglichen, und der Täter muss seine Strafe verbüßen.

Schon gewusst?

Es gibt auch einen »digitalen Fingerabdruck«. Das sind Spuren, die ihr beim Surfen im Internet hinterlasst. Denn jeder Computer hat eine sogenannte »IP-Adresse«, wobei »IP« für »Internetprotokoll« steht. Diese IP-Adresse ist bei jedem Computer anders, bleibt aber immer dieselbe, wenn ihr mit ihm am selben Ort ins Internet geht. Es ist so etwas wie eine elektronische Hausnummer. Über die IP-Adresse kann ermittelt werden, wo ihr gesurft habt oder ob eine E-Mail von eurem Rechner stammt. Sogar gestohlene Rechner lassen sich mithilfe der IP-Adresse wiederfinden, denn mit der IP-Adresse kann man den Ort herausbekommen, an dem der Rechner benutzt wird.

Wissenschaftlern auf die Finger geguckt

Wie lassen sich Personen identifizieren, also eindeutig erkennen? Daran arbeiten Forscher mit Hochdruck. Grundlage dabei ist die »Biometrie«, also die automatische Identifizierung von Personen anhand ihrer körperlichen Merkmale. Am wichtigsten ist dabei das Gesicht. Augenabstand, Position von Nase und Mund, die Höhe der Stirn – all das sind zusammen unverwechselbare Merkmale einer Person. Lassen sich diese mit Computerhilfe auswerten, können ganze Menschenmengen mit Kameras vollautomatisch überwacht werden, etwa am Flughafen oder auch bei Demonstrationen. Noch fällt es Computern schwer, schnell und zuverlässig Gesichter in Menschenmengen zu analysieren. Doch sie machen Fortschritte. Dann wird es schwer, unerkannt unterwegs zu sein.

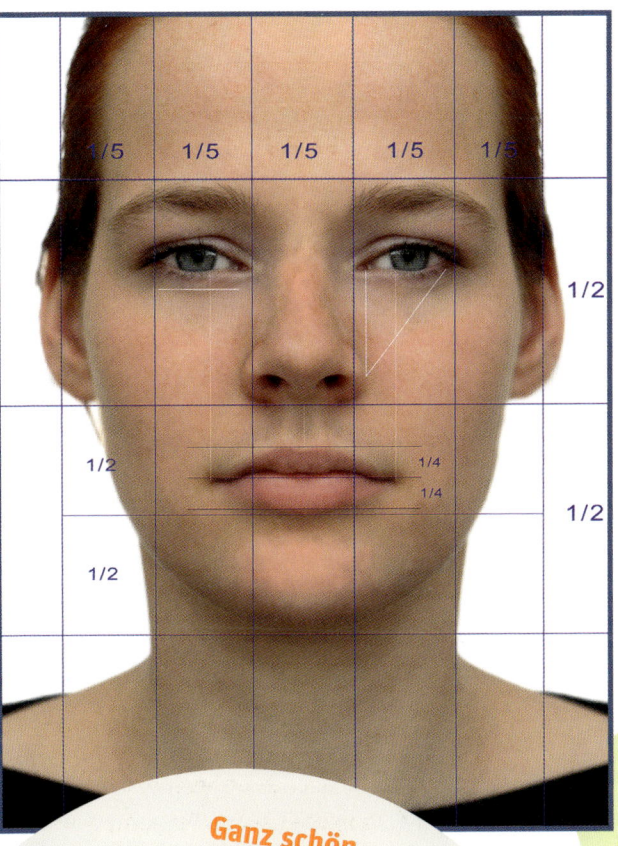

Für kleine Forscher

Wenn ihr Fingerabdrücke archivieren möchtet, gibt es dafür eine einfache Möglichkeit: Klebt Klebefilm darüber und zieht ihn wieder ab. Auf der klebrigen Seite habt ihr jetzt den Fingerabdruck abgenommen. Den könnt ihr nun auf weißes Papier in euer Fingerabdruck-Album kleben.

Ganz schön ausgefuchst

Ein anderer »digitaler Fingerabdruck« soll das Einkaufen im Internet sicher machen und Behördengänge im »World Wide Web« – dem »WWW« – ermöglichen. Mit einer »digitalen Signatur« weist man im Internet nach, dass man tatsächlich der- oder diejenige ist, als welche(r) man sich ausgibt. In Deutschland ist das seit November 2010 mit dem neuen elektronischen Personalausweis möglich, in dem ein Computerchip eingebaut ist, welcher persönliche Daten enthält. Damit kann man sich im Internet ausweisen und etwa neue Autokennzeichen oder Kindergeld beantragen oder im Onlineportal eines Versandhauses shoppen gehen. Ohne diese Sicherheit ist es für Betrüger noch immer einfach: Wenn sie an die Daten von Kreditkarten oder Bankverbindungen gelangen, reicht dies oft schon aus, um sich im Netz für jemand anderen auszugeben.

49 Wie kommt es zu einer Lawine?

Experiment: Dominoeffekt

Schwierig-
keitsstufe:

L

Versuchsdauer:
15 Minuten

**Was steckt dahinter?
Schaut selbst!
Ihr braucht dazu:**

- mindestens 1 Domino-
spiel (gerne auch mehr)
oder längliche Klötzchen
(je mehr, desto besser)

Anhand von Lawinen wird deutlich, dass eine kleine Ursache eine große Wirkung haben kann. Eine mögliche Ursache ist beispielsweise, dass ein Skifahrer oder Snowboarder die Piste verlässt und durch ein Gebiet mit schönem, tiefem Neuschnee fährt. Dabei wirbelt er Schnee auf, der den Abhang hinunterrutscht. Dadurch löst sich noch mehr Schnee, der wiederum weiteren Schnee löst. Schon nach kurzer Zeit rutscht eine gewaltige Schneelawine donnernd zu Tal und begräbt alles unter sich, was sich ihr in den Weg stellt. Dieser »Lawineneffekt« wird auch Dominoeffekt genannt und ist ein Paradebeispiel für eine Kettenreaktion.

━━▶ **Und so geht das Experiment:**

Stellt eure Dominosteine oder Klötzchen hochkant hintereinander auf. Wenn alle stehen, kippt ihr das letzte um, sodass es auf den davorstehenden Stein fällt. Ihr könnt auch Kurven anlegen und, wenn ihr geschickt seid, sogar Kreuzungen. Viel Vergnügen!
Tipp: Legt eure Dominospiele doch zusammen, denn gemeinsam habt ihr mehr Steine.

Was ist passiert?
Und wie kommt es dazu?

Ein Stein fällt auf den nächsten und so weiter. Obwohl in jedem Augenblick nur ein Stein kippt, liegen schließlich alle Steine flach.
Was dabei genau abläuft, ist trickreich: Die Steine stehen nicht sehr stabil hintereinander. Ihr Schwerpunkt, also der Punkt, in dem ihr euch die gesamte Masse und damit das ganze Gewicht konzentriert vorstellen könnt, befindet sich in der Mitte eines jeden Steins. Allerdings ist das Gleichgewicht der Steine im Stehen viel instabiler als im Liegen. Schon ein kleiner Stups genügt, um einen stehenden Dominostein umzustoßen. Dann gerät er aus dem Gleichgewicht, weil der Schwerpunkt sich so weit bewegt, dass er den gesamten Stein nach unten zieht und somit umkippt. Dabei setzt der fallende Stein mehr Energie frei, als für den anfänglichen Stups benötigt wurde, und bringt damit den nächsten Stein zum

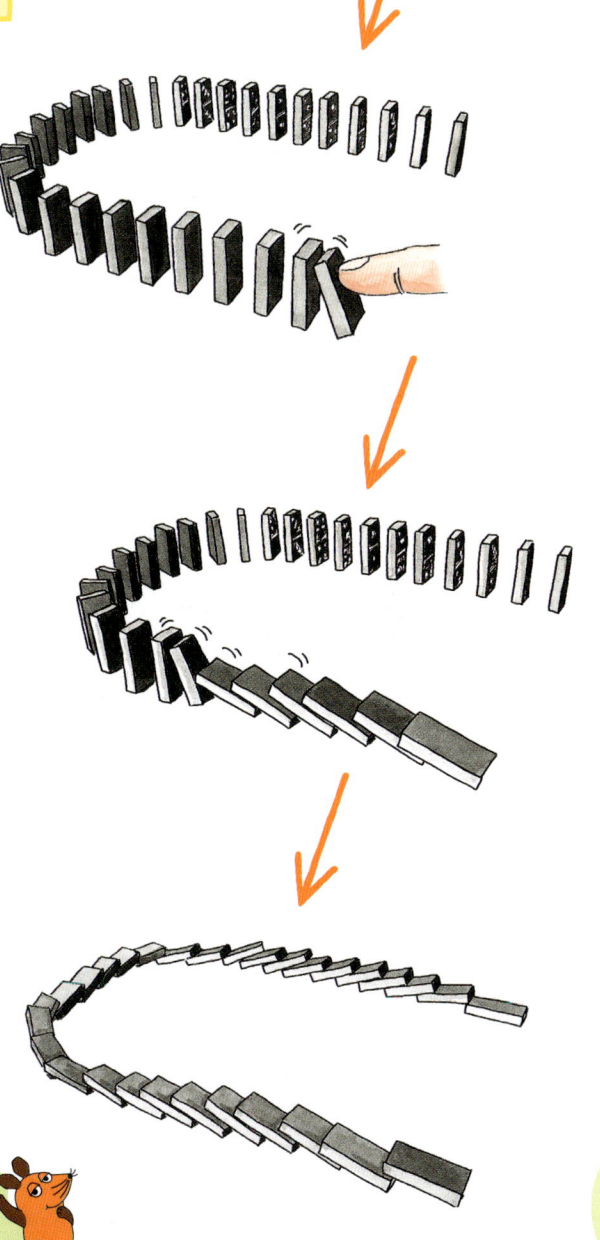

Kippen. Ihr könnt also mit ganz wenig Energie (Stups) ganz viel Energie freisetzen (Umfallen). Diese Energie habt ihr aber vorher in das System der Dominosteine investiert, indem ihr alle Steine aufgestellt habt. Damit habt ihr das System der Dominosteine aufgeladen und setzt jetzt diese Energie mit einem Stups nacheinander frei.

Was bedeutet das für uns Menschen?

Lawineneffekt oder Kettenreaktion begegnen uns im Alltag häufig. Jede Verbrennung ist eine Kettenreaktion. Ob das Benzin im Automotor, das Gas in der Therme oder das Feuer beim Großbrand – einmal angestupst, also entzündet, hält es sich selbst am Leben. Im Motor oder der Gastherme sind es kontrollierte Verbrennungen, ein Großbrand ist außerhalb jeder Kontrolle.

Feuer braucht zum Entzünden und Brennen bestimmte Temperaturen, die es sich mit der Energie, die beim Brennen erzeugt wird, selber schafft. So hält es sich am Leben, solange genug Brennstoff vorhanden ist.

Ganz schön spannend!

In Atomkraftwerken wird eine spezielle Kettenreaktion in Gang gehalten: die Kernspaltung. Beim »Spalten« mit sogenannten Neutronen zerfallen Atomkerne und geben ihrerseits wieder Neutronen ab, die weitere Atome spalten. Bei der Kernspaltung wird Wärme frei, mit der Wasser erhitzt wird wie in einem Kochtopf. Der Wasserdampf treibt Turbinen an, die Generatoren drehen, wodurch diese Strom erzeugen. Das klingt ganz einfach. Allerdings muss die Kettenreaktion bei der Kernspaltung gut überwacht werden, sonst gerät sie außer Kontrolle.

Das war bereits der Fall. Beim GAU (»Größter Anzunehmender Unfall«) des Atomkraftwerkes in Tschernobyl in der Ukraine am 26. April 1986 wurde der Reaktor vollkommen zerstört. In den Folgejahren starben offiziell 125 000 Menschen an Strahlenkrankheiten, 3,5 Millionen Menschen sind als Opfer des Unfalls registriert. Ein anderes schweres Unglück ereignete sich Anfang 2011 nach einem schweren Erdbeben im japanischen Fukushima. Dabei wurden vier von sechs Reaktoren zerstört. In Deutschland wurde daraufhin beschlossen, sich von der Atomenergie zu verabschieden und die Atomkraftwerke nach und nach abzuschalten.

Wissenschaftlern auf die Finger geguckt

Die Atom- und die Wasserstoffbombe erzeugen gezielt zerstörerische Kettenreaktionen. Was in einem Atomkraftwerk kontrolliert abläuft, geschieht hier unkontrolliert mit schrecklicher Zerstörungskraft, wie die beiden Atombombenabwürfe auf Hiroshima am 6.8.1945 und Nagasaki am 9.8.1945 bewiesen haben: Rund 300 000 Menschen starben, viele weitere leiden heute noch unter Strahlenschäden.

Wissenschaftler entwickeln immer neue und furchtbare Waffen, aber wehren sich dagegen, dass Forschung zum Schaden der Menschen eingesetzt wird. So wird zum Beispiel der Nobelpreis, die höchste wissenschaftliche Auszeichnung der Welt, bewusst an Wissenschaftler verliehen, welche die Menschheit mit friedlicher Forschung voranbringen.

Ganz schön ausgefuchst

Ein gutes Beispiel für den Schneeballeffekt sind sogenannte Kettenbriefe in Form von E-Mails. Darin wird etwa davor gewarnt, mit dem Handy zu telefonieren, wenn es gerade aufgeladen wird. Angeblich könne dabei der Akku explodieren. Das beigefügte Foto eines verkohlten Handys soll das belegen. In der Mail wird dringend darum gebeten, die angebliche Warnung an Freunde und Bekannte weiterzuleiten. Die Wirkung ist enorm, denn solche elektronischen Kettenbriefe verbreiten sich über Jahre hinweg im Netz, weil sie immer wieder weitergereicht werden. So kann es vorkommen, dass man die gleiche E-Mail mehrmals im Laufe seines Lebens erhält.

Für kleine Forscher

Ihr wollt sofort eine echte Kettenreaktion erleben? Dann schnappt euch einen Handspiegel und geht damit ins Badezimmer. Stellt euch seitlich vor den Badezimmerspiegel und haltet den Handspiegel in Kopfhöhe gegenüber dem Badezimmerspiegel in die Höhe. Wenn ihr jetzt nach links oder rechts blickt, seht ihr euch gleich hundertfach, ach was: x-fach! Der Effekt ist so einfach wie genial: Euer Spiegelbild wird zwischen den beiden Spiegeln hin und her geworfen, und das mit Lichtgeschwindigkeit! Ihr habt eben die schnellste Kettenreaktion erlebt, die es gibt. Sie ist noch schneller als jede Explosion!

Warum gehe ich mit einer Luftmatratze im Wasser nicht unter?

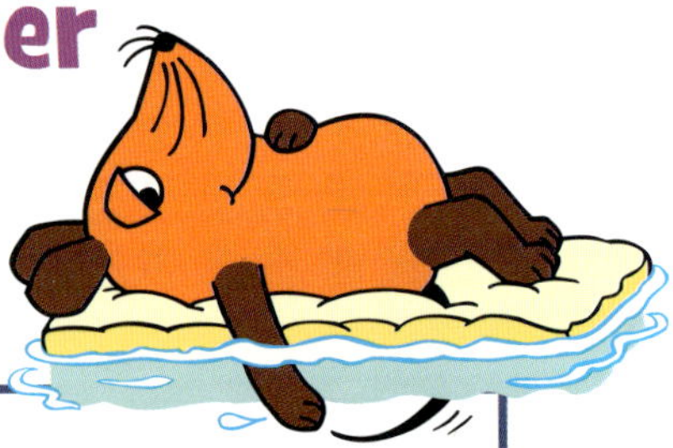

Experiment: Wasserverdrängung

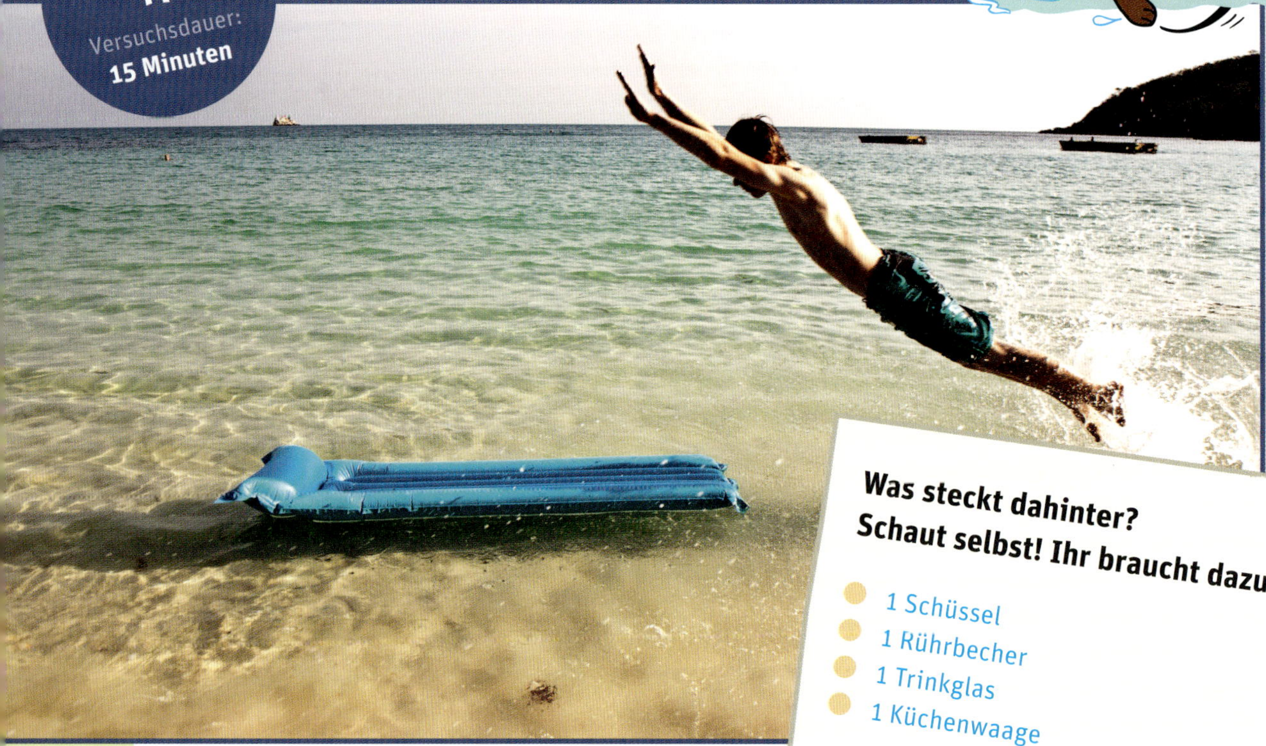

**Was steckt dahinter?
Schaut selbst! Ihr braucht dazu:**

- 1 Schüssel
- 1 Rührbecher
- 1 Trinkglas
- 1 Küchenwaage

Ihr geht aus drei Gründen nicht unter: zum Ersten, weil die Luftmatratze sehr groß ist. Aufgepustet nimmt sie viel Platz ein. Zum Zweiten, weil sie sehr leicht ist. Sie besteht nur aus einer dünnen Kunststoffhaut mit viel Luft darin. Zum Dritten, weil sie dicht ist. Die Luft kann aus der Luftmatratze nicht raus und Wasser kann nicht hinein. Auf der Luft-

matratze verdrängt ihr beim Baden viel mehr Wasser als ohne, sodass ihr auch ohne Schwimmbewegungen auf dem Wasser bleibt. Das ist sehr bequem. Trotzdem sollte man sich mit der Luftmatratze nur in tiefes Wasser begeben, wenn man schwimmen kann!

Und so geht das Experiment:

Stellt den hohen Rührbecher in die Schüssel und füllt ihn bis zum Rand (!) mit Wasser. Nehmt das Trinkglas und setzt es vorsichtig in das Wasser (nicht in das Wasser drücken!), bis es schwimmt. Lasst es dann los. Dabei wird etwas Wasser aus dem Rührbecher überlaufen und sich in der Schüssel sammeln. Jetzt nehmt ihr das Glas vorsichtig aus dem Rührbecher und den Rührbecher aus der Schüssel. Die Schüssel mit dem übergelaufenen Wasser stellt ihr auf die Küchenwaage und notiert das Gewicht. Dann leert ihr die Schüssel, trocknet sie ab und wiegt sie. Das Gewicht der leeren Schüssel zieht ihr vom Gewicht der Schüssel mit Wasser ab. Der Unterschied ist das Gewicht des Wassers in der Schüssel. Notiert euch diesen Wert. Zum Schluss wiegt ihr das Trinkglas. Was stellt ihr fest?

Was ist passiert? Und wie kommt es dazu?

Das Gewicht des Trinkglases und das Gewicht des Wassers in der Schüssel sind genau gleich! Offensichtlich hat das Trinkglas genauso viel Wasser verdrängt und überlaufen lassen, wie es selber wiegt.

Wenn ein Körper – etwa ein Mensch – in Wasser schwimmt, verdrängt er Wasser. Das Wasser, das ein Körper verdrängt, macht ihn leichter, denn es gibt ihm »Auftrieb«. Das seht und fühlt ihr in der Badewanne, wenn ihr ins Schaumbad klettert und der Wasserspiegel deutlich steigt: Das ist das Wasser, das euer Körper verdrängt. Gleichzeitig fühlt ihr euch leichter, weil euer Körper durch das von ihm verdrängte Wasser Auftrieb bekommt. Solange ein Körper – vor allem etwa ein Schiff – mehr Wasser verdrängt, als er selbst wiegt, schwimmt er. Verdrängt er weniger Wasser, taucht er unter.

Wasserverdrängung

Was bedeutet das für uns Menschen?

Auch schwer beladene Schiffe aus Stahl gehen nicht unter. Das liegt daran, dass der Stahl des Schiffsrumpfes, der achtmal so dicht wie Wasser ist (!), eine dünne Haut ist, die zu einer Wanne geformt wurde, die sehr viel Wasser verdrängt. Damit solch ein Schiff untergeht, müsste es mit Wasser vollaufen, was zum Glück nicht oft geschieht.

Andere Stoffe wie Holz schwimmen hingegen auch als solider Klotz auf dem Wasser, weil sie so viel Luft enthalten, dass ihre Dichte geringer als die des umgebenden Wassers ist. Weil wir Menschen zu zwei Dritteln aus Wasser bestehen, hat unser Körper fast die gleiche Dichte wie Wasser und 1 Kilogramm unseres Körpers verdrängt fast 1 Kilogramm Wasser. Deshalb können wir Menschen in Wasser schwimmen, wenn wir uns bewegen – oder es reichen ein paar Schwimmflügel oder eine Luftmatratze, um uns über Wasser zu halten.

Ganz schön spannend!

Einer der ältesten Wissenschaftler ist der griechische Mathematiker und Mechaniker Archimedes (285 – 212 vor Christi Geburt). Er erkannte den Auftrieb von Körpern, als er in die Badewanne stieg und das Wasser überlief. Die Echtheit einer Königskrone überprüfte er, indem er die Krone und einen Goldklumpen mit dem gleichen Gewicht in Wasser tauchte.

Weil die Krone mehr Wasser verdrängte als der Klumpen, konnte sie nicht aus massivem Gold sein, sondern musste ein leichteres Metall enthalten, das mehr Raum einnimmt. Das bestätigte sich beim Öffnen der Krone. Der Goldschmied wurde wegen des Betrugs hingerichtet.

Wasserverdrängung

Schon gewusst?

Ein Luftballon »schwimmt« im Luftmeer wie ein Schiff im Wasser(meer). Wenn der Luftballon leichter ist als die Luft drum herum, schiebt sich die Luft unter den Luftballon und drückt ihn so nach oben. Dazu muss das Gas im Ballon eine geringere Dichte haben als die Luft außen. Bei Gasballons liegt das an der Gasfüllung, die meist aus dem leichten Edelgas Helium besteht und als meterhoher Ballon mehrere Menschen tragen kann. Beim Heißluftballon liegt das an der Temperatur der Luft innen drin, die wärmer ist und damit leichter.

Übrigens: Große Ballone fliegen nicht durch die Luft, sie »fahren«.

Wissenschaftlern auf die Finger geguckt

Schwimmen ist Schwimmen! Ist es das? Nein, mit dem richtigen Schwimmanzug geht es schneller. Und so forschen Wissenschaftler an Schwimmanzügen, welche Sportler noch schneller machen, als sie ohnehin schon sind. Zum einen bieten die Hightech-Schwimmanzüge einen geringeren Wasserwiderstand, denn eine Oberfläche, die der Haut von Haifischen nachempfunden ist, vermindert die Reibung mit dem Wasser. Außerdem erhöhen sie durch Luftbläschen im Material den Auftrieb, machen die Schwimmer sozusagen leichter. Das spart Kraft. Zusätzlich drücken sie die Muskeln zusammen, was die Muskulatur länger kräftig und fit hält. Und sie verschaffen den Schwimmern einen psychologischen Vorteil, weil sie sich auch im Kopf stärker fühlen.

Für kleine Forscher

Füllt einen Eimer oder ein Waschbecken mit Wasser. Dann nehmt ihr euch ein Stück Knetgummi und knetet es gut durch. Formt daraus eine Kugel, legt sie aufs Wasser und lasst sie los. Was seht ihr? Sie geht unter! Ihr holt sie wieder aus dem Wasser heraus und formt daraus eine Scheibe, die ihr zu einer Halbschale drückt. Diese legt ihr wieder aufs Wasser und lasst sie los. Jetzt schwimmt die Knete, obwohl es dieselbe ist wie eben, nur die Form ist anders. Als Halbschale verdrängt die Knete mehr Wasser als vorher in Kugelform. Dadurch hat sie einen größeren Auftrieb.

Ganz schön ausgefuchst

Es können sogar Stoffe schwimmen, denen man es gar nicht zutraut. Jedes Jahr findet die »deutsche Betonkanu-Regatta« statt, bei der Studierende Beton in zwei Klassen das Schwimmen beibringen: In der Wettkampfklasse werden schnittige, leichte und stabile Kanus gebaut, die nur wenige Millimeter dicke Betonwände haben. In der offenen Wettkampfklasse geht es um Witz und Originalität. Die schwimmenden Betonkonstruktionen hier sind nicht ganz so schnell, dafür taugen sie prima zum Schmunzeln.

Wasserverdrängung

Glossar

Adhäsion Unter Adhäsion versteht man das Zusammenhalten zweier oder mehrerer unterschiedlicher Stoffe. Gute Beispiele sind Klebstoff, der verschiedene Stoffe zusammenhält, und Kreide, die an der Tafel haftet.

Aggregatzustand Der Aggregatzustand ist der Zustand eines Stoffes bei verschiedenen Temperaturen: Stoffe (zum Beispiel Wasser) können fest, flüssig oder gasförmig sein.

Aquaplaning Die gefährliche Wasserglätte auf der Straße bezeichnen wir als Aquaplaning. Dabei wirkt das Wasser wie ein Gleitfilm, auf dem die Autoreifen über die Straße rutschen, weil sie den Kontakt zur Fahrbahn verlieren und keine → Reibung mehr vorhanden ist. Das Fahrzeug ist nicht mehr zu steuern und schert aus.

Äquator Der Äquator ist eine gedachte Linie, die rund um den »Bauch« von Himmelskörpern liegt. Der Äquator unseres Planeten misst 40 075 km. Er teilt die Erde in die Nord- und die Südhalbkugel. Gedachte Kreislinien, die über den Nord- und Südpol der Erde führen, nennt man Meridiane oder Längengrade. Ihre Länge beträgt »nur« 40 008 km, da die Erde keine 100%ige Kugel ist, sondern an den Polen ganz leicht abgeplattet ist.

Atmosphäre Die Atmosphäre ist die Gashülle eines Planeten. Die Erdatmosphäre ist eine Lufthülle und die Voraussetzung für intelligentes Leben auf der Erde. Zudem schützt sie die Erde vor gefährlicher Strahlung aus dem Weltall und schirmt sie gegen Meteoroiden ab, die in ihr verglühen.

Atom Atome sind die kleinsten Bausteine eines Stoffes. Ein Atom besteht aus einem Atomkern und Elektronen. Je schwerer ein Element ist, desto größer ist sein Atomkern und desto mehr Elektronen schwirren um ihn herum.

Auftrieb Der Auftrieb ist eine Kraft, die der → Schwerkraft entgegenwirkt und einen Körper nach oben hebt. Dank dieser Kraft können Schiffe schwimmen und Flugzeuge fliegen. Im Wasser entsteht der Auftrieb meist durch die Masse des verdrängten Wassers – in der Luft durch schnell strömende Luft.

Batterie Batterien sind Speicher für elektrische Energie. Zwischen ihren Kontakten besteht eine → elektrische Spannung und deshalb geben sie → elektrischen Strom ab. Im Gegensatz zum Akku(mulator) lassen sich Batterien nicht wieder aufladen.

Bionik Dieses Kunstwort setzt sich aus Teilen der Begriffe »BIOlogie« und »TechNIK« zusammen. Gemeint ist die Übertragung von Ideen und Erkenntnissen aus der Natur (Biologie) in die Technik. Ein Paradebeispiel ist die technische Nutzung des Lotoseffekts, der in der Natur dafür sorgt, dass Oberflächen nicht verschmutzen.

Brennstoffzelle Brennstoffzellen sind Geräte, die – wenn → elektrischer Strom durchfließt – → Wasser in seine Bestandteile → Sauerstoff und → Wasserstoff zerlegen. Sie können aber auch umgekehrt elektrischen Strom erzeugen, wenn Sauerstoff und Wasserstoff eingeleitet und in der Zelle zu Wasser kombiniert werden.

chemische Reaktion Bei einer chemischen Reaktion verbinden sich zwei Stoffe zu einem dritten Stoff, der vorher nicht da war. Dafür muss entweder Energie aufgewendet werden (Erhitzen) oder es wird Energie frei (Wärme). Bei einer Knallgasexplosion verbinden sich beispielsweise → Sauerstoff und → Wasserstoff. Dabei entsteht Wasser.

3-D 3-D ist die Abkürzung für »dreidimensional« oder »3 Dimensionen«. Räume haben drei Dimensionen: Breite, Höhe, Länge. Flächen haben nur zwei Dimensionen, nämlich Breite und Höhe, und Linien oder Striche haben nur eine Dimension, die Länge.
Als vierte Dimension wird die Zeit angesehen. Theoretisch gibt es sogar noch weitere Dimensionen, aber dann wird es echt unübersichtlich.

Dichte Dichte ist die Masse pro Raum. Zum Beispiel: 1 kg Luft braucht viel mehr Raum als 1 kg Blei, weil die Dichte von Luft viel geringer ist. Stoffe sind in flüssiger Form dichter als in gasförmigem Zustand, aber weniger dicht als in festem Zustand.

elektrische Ladung Elektrische Ladung kann positiv (+) oder negativ (–) sein. Positive und negative Ladungen ziehen sich an, positive sowie negative untereinander stoßen sich hingegen ab. Zwischen unterschiedlichen elektrischen Ladungen herrscht eine → elektrische Spannung. Fließen Ladungen (etwa durch ein Kabel), entsteht ein → elektrischer Strom. Die elektrische Ladung wird dabei von Elektronen transportiert, die negativ geladen sind.

elektrische Spannung Die elektrische Spannung beschreibt den Unterschied zwischen Plus- (+) und Minuspol (–). Die Maßeinheit dafür ist das Volt (V). Ist ein Körper ungeladen (neutral), beträgt die Spannung null Volt. Bei einer Stabbatterie beträgt die Spannung 1,5 Volt, an der Steckdose 240 Volt. Ohne elektrische Spannung fließt kein → elektrischer Strom.

elektrischer Strom Bewegen sich → Elektronen aufgrund einer elektrischen Spannung vom Minuspol (–) zum Pluspol (+), fließt ein elektrischer Strom. Die Maßeinheit dafür ist das Ampere (A). Jeder elektrische Strom erzeugt um sich herum ein → Magnetfeld.

elektromagnetische Wellen Eine ganz besondere Form von Energie, die sich mit Lichtgeschwindigkeit im Raum ausbreitet, sind die elektromagnetischen Wellen. Sie umfassen Radiowellen, → Mikrowellen, Wärmestrahlung, Röntgenstrahlen und radioaktive Strahlung. Einen winzigen Bereich der elektromagnetischen Wellen können wir als → Licht wahrnehmen.

Elektron Elektronen sind winzige Bausteine der Materie und Träger von → elektrischer Ladung. Sie sind von Natur aus negativ (–) geladen. Bewegen sie sich, bilden sie einen elektrischen Strom. Sie fließen von minus (–) zu plus (+).

Energie Energie ist gespeicherte Arbeit. Sie kann verschiedene Formen haben: Es gibt chemische Energie, elektrische Energie, Kernenergie, mechanische Energie und Wärmeenergie. Alle Energieformen lassen sich ineinander umwandeln, etwa mechanische Energie in elektrische Energie wie beim Fahrraddynamo oder chemische Energie in Wärmeenergie, wie es beim → Feuer passiert.

Erdatmosphäre → Atmosphäre

Feuer Feuer ist eine sehr heftige Oxidation, also die Verbindung von → Sauerstoff mit einem anderen Stoff. Diese → chemische Reaktion geschieht so schnell und so heftig, dass dabei jede Menge → Energie in Form von Hitze frei wird: Es brennt! Bei dieser Reaktion entsteht Kohle bzw. Asche.

Fliehkraft Fliehkraft entsteht bei Kreisbewegungen und heißt eigentlich »Zentrifugalkraft«. Sie zieht nach außen, was in Kurven oder in Karussells deutlich zu spüren ist. Sie sorgt beispielsweise beim Looping in der Achterbahn dafür, dass niemand herausfällt, weil alle Fahrgäste nach außen gedrückt werden. Sie wirkt der → Schwerkraft, die alle Gegenstände zur Erde hinzieht, entgegen. Deshalb fallen Satelliten nicht auf die Erde. Und der Mond auch nicht.

geostationäre Umlaufbahn Satelliten, die sich exakt mit der Erdrotation mitbewegen, sind »geostationär«, weil sie immer über demselben Teil der Erde stehen. Sämtliche geostationären Satelliten – etwa Wetter- oder Fernsehsatelliten – kreisen in 35 800 km Höhe.

Gewicht(skraft) Gewicht ist die Kraft, mit der ein Gegenstand auf der Erde angezogen wird. Sie ist umso größer, je mehr → Masse ein Gegenstand hat. In der → Schwerelosigkeit des Weltraums gibt es keine Gewichtskraft. Und auf dem Mond beträgt die Gewichtskraft nur $^1/_6$ von der auf der Erde: Bei einem Astronaut, der auf der Erde 100 kg auf die Waage bringt, zeigt die Waage auf dem Mond nur rund 17 kg an.

Infrarot Infrarotstrahlung ist eine für uns Menschen nicht sichtbare Form von → elektromagnetischen Wellen, die in dem Wellenbereich »unterhalb« des roten Lichts liegt. Ein Beispiel für Infrarotstrahlung ist die Wärmestrahlung: Alles, was warm ist, gibt Infrarot ab. Aber auch die Fernbedienung für den Fernseher sendet ihre Befehle per Infrarotlicht zum Gerät.

Kernfusion Unter Kernfusion versteht man die Verschmelzung von Elementen zu neuen Elementen, meistens von zwei Wasserstoffatomkernen zu Helium. Kernfusion findet in Sternen statt. Alle anderen Elemente sind durch Kernfusion entstanden, also durch das Verschmelzen leichterer Elemente. Dabei entsteht → Energie in Form von Wärme.

Knallgas Knallgas ist eine Mischung der Gase → Wasserstoff (H) und → Sauerstoff (O) und hochentzündlich. Es verbrennt explosionsartig mit lautem Knall. Bei der Verbrennung entsteht Wasser (H_2O).

Kohäsion Im Gegensatz zur → Adhäsion, die unterschiedliche Stoffe zusammenhält, halten Kohäsionskräfte einen Stoff in sich selbst zusammen. Wasser beispielsweise besitzt große Kohäsionskräfte. Darum bildet es Tropfen, die nur schwer zerreißen, und deswegen hat es eine starke → Oberflächenspannung.

Kohlendioxid (CO_2) Kohlendioxid ist die Verbindung aus Kohlenstoff (C) und → Sauerstoff (O_2). Es entsteht bei Verbrennungen und als Abfall beim menschlichen Stoffwechsel – deshalb atmen wir es aus. Kohlendioxid ist anderthalbmal so schwer wie Luft. Es ist zudem als Treibhausgas bekannt, weil es zur Erderwärmung beiträgt.

Längengrad → Äquator

Licht In der großen Familie der → elektromagnetischen Wellen ist Licht nur ein kleiner Ausschnitt. Im Gegensatz zu anderen Bereichen der elektromagnetischen Wellen, wie → Mikrowellen oder Röntgenstrahlen, können wir Menschen diesen Ausschnitt mit unseren Augen wahrnehmen, nämlich »sehen«. Je nach Wellenlänge erscheinen uns diese Wellen rot, gelb, grün, blau oder lila mit allen Zwischentönen – also farbig.

Lichtgeschwindigkeit Die höchste Geschwindigkeit, die es im Universum gibt, ist mit knapp 300 000 km in der Sekunde oder rund 1 Milliarde km/h die Lichtgeschwindigkeit. Diese Höchstgeschwindigkeit wird aber nur im → Vakuum erreicht.

Lösung Unter einer Lösung versteht man eine flüssige Mischung von Stoffen. Feste Stoffe können in flüssigen gelöst sein, wie Salz oder Zucker in Wasser. Auch Gase können in Flüssigkeiten gelöst sein, wie → Kohlendioxid in (Sprudel-)Wasser.

Luft Luft ist ein Gasgemisch aus Stickstoff, → Sauerstoff, → Kohlendioxid und Edelgasen. Sie bildet um die Erde herum die → Atmosphäre. Wir Menschen atmen Luft ein und unser Blut nimmt den Sauerstoff aus der Atemluft auf. Beim Ausatmen geben wir Kohlendioxid an die Luft ab.

Luftdruck Die Kraft, mit der die Lufthülle der Erde (→ Atmosphäre) auf die Erdoberfläche drückt, nennt man Luftdruck. Ursache für den Luftdruck ist die → Schwerkraft. Auf Meereshöhe beträgt der Luftdruck rund 1 kg pro Quadratzentimeter oder 1 bar. Je höher man steigt, desto weniger Luft drückt auf die Erdoberfläche und umso geringer ist der Luftdruck. Auf dem Mount Everest beträgt er nur noch ein Drittel dessen auf Meereshöhe. Je nach Wetterlage (Hochdruck- oder Tiefdruckgebiet) schwankt der Luftdruck etwas.

Luftwiderstand Um sich auf der Erde im Freien zu bewegen, muss man durch → Luft hindurch. Diese wird dabei zur Seite geschoben. Da das → Energie kostet, wünschen wir uns meistens einen möglichst kleinen Luftwiderstand. Beim Fallschirmspringen hingegen ist ein möglichst hoher Luftwiderstand wichtig, damit man nicht runterplumpst, sondern langsam zu Boden sinkt. Der Luftwiderstand hängt von der Größe, Form und Oberfläche eines Körpers ab und steigt mit dessen Geschwindigkeit.

Magnetfeld Ein Magnetfeld ist ein Kraftfeld zwischen den beiden magnetischen Polen Nord und Süd. Auch → elektrischer Strom erzeugt ein Magnetfeld – und das nutzt man bei Elektromagneten: Fließt ein starker Strom, hat man ein starkes Magnetfeld, schaltet man den Strom ab, ist der Magnet kraftlos.

Masse Jede Materie, also jeder Stoff, hat eine Masse. Diese Masse wird auf der Erde aufgrund der → Schwerkraft unseres → Planeten angezogen. Die Kraft, mit der ein Körper (also eine Masse) angezogen wird, nennt man → Gewicht(skraft), die in Kilogramm gemessen wird. Die Masse ist die Ursache der → Massenträgheit.

Massenträgheit Körper sind im Allgemeinen zu »faul«, ihre Bewegung zu ändern, denn für eine Veränderung – Bremsen oder Drehen – wird → Energie benötigt. Diese Faulheit von Körpern bezeichnet man als Massenträgheit.

Mikrowellen Mikrowellen sind → elektromagnetische Wellen einer bestimmten Wellenlänge. Sie durchdringen Materie und erwärmen diese dabei. In Mikrowellengeräten werden sie künstlich hergestellt und erwärmen Speisen und Getränke.

Molekül Moleküle sind Kombinationen von mehreren → Atomen, auch unterschiedlicher Größe. Ein Sauerstoffmolekül (O_2) besteht aus zwei Sauerstoffatomen (O), ein Wassermolekül (H_2O) hingegen aus zwei Atomen Wasserstoff (H) und einem Sauerstoffatom.

Oberflächenspannung Die Eigenschaft von Flüssigkeiten, zusammenzuhalten, weil sich ihre → Moleküle gegenseitig anziehen, nennt man Oberflächenspannung. Sie ist bei Wasser gut zu beobachten, das nach außen eine erstaunlich stabile Grenze bildet, fast wie eine dünne »Haut«. Die Ursache für die Oberflächenspannung ist die → Kohäsion.

Orbit Die Umlaufbahn, auf der ein Satellit, eine Sonde oder sogar eine Raumstation im Weltraum um einen → Planeten kreist, bezeichnet man auch als Orbit.

Osmose Unter Osmose versteht man den Vorgang, bei dem Flüssigkeiten oder Gase durch eine durchlässige Membran von einer Seite auf die andere wandern.

Planeten Himmelskörper, die um → Sterne kreisen, aber selbst nicht leuchten, bezeichnet man als Planeten. Unser Sonnensystem hat acht Planeten: Merkur, Venus, Erde, Mars, Jupiter, Saturn, Uranus und Neptun. Früher zählte auch Pluto zu den Planeten, doch er wurde mittlerweile aufgrund seiner Eigenschaften als Kleinplanet eingestuft.

Reibung Wenn sich zwei Körper berühren, verhaken sie sich ineinander – mal mehr, mal weniger. Grund sind feine Unebenheiten auf den Oberflächen. Dadurch gleiten sie nicht aneinander entlang, sondern reiben sich und es braucht Kraft, sie zu bewegen. Dabei muss die Reibung – korrekt: die Reibungskraft – überwunden werden.

Rückstoß Ein Rückstoß entsteht beim Ab- oder Ausstoßen von → Masse. Er wirkt entgegengesetzt zur Stoßrichtung. Indem sie Gas ausstoßen, nutzen Raketen den Rückstoß für die Reise ins All. Aber auch Schiffe bewegen sich aufgrund des Rückstoßprinzips, da sie mit ihren Schrauben → Wasser zurückstoßen. Genauso machen es Menschen beim Schwimmen im Wasser.

Salz Als Salz bezeichnen wir im Alltag die Verbindung aus dem Metall Natrium (Na) und dem Gas Chlor (Cl), also das Kochsalz (NaCl). Es ist für uns Menschen lebensnotwendig, doch in größeren Mengen giftig. Neben Kochsalz kennen Chemiker noch viele andere Salze, von denen die meisten für uns giftig sind.

Sauerstoff Auf der Erde ist Sauerstoff (O) das häufigste Element. Es findet sich in Gasen, Flüssigkeiten und Feststoffen und macht knapp die Hälfte der gesamten Erdmasse aus! Die → Luft besteht zu rund einem Fünftel aus Sauerstoff und wir Menschen verbrauchen jeden Tag rund 1 kg des Luftsauerstoffs zum Leben. Zusammen mit → Wasserstoff (H) entsteht → Wasser (H_2O).

Schall Schallwellen sind feinste Schwankungen des → Luftdrucks, die wir zum Beispiel mit unserer Stimme erzeugen können. Im Gegensatz zu → elektromagnetischen Wellen, die auch durchs → Vakuum flitzen können, brauchen Schallwellen Materie, also Stoff (wie etwa → Luft), der sie transportiert (deshalb ist es im Vakuum des Weltraums totenstill). Schallwellen werden von festen, flüssigen und gasförmigen Stoffen geleitet.

Schallgeschwindigkeit Schall bewegt sich in Feststoffen, Flüssigkeiten oder Gasen unterschiedlich schnell fort – in festen Stoffen am schnellsten, in Gasen am langsamsten. In der → Luft bei uns auf der Erde sind das in Meereshöhe rund 340 m pro Sekunde bzw. 1224 km/h. Die → Lichtgeschwindigkeit im → Vakuum des Alls ist 1 Million Mal so groß!

Schärfentiefe Wenn → Licht durch ein kleines Loch (Blende) fällt, kann es dahinter ein scharfes Bild erzeugen. Je kleiner die Blende, desto schärfer – aber auch dunkler – ist das Bild. Das funktioniert ganz ohne Glaslinsen. Die ersten Kameras hatten nur ein Loch, durch das Licht einfiel.

Schwerelosigkeit Aufgrund der → Schwerkraft gibt es auf der Erde keine Schwerelosigkeit – bei uns werden alle Körper angezogen und wir werden nicht von der Erde weggeschleudert. Im Weltall hingegen, wo die Schwerkraft der Erde oder anderer → Planeten nicht mehr wirkt, herrscht Schwerelosigkeit. Hier schweben Körper – egal welche → Masse sie haben – frei im Raum.

Schwerkraft Die »Erdanziehung«, »Gravitation« oder Schwerkraft sorgt dafür, dass alle Dinge auf der Erde bleiben, weil sie von der Erde angezogen werden. Je größer die → Masse der Dinge, desto größer die Schwerkraft und umgekehrt. Alle Himmelskörper haben eine Schwerkraft: die Sonne, welche die Planeten anzieht, aber auch der Mond, der von der Erde angezogen wird.

sieden Wenn ein Stoff seinen → Aggregatzustand wechselt und vom flüssigen in den gasförmigen Zustand übergeht, siedet er. Wann er siedet, hängt vom → Luftdruck ab. → Wasser siedet in Meereshöhe bei rund 100 °C, auf dem Mount Everest schon bei 70 °C.

Stern Sterne sind leuchtende Himmelskörper, wie auch unsere »Sonne« einer ist. In diesen leuchtenden Gaskugeln wird das Element → Wasserstoff zum Element Helium umgesetzt. Dieser Vorgang heißt → Kernfusion. Dabei wird enorm viel → Energie frei, was wir als Licht sehen. Sterne sind viel größer als → Planeten und außen bis zu 100 000 °C heiß! Ihr könnt sie als helle Punkte am Nachthimmel sehen.

Ultraschall Schallwellen mit mehr als 20 000 Schwingungen pro Sekunde bezeichnet man als Ultraschall. Diesen Schall können wir Menschen nicht (mehr) hören, Fledermäuse hingegen schon. Sie orientieren sich sogar mit Ultraschall. Oberhalb des Ultraschalls liegt der »Hyperschall«. Den hören nicht einmal mehr Fledermäuse.

UV UV ist die Abkürzung für »ultraviolett« und wird vor allem im Zusammenhang mit → Licht gebraucht: Man spricht von UV-Licht. Wir Menschen können es – im Gegensatz zu einigen Tieren – nicht sehen. UV-Licht bräunt unsere Haut, kann sie aber auch verbrennen. Es ist von Natur aus im Sonnenlicht enthalten.

Vakuum Ein Vakuum ist ein leerer Raum mit nichts darin, auch nicht dem kleinsten Staubkorn, geschweige denn Luft. Auf der Erde gibt es natürlicherweise kein Vakuum, man kann es jedoch künstlich erzeugen. Im Weltraum hingegen gibt es fast nur Vakuum.

Wasser Die chemische Verbindung aus zwei Teilen → Wasserstoff (H) und einem Teil → Sauerstoff (O) heißt Wasser (H_2O). Es ist unterhalb von 0 °C fest, zwischen 0 °C und 100 °C flüssig und oberhalb von 100 °C gasförmig. Bei 4 °C hat es seine größte → Dichte. Wasser bedeckt rund zwei Drittel der Erde, und Menschen bestehen zu knapp drei Vierteln aus Wasser.

Wasserstoff Im Weltall ist Wasserstoff (H) das häufigste, älteste und leichteste Element. Er wird durch → Kernfusion in → Sternen verbrannt. Dabei sind im Laufe von einigen Milliarden Jahren alle anderen schwereren Elemente entstanden. Zusammen mit → Sauerstoff entsteht → Wasser (H_2O).

Register))

Bildnachweis für die Innensfotos:

akg-images: 194; Associated Press: 64 (Matthias Rietschel), Corbis: 164 (Caspar Benson/fstop); Fotolia.com: 90 (gourmecana), 116 (Valeriy Kirsanov), 134 (Jochen Scheffl), 138 (Ingo Bartussek), 176 (Falko Matte); GRIN (Great Images in NASA): 72 (NA), 102 (NASA); Helga Lade: 179 (H. R. Bramaz); Imago: 14 (Imagebroker), 186 (MM Images/Berg); Istockphoto: 8 (Jonathan Lin), 28 (narvikk), 48 (rarpia), 60 (Céline VERY), 70 (hywit dimyadi), 82 (Steve Jacobs), 84 (petar ishmeriev), 88 (Lawrence Sawyer), 114 (Ian Mc Donnell), 120 (photo75), 130 (Jan Rihak), 132 (Pavel Scoboda), 143 (Don Nichols), 144 (Johnny Greig), 152 (Dobresum), 196 (Eliza Snow), 200 (Rafal Belzowski), 202 (RelaxFoto.de); Juniors Tierbildarchiv: 92; lizenzfrei: 56 (Gettyimages/Photodisc/Stocktrek), 118 (BananaStock); KIT (Karlsruher Institut für Technologie, www.kit.edu): 111 (Alex Stiebritz); Marco Siekmann: 5; NASA/ESA: 47 (Hubble), 59 (The Hubble Heritage Team and A. Riess (STScI), AkiraFujii); Panthermedia: 199 (Lisa Vanovitch); Paul Melka: 87 (www.stellanova-globen.de); PEGE-Planetary Engineering Group Earth (www.pege.org): 80 (Roland Mösl); Picture Alliance: 51 (dpa-Fotoreport/Kay Nietfeld), 107 (dpa/Ingo Wagner), 168 (dpa-Report/epa Sergei Ilnitsky), 174 (Keystone/Martin Ruetschi); Pixelio: 16 (Ingo Anstötz), 26 (Gerd Altmann), 40 (Christoph Aron-Pixelmaster), 136 (R_K by S. Hofschlaeger); Pressestelle der RUB (Ruhr Universität Bochum): 79; Shutterstock: 10 (Hedser van Brug), 12 (Karnizz), 19 (Korionov), 20 (Nils Bornemann), 23 (Anita Patterson Peppers), 24 (Bairachnyi Dmitry), 30 (Neveshkin Nikolay), 32 (Gio2Gio), 34 (Paul Fleet), 36 (Tischenko Irina), 38 (Mona Makela), 42 (Symbiot), 44 (Kochneva Tetyana), 52 (Viktar Malyshchyts), 55 (siart), 62 (Cheryl Casey), 66 (Andre Nantel), 68 (Andre Bonn), 76 (Elena Moiseeva), 94 (ccat82), 98 (Jum Lopes), 100 (Anthony Maragou), 104 (Nikolai Pozdeev), 108 (cybervelvet), 123 (Andreas Meyer), 124 (Vibrant Image Studio), 126 (Charles Shapiro), 128 (John Copland), 140 (Monticello), 146 (Gordana Sermek), 148 (Topal), 150 (allylondon), 154 (Vladislav Gurfinkel), 156 (Tischenko Irina), 158 (Ivan Tihelka), 160 (QQ7), 162 (ssuaphotos), 167 (Alvinku), 171 (Sergej Razvodorskij), 180 (Grublee), 182 (James Laurie), 184 (Peter Clark), 188 (upthebanner), 191 (Manamana), 192 (Noel Powell/Schaumburg), 204 (Jorg Hackemann), 206 (ilFede); Südwest Verlag, München: 172 (Food Centrale/Rolf Seiffe); US Gov. NASA: 75 (Micha L. Rieser); Wikipedia/Eva K.: 96 (http://de.wikipedia.org/w/index.php?title=Datei:Trinkwasserbesprudler.jpg&filetimestamp=20080113185120); Wikipedia/nummer 9: 112 (http://de.wikipedia.org/w/index.php?title=Datei:Rasterbrille.jpg&filetimestamp=20070609102825)